JN056737

14
横浜市立
大学新叢書

日本の東アジア投資100年史

金子文夫

春風社

日本の東アジア投資 100 年史

目　次

第Ⅱ部　戦後期

凡例

1. 年次は西暦表記とした。暦年を基本とし、場合により年度（4月〜3月）を用いた。

2. 資料の引用は原文を基本としたが、カタカナはひらがなに直し、旧かなづかいも一部改めた。引用の省略部分は……で示した。

3. 戦前の地名については次のように扱うことを基本とした。
   (1) 日本帝国のうち植民地を除く地域は「内地」とした。
   (2) 中国東北は「満州」（カッコは省略）とし、満州と台湾を除く地域を「中国本土」とした。
   (3) 東南アジアは「南方」とした。

4. 統計数値については、「──」は皆無、「・・」は不詳、「0」は単位以下とした。

5. 引用文献は、巻末参考文献リストに編著者名、刊行年、書名、発行所を記し、本文の注記には編著者名、刊行年、該当ページのみを本文中（ ）内に、（金子文夫1991: 10-11）のように略記した。ただし、長くなる場合は脚注に回した。また、編著者名が長い場合は、注記では略記し、文献リストに省略部分を（ ）で示した。

6. 定期刊行物はタイトル、巻号、刊行年、該当ページを示すことを基本とした。編者名は必要に応じて記した。

序章
課題と視角

第1節　課題

　21世紀の世界経済を見渡すと、グローバル化の進展と並行して地域市場統合の動きが目立っている。この動きは欧州が先行しているが、東アジアでも経済圏の形成がみられる。ここで注目されるのは、東アジア経済圏を主導する国家が日本から中国へと転換しつつあることである。

　中国のGDPは2010年に日本を抜いて世界第2位となり、2020年には日本の3倍近くに達した。中国の貿易規模は2013年に米国を抜き、世界第1位の座に就いた。東アジア域内貿易をみると、かつては各国の貿易相手国としては日本のシェアが大きかったが、近年では中国への依存度が日本よりはるかに高くなっている。

　しかし、20世紀の100年を振り返ると、前半の帝国主義体制の時代、後半の冷戦構造の時代を通じて、日本が東アジア経済圏の中心に位置していた。日本は戦前には東アジア植民地帝国を形成し、戦後は平和国家として東アジア諸地域の経済発展を主導してきた。本書は、1910年代から2010年代に至る日本の東アジアに対する投資活動を考察対象とし、100年間にわたる日本－東アジア経済関係の変遷を描き出すことを課題とする[1]。

　長期の視野をもつグローバルヒストリーの観点でみると、東アジアには古くから朝貢・冊封システムという中国中心のゆるやかな国際秩序が存在した（浜下武志 1997）。しかし、東アジアに欧米列強が進出し、資本主義経済と条約システムを持ち込むことによって、朝貢・冊封システムは解体されていく。この流れに乗ったのが新興国日本であり、乗り遅れたのが老大国中国であった。19世紀末の日清戦争は、中国の半植民地化、日本の帝国主義化を方向づけ、日本

---

[1]　東アジア経済圏を資本主義の長期的な発展史の文脈で把握した重要な研究として堀和生、杉原薫の著作がある（堀和生 2009、杉原薫 2020 など）。両者の東アジア認識には大きな差があるが、貿易と関連づけて経済発展を論じる点は共通している。これに対して本書は、日本からの投資活動に焦点をあててアプローチする試みである。

が東アジアに軍事的・経済的影響力を強める時代を迎えた。その行き着く先が「大東亜共栄圏」であった。

　日本の中国侵略、日中戦争の全面化、アジア太平洋戦争を経て、日本植民地帝国は解体した。1945年の敗戦により日本の国際的地位は著しく低下したが、20世紀後半、冷戦構造の形成のなかで日本は復興、高度成長を遂げていく。中国が国際社会から封じ込められている間に、日本は東アジア諸地域への経済的関与を強め、再び東アジア経済圏における主導権を握る地平に到達した。1980年代後半、日本の東アジアに対する直接投資と政府開発援助（ODA）が急膨張した時期（1989年、日本の直接投資とODAは世界第1位）がそれにあたる。

　ところが1990年代、冷戦構造の解体、バブル崩壊を契機とする日本経済の低迷、中国経済の急成長が生じ、21世紀に入ると日中の立場は再逆転した。長いスパンで見れば、中国中心の東アジア国際秩序のなかで、20世紀だけが例外的に日本が地域覇権を握った時代であったといえる。

　もちろん、戦前期と戦後期では、国際政治・経済環境が異なるため、日本が掌握した地域経済覇権の内実は相違している。戦前は帝国主義本国と植民地・従属地域の関係（帝国経済圏）であり、戦後は独立国家間の先進国－途上国関係である。そうした相違を前提としたうえで、対外投資という視点から戦前・戦後を統一的に把握することが本書の意図といえる。

　国際経済関係における基本的経済活動は貿易と投資である。各国・地域の経済発展度の格差に対応して、戦前は帝国主義本国－植民地間、戦後は先進国－開発途上国間に〈中心－周辺〉構造、垂直的国際分業が形成されてきた[2]。貿易活動が双方向であるのに対して、投資活動は帝国主義本国・先進国から植民地・途上国への一方通行である。貿易・投資活動は〈中心－周辺〉構造を前提とし、これを深化させる機能をもつが、半面で投資活動は周辺部の経済発展を促進し、〈中心－周辺〉構造を変容させる契機ともなりうる[3]。こ

---

[2]　〈中心－周辺〉構造の視点はウォーラーステインの世界システム論の枠組みを参照している（ウォーラーステイン1997）。

[3]　収奪論と近代化論の二元論を超えた複合的過程とみるべきであろう。この

うした投資活動の二面性に注目しつつ、戦前と戦後を共通の枠組み
を用いて考察することを本書は意図している。

　対外投資の範囲については可能なかぎり広く設定する。すなわ
ち、直接投資を中心に据えながら、借款、証券投資にも目配りす
る。また資本輸出だけでなく、投資先の支配関係を重視して現地で
の調達（合弁、収容を含む）も視野に入れる。さらに民間資本の活動
のみならず、国家資本の役割にも注目する。

　対象地域は、戦前期には朝鮮、台湾、満州等の公式（準公式）
植民地にとどまらず、中国本土の租界などを合わせて「帝国経済
圏」とし、アジア太平洋戦争期には東南アジアまで含めて扱う。戦
後期では韓国、台湾、中国、香港等の狭義東アジアに加えて、東南
アジア（ASEAN）を含めて「東アジア経済圏」として考察対象と
する。時期的には1910年（韓国併合）から2010年代（日中の地位逆転）
までの100年とする。

第2節　先行研究

　日本の対外投資に関する研究は、戦前・戦後、ミクロ・マクロ
を組み合わせれば4象限に区分される。ミクロの個別企業の対外投
資を扱う研究は膨大にあるため、ここでは深入りを避け、日本の対
外投資の全体像に接近するために、マクロレベルの研究を中心に戦
前期・戦後期に分けて主な研究成果を検討しよう。

1.　戦前期国際収支の研究

　最初に取り上げるべきは、山澤逸平・山本有造の統計的研究で
ある（山澤逸平・山本有造1979）。この研究は、統計方式の異なる戦
前と戦後を接合し、1868年から1970年まで約100年間の国際収支
項目を一括計上した点に大きな意義がある。戦前統計で注目すべき

　　観点はかつて松本俊郎1988が提起し、堀和生2009、須永徳武編2015: 序
　　章にも継承されている。

は、朝鮮・台湾を含む日本帝国の国際収支と、そこから朝鮮・台湾を分離した日本内地の国際収支を併記したことである。とはいえ、採録されている国際収支表には15の大項目が提示されるのみであって細目を欠いており、対外投資の実態を把握するには限界を免れない[*4]。こうした統計的研究の系譜に、戦前期植民地のマクロ経済統計を整備した溝口敏行・梅村又次編1988がある。その第1部第7章「台湾・朝鮮の資本形成」（山本有造）では、日本から朝鮮・台湾への資本輸出の内容がやや立ち入って検討された。

　それらをふまえ、山本有造1992が刊行された。同書では植民地期朝鮮・台湾の資本形成、国際収支が扱われ、戦前期日本の朝鮮・台湾向け資本輸出について、マクロレベルの概観を提供している。特に日本から朝鮮・台湾への長期資本輸出6項目（国債・地方債・社債・貸付金・株式・事業投資）、それに対応した朝鮮・台湾から日本への投資収益6項目の長期データが示されている点に大きな意義がある[*5]。

　しかし、フローのデータ発掘に比べるとストック（投資残高）の発掘は十分でない。戦前に推計された断片的なストック統計を整理した山本1992は、フロー統計の累積とストック統計との乖離（ストックがフローの累積を超過）に注目し、ストック形成における植民地的収奪のあり方について重要な指摘をしている。

　このようにマクロのフロー研究では朝鮮・台湾が先行し、満州、中国本土を主要地域とする地域別フローの研究は立ち遅れた。またマクロのストックの研究も残された課題とされた。そうしたなかで21世紀に入り、山本有造2003が刊行された。同書は「満州国」のマクロ経済的把握を試みたもので、日本の対満州投資に関連して第4章で国際収支分析、第8章で国際収支統計の解説がなされている。これによって、1930年代から40年代前半にかけての日本から満州

[*4]　山澤・山本1979が利用した基本資料は大蔵省『財政金融統計月報』5号（1950年2月）掲載の「戦前期貿易外収支表」であり、宇野弘蔵監1973にこれを利用した分析がある。『財政金融統計月報』5号の原資料は大蔵省理財局『貿易外正貨収支一覧』『貿易外収支一覧』であり、それを紹介した論稿に小島仁1981がある。

[*5]　朝鮮については、その後、金洛年1992、金洛年2002、金洛年編2008によって新推計が提起された。

への資本輸出の細目が示された。さらに、山本有造2011によって、1940年代前半の日本帝国と満州・中国本土・東南アジア等との国際収支の概要が明らかにされた。これらの成果をミクロレベルの分析と接合することが次の課題となる。

2. 戦前期ミクロデータ集計研究

　国際収支統計に基づく対外投資の研究は、全体的規模は把握できるとしても形態別・地域別・分野別内訳の究明が不足しており、それぞれの内実に迫ることはできない。その限界を突破すべく、ミクロの投資事業を積み上げて集計し、マクロへの接近を図る以下の3件の共同研究が展開され、その成果が集成された[6]。

　第一は、国家資本輸出研究会編1986である。これは戦前期中国への借款供与について、大蔵省所蔵資料を基本にその他の関連資料も収集してデータベースを作成し、それに基づいて研究論文6編、統計表6点にまとめ上げたものである。研究論文は1910年代から30年代にかけての対中国借款の内容と特徴を論じて、国家資本輸出を基調とする対中国投資の実態を明らかにしている。付録にあたる統計表では、個別の借款575件について、借款名・債権者・債務者・使途・金額・契約日・利子率・償還期間・残高（1～3年ごと）等の情報を集成し、これを使途別と債権者別の一覧表にまとめている。また、日本政府の対中国投融資一覧（債務者・仲介機関・出資機関・契約日・交付額・残高推移等）も詳細に提示している。これらの統計表によって、1916年から1942年までの対中国借款に関して、フローとストックの両面から基本的データが明らかにされ、ミクロデータを積み上げてマクロの数字に到達することが可能になった。また国家資本による借款供与といっても原資は民間資本が多くなっている事実が明確にされた。さらに対外投資の分類において、戦前の借款が戦後の定義では直接投資に含まれるものが多いなど、重要な指摘がなされている[7]。

---

[6]　1980年代までの対外投資研究の状況については、須永徳武1989が参考になる。それ以降の国家資本系企業を中心とする研究動向に関しては平山勉2018参照。

[7]　大森とく子1986: 213-223。

　　第二は、疋田康行編1995である。この共同研究は、アジア太平洋戦争期に日本軍占領下の東南アジア諸地域に進出した日系企業の実態解明を主たる課題とし、それ以前の時期の進出動向にもふれながら、また企業進出に関連する貿易政策、通貨金融政策等も検討に加えて総合的にまとめ上げたものである。資料としては、外務省外交史料館所蔵資料をベースに、国内・海外の資料館・図書館等から幅広く収集し、企業データベースを構築している。全体は14章の構成であり、財閥資本系の進出に焦点をあてて分析がなされ、巻末には付表5点が掲げられている。付表1～2は陸海軍受命事業約1700件の企業別リストであり、受命日・事業内容・事業地区等が記載されているが、投資額の表示はない。付表3～4は仏印・タイ進出企業約200社のリストであり、業種別投資額が示されている。付表5は進出企業全体約700社の概要であり、本店所在地・払込資本金・主要出資者・資本系列・事業分野等が表示されている。こうした基礎データをもとに、南方占領地への企業進出の経緯と事業実態が総合的に明らかにされている。この研究によって、戦時期における対東南アジア投資の地域別・業種別動向が解明され、ミクロとマクロの接合が可能になったといえる。ただし、対象時期が限定されているため、ストックベースの集計が基本であり、フローベースの検討を欠いている。

　　第三は、鈴木邦夫編2007である。この共同研究は、1880年代から1940年代前半までの時期における日本資本の満州進出について、資本系列別・業種別に総合的に究明した成果である。基本資料として、情報量の豊富な4点の会社年鑑・会社名簿を用い、8000件ほどの企業データベースを構築しているが、巻末に付表は掲出されず、本文中の各所に分散提示される形となっている。本文は資本系列（国家資本・財閥大手資本・地場企業等）に即して8章、産業別企業分析17章、それに序章、終章が付されて合計27章という長大な構成である。投資額の集計の点では、第2章「資本系列の概要」において、会社数・資本金の推移、設立年・業種・本店所在地・資本金規模別の分布状況、また資本系列別の傘下会社表（設立年・資本金・主要株主等）が示されている。これと業種別の投資状況の分析とを組み合わせることにより、満州進出企業の全体像がおおむね明らかにされたと評価できる。基本的にストックベースの集計であるが、いくつかの時点のデータが示されているため、それをつなげることで

フローデータに近い情報が得られる。

　以上の3件の共同研究によって、中国借款、東南アジア、満州についてはミクロとマクロの統合に近づいたわけだが[*8]、データの厳密性に関してはなお不十分な部分を残している。その点を克服すべく、3件の共同研究すべてに参加した柴田善雅が、国家資本を中心にして一連の単著を刊行した。すなわち、柴田善雅2008、2015、2017の3冊である。柴田2008は、中国進出企業全般を扱い、鈴木編2007の中国本土版ともいえるが、そのなかで国家資本の開発投資企業である北支那開発、中支振興を取り上げている。柴田2015は、東洋拓殖（東拓）の投資活動を時期別に検討し、さらに南洋興発、南洋拓殖、台湾拓殖、樺太開発の投資事業を分析している。また柴田2017で、満州における南満州鉄道（満鉄）の投資活動を中心にして、東洋拓殖、「満州国」政府、満州重工業開発の系列企業集団の検討を行っている。これらの分析に共通する手法は、企業集団の各財務諸表を統合し、連結総資産額を算出することである。これによって、親会社と子会社の資本金を単純に合算する重複計算の欠陥を克服し、正味の投資額を推計することができる。こうした厳密な計算手続きにより、植民地・占領地投資の中核企業群の投資額が正確に判明するに至った。推計はストックベースであるが、いくつかの時点のデータを見ることで、フローベースの観察に使うことができる。

　その他の研究に簡単にふれておくと、戦後初期の先駆的研究として井上晴丸・宇佐美誠次郎1951は典型的な収奪論的アプローチであるが、今なお示唆に富む。また投資関連分野の地域包括的研究として、金融政策では波形昭一1985、島崎久彌1989、柴田善雅1999、財政では平井廣一1997、鉄道では高橋泰隆1995、林采成2005、2015、2016、2020、経済団体では波形昭一編1997、柳沢遊・木村健二編2004、都市経済では柳沢遊・木村健二・浅田進史編2013などがあり、それぞれ投資活動の意図・実態・影響等にかかわる事情を明らかにしている。

....

[*8]　その他に、1910年代の朝鮮の会社設立状況について小林英夫編1994があり、1940年前後の台湾の会社状況について須永徳武2011がある。

3．戦後期に関する研究

　　まず、戦前と戦後を連結する研究をあげるとすれば、東アジア資本主義の歴史構造を展望した堀和生編2016、東アジア経済圏の連続と断絶を論じた小林英夫1992、内地への引揚げと在外団体に着目した小林英夫・柴田善雅・吉田千之輔編2008などがあるが、対外投資を焦点としたものではない。

　　戦後日本の対外投資、特に東アジア地域への投資については、賠償・政府開発援助（ODA）と企業進出・直接投資の2系統に分かれて多種多様な研究が行われてきている。しかし、政府や企業の内部資料を活用した実証的な研究は不十分であり、公開資料に基づく概括的な検討が大半を占めている。

　　マクロベースの対外投資のデータとしては、日本銀行編『国際収支統計月報』、大蔵省編『財政金融統計月報』〈国際収支特集〉などがフローベースの基本的情報を伝えてきた。21世紀に入ると、データのデジタル化が急速に進行し、日本銀行ウェブサイトの国際収支統計データベースによって、直接投資の国別・業種別実績が示されるようになった。1990年代まではそうした情報は不足していたため、『財政金融統計月報』の〈対内外民間投資特集〉、『大蔵省国際金融局年報』（1977～1998年）掲載の許可・届出ベース統計で代用する方法が一般的であった。また、通産省が企業アンケートを集計した『我が国企業の海外事業活動』（後に「海外事業活動基本調査」）によって業種別の事業動向をうかがうことができる。日本貿易振興会の『海外市場白書』も1972年から海外投資情報を扱うようになり、現在の『ジェトロ世界貿易投資報告』に継承されている。個別の企業進出状況については、東洋経済新報社編『海外進出企業総覧』、経済調査協会編『企業別海外投資』などが基礎的情報を提供してきた。しかし、それらを総合し、日本企業の対外進出の全体像を描く研究は未だなされていないように思われる。ここでは、1980年代までの動向をまとめた研究として、鎌倉孝夫1976、藤井光男・中瀬寿一・丸山恵也・池田正孝編1979、小林英夫1983、福島久一・角田収・斎藤重雄編1984をあげておこう。こうした流れを汲む進出企業研究は現在まで連綿と続いており、丸山恵也編2012、坂本雅子2017などの成果が見出される。また、視点の異なる研究として、洞口治夫1992、若杉隆平編2011、清田耕造2015などがある。

　　一方、賠償とそれを継承したODAについては、通産省編『経

済協力の現状と問題点』（1958〜2001年）が概要を伝え、1980年代からは外務省編『政府開発援助（ODA）白書』（後に『開発協力白書』）が基本的情報を提供している。このテーマを扱った文献は少なくないが、専門的研究書は限られている。賠償全般については、大蔵省財政史室編1984、ODAについては大海渡桂子2019をあげるにとどめよう。戦後日本の対外投資の全体的構造のなかに、民間企業の直接投資、政府開発援助、その他政府資本輸出を関連づけて捉える研究は、今後の課題として残されている。

第3節　視角

　以上のような先行研究の動向をふまえ、マクロ的把握をさらに深化させ、戦前と戦後の統合を図ることを意図して、以下の3点を本書の視角として設定する。

　第一に、対外投資活動全般を俯瞰的・数量的に把握することである。ここで注意すべきは戦前と戦後の投資環境、制度面での差異である。現在の国際収支統計は、国内と国外に二分された世界での対外経済取引の記録である。これに対して、戦前の日本は内地、植民地（帝国圏）、外国に三分された圏域構成であり、重要な投資先である植民地は国内と国外の中間に位置している。戦前の大蔵省統計は植民地を内地に含め、対外投資の対象外として扱った。しかし、日本の対外投資の全体像を把握し、戦後の東アジア投資の検討につなげていくためには、植民地投資を対外投資の一部として外国投資との差に留意しつつ考察していく必要がある。

　もう一つの注意点は投資形態別の数量把握の困難性である。現在の制度では、対外投資は金融収支4項目（直接投資、証券投資、金融派生商品、その他投資）として整理され、フローとストックの両面把握が可能である。これを戦前と比較すべきであるが[*9]、戦前の制度は

---

*9　大森とく子1986では直接投資と借款の区分方法について戦前と戦後を比較している（同：214-215）。

項目の変遷を重ねており、投資形態別のフローの推移を追うことがむずかしいばかりでなく、ストック統計が不足している[10]。フローとストックの乖離については、戦前朝鮮における資産の植民地的収奪、植民地的利潤の再投下[11]、中国占領地における資本の現地調達[12]などの問題が指摘されている。

　こうした点をふまえ、マクロとミクロの両面から、投資形態（直接投資、証券投資、借款等）、資本類型（国家資本、民間大資本、民間中小資本等）を区分しつつ、投資活動の実態、資金源泉、投資収益、貿易との関連などを明らかにして、戦前と戦後の統合を目指す。とはいえ、課題が広範囲に及ぶため、マクロの数量的把握に傾注する半面、個別投資事業の掘り下げた分析は不十分性を免れない。

　視角の第二は、国家資本システムへの注目である。日本の東アジア投資は戦前・戦後を通じて対アジア政策に先導されて展開する性格をもっていた。特に戦前は政治的・軍事的な帝国圏形成に対応して投資活動がなされていった。その点で、政策展開と投資活動を媒介する国家資本システムはきわめて重要であった。

　本書では、国家資本の要件として、①国策遂行を目的に特別法のもとに設立され、②政府が一定割合の出資者となり、③人事・経営が政府によって監督・保護される事業体という3点をあげておく[13]。対外投資関係の国家資本を広義にとれば、①②③を満たす開

----

*10　現在の国際収支統計の解説は、日銀「国際収支統計（IMF国際収支マニュアル第6版ベース）の解説」https://www.boj.or.jp/statistics/outline/exp/exbpsm6.htm/、戦前については、大蔵省『財政金融統計月報』5号、1950年2月参照。

*11　山本有造1992では、「強権的・詐取的」土地収奪、会社資本・国家資本の収益再投資を指摘している（同書: 212-218）。金洛年1992も、山本推計を修正しつつ朝鮮内蓄積再投資の意義を指摘した。

*12　柴田善雅2009では、占領体制下の接収・承継資産、投資資金の現地調達を特質とする「占領地直接投資論」を提起している（同書: 6-7）。

*13　最近の研究では、戦前期の国策会社の概念規定として、①国策性事業の遂行、②株式会社形態（政府出資を前提に民間資金を動員）、③意思決定・資金調達面で国策遂行を可能とする仕組みを設定、という3点をあげている（斎藤直2021a: 27）。本書の規定におおむね合致していると思われるが、国策性事業の定義は曖昧であり、特別法を要件とする方が明確であ

発投資国策会社（満鉄、東拓等）（第1類型）、①を満たすが②③が弱い特殊金融機関（日本興業銀行、朝鮮銀行等）（第2類型）、資本とはみなしがたいが類似の経済活動をする政府機関（総督府官業部門、大蔵省預金部等）（第3類型）の3類型を設定できる。本書では第1類型を主たる検討対象としつつ、第2、第3類型についても必要に応じて論及する。総じて国家資本は、投資事業体であると同時に、民間投資を中継する媒体でもあり、国策遂行の実行部隊となる役割を担っていた[14]。投資の原資が民間資金であったとしても、その本質的性格は変わらない[15]。

　戦前日本では、満鉄、東拓をはじめとして、植民地政策を推進するうえで国家資本の存在は不可欠であり、対外投資全体に占める比重も大きかった。戦後においては、日本輸出入銀行、海外経済協力基金（現在は国際協力銀行、国際協力機構）という国家資本が日本の対アジア政策を支え、民間資本と連携して多額の対外投資を行ってきた[16]。国家資本の動向を把握することによって、日本資本主義の対外関係（特に対アジア関係）の特質を把握できるであろう。

　視角の第三は、日本の東アジア投資の役割を東アジア経済圏のなかに動態的に位置づけることである。戦前期には帝国経済圏のなかで国家資本が投下され、民間資本が進出し、〈中心－周辺〉構造

ろう。政府出資の割合には程度の差があり、厳密な範囲の確定は実際には容易でない。戦前期の国家資本に関する資料的文献に、野田経済研究所1940、閉鎖機関整理委員会編1954がある。

[14]　戦前の対外投資における国家資本の主導性は繰り返し指摘されてきた。たとえば、井上晴丸・宇佐美誠次郎1951: 65-66, 86-89、宇野弘蔵監1973: 18、藤井光男1979: 14-16。

[15]　国家資本が金融市場から資金調達する以上、資本的（営利的）側面が強まることはいうまでもない。国策と営利の矛盾については、金子文夫1991、黒瀬郁二2003、平山勉2018、湊照宏・斎藤直・谷ヶ城秀吉2021等参照。なお、湊照宏・斎藤直・谷ヶ城秀吉2021は国策会社の低収益性を重視して高収益の満鉄（および東拓）などを例外扱いしているが、収益は状況に応じて変化するものであり、その点を本質規定とするならば対象を狭くしすぎることになり疑問である。

[16]　日本輸出入銀行と海外経済協力基金は株式会社でなく特殊法人であるが、政府出資という意味で国家資本とする。

が形成され、軽工業品と食料・資源を交換する関係が構築された。日本と東アジア諸地域の相互依存度はおおむね上昇を記録した。1930年代には日本からの投資、重工業品輸出を起動力として、朝鮮、満州などでは工業化が進展し、帝国圏貿易の内容に一定の変化が生じた。

　戦後日本は東アジアへの経済再進出を行い、賠償・ODA、直接投資、重工業品輸出を増加させ、新たな〈中心－周辺〉構造の構築を目指した。それに対して日本からODA、直接投資、技術を導入し、機械類を輸入した韓国、台湾等はNIESとして工業化、高度成長を実現し、日本の〈周辺〉から脱却し、垂直分業から水平分業へと転換する道筋をたどった。東南アジア諸国、中国もまた一部NIES型の工業化、高度成長の道を歩んだ。そのなかで、経済規模を著しく拡大させた中国は、日本に代わって東アジア経済圏の中心国へと台頭することになった。東アジア貿易圏における日本の存在感が低下する一方、民間資本は低成長の日本国内経済から離れて高成長の東アジアに蓄積基盤を移していった。このような東アジア圏の変動のなかに日本の対外投資を位置づけることが本書の狙いの一つである。

　ただし、本書は東アジア経済の変動それ自体を分析するものではなく、日本の関与する一部の領域を検討するにすぎない[17]。視点は日本側に設定されており、東アジア視点の研究と突き合わせていくことは今後の課題である。

第4節　構成

　本書は第Ⅰ部戦前期3章、第Ⅱ部戦後期3章、それに序章・終章を加えた計8章によって構成される。序章は本書の課題・先行研

---

[17]　東アジア経済の研究は豊富にある。戦前・戦後を統合した視点をもつ研究として、中村哲2000、東アジア地域研究会編2001～2002、堀和生・萩原充編2019、堀和生・木越義則2020をあげておく。

究・視角・構成を論じる。第Ⅰ部戦前期は東アジアにおける戦争拡大を基準として3章に区分される。第1章は1910年朝鮮併合から第一次大戦期の積極的大陸政策、対外投資拡大、1920年恐慌を経て、ワシントン体制成立に至る1924年までを範囲とする。ここでは、「鮮満一体化」政策による対満州投資の拡大、21カ条要求と西原借款を契機とする対中国投資の展開が焦点となる。第2章は1925年から満州事変、「満州国」設立、華北分離工作などを経て日中全面戦争勃発に至るまでを対象とする。ここでは、満州、朝鮮への鉱工業投資の拡大、「日満支」円ブロックの形成が主に検討される。第3章は1937年日中全面戦争開始からアジア太平洋戦争への拡大を経て1945年敗戦に至るまでを範囲とする。ここでは、軍事行動の拡大に伴う中国本土占領地、東南アジア占領地への投資増大が中心的テーマとなる。

第Ⅱ部戦後期は、経済成長の動向を基準にして3章に区分される。第4章は1950年代の復興・高度成長開始から1973年石油危機によるその終焉までを対象時期とする。高度成長の展開とともに、対アジア政策が積極化し、対外投資機構が整備され、直接投資が増加に向かう状況を扱う。第5章は、1974年から1990年、石油危機後の安定成長、輸出拡大による経常黒字増大、プラザ合意を経てバブル経済がピークに達するまでを取り上げる。この時期に日本は、経済大国・投資大国・ODA大国として国際社会での地位を高め、東アジアにおける経済覇権をうかがう地点へと到達した。そのプロセスについて、東アジア経済圏の形成と関連させて考察を加える。第6章は1990年代バブル崩壊から2019年コロナ危機直前までの低成長期を検討する。ここでは、グローバル化、デジタル革命、人口減少という歴史の大転換のなかで、国内経済が低迷する一方、海外企業進出・直接投資が膨脹するという対照的な事態の展開とその意味を検討していく。終章では、本書全体のまとめとして、戦前・戦後を通じる日本の対外投資の全体像を総括する。

各章の内部は3節で構成される。第1節は対外投資の枠組みを形成する対アジア政策の動向、国家資本をめぐる政策展開を扱う。第2節はまずマクロベースの対外投資規模について、フローとストックの両面から形態別・地域別に推計する。次に資本類型（国家資本・民間大資本・民間中小資本）に沿って、各時期の代表的な投資事業を取り上げ、投資要因・資金調達・投資内容・収益等を分析する。

戦後期ではODAと民間直接投資の動向を概括する。そのうえで第3節において、貿易の動向、貿易と投資の関連について解明していく。

　以上のように、戦前と戦後の違いに留意しつつ、大きく6期に区分して投資活動の実態究明を行い、東アジア経済圏における日本の位置が歴史的にいかに変遷していったかを明らかにすることが本書の基本的な目標である。

第 1 章

第一次大戦期の対外拡張——1910 ～ 1924 年

第1節　大陸政策の展開

1.　植民地帝国の拡大

　　戦前日本の植民地帝国は戦争を繰り返すことで段階的に支配領域を拡大していった。新たに獲得した植民地には統治機構と中央銀行を設立し、円とリンクする通貨を発行して内地との経済関係を緊密化する政策を実行してきた[*1]。

　　第一段階は1894〜95年の日清戦争を契機とする台湾領有である。下関講和条約によって獲得した台湾には台湾総督府を設置し、内地から官僚と軍隊が派遣され、異民族統治が実施されていく。1897年に台湾銀行法が成立し、1899年に最初の植民地中央銀行として台湾銀行が設立された。資本金は500万円、政府20％出資、通貨制度は当初は円銀本位制とし、1906年に金本位制に移行した[*2]。

　　第二段階は1904〜05年の日露戦争を契機とする樺太、中国遼東半島（関東州）および南満州の鉄道の獲得、朝鮮の保護国化である。樺太には1907年に樺太庁が設置されたが、植民地銀行は開設されず、内地の一部に近い扱いとなった[*3]。関東州には1906年に関東都督府が開設され（1919年関東庁、1934年関東局に改組）、鉄道と付属地の管理運営に関しては1906年に設立された国策企業・南満州鉄道株式会社（満鉄、資本金2億円、政府50％出資）が担当することとした（金子文夫1991: 82-93）。関東州と満鉄付属地には横浜正金銀行が進出し、日本側の中央銀行として銀本位の銀行券を発行した（金子文夫1991: 132-138）。

　　朝鮮の保護国化は、1905年11月の第二次日韓協約（保護条約）によって実現し、新設された統監府は次第に統治の実権を奪ってい

[*1]　戦争による植民地帝国形成と資本輸出との関連づけに関しては多くの研究がなされている。近年の総括的研究として、石井寛治2012: 第3章が参照されるべきである。

[*2]　台湾銀行の設立と初期の幣制については、台湾銀行史編纂室編1964: 1-52、波形昭一1985: 59-93参照。

[*3]　日本統治下の樺太については、三木理史2006参照。

った。通貨制度に関しては、1904年8月調印の第一次日韓協約によって日本から派遣された財政顧問が幣制改革を主導し、日本の民間銀行である第一銀行朝鮮支店（1909年韓国銀行に改組）を中央銀行と位置づけ、金本位の銀行券を発行させた[*4]。

　第三段階は、1907～09年抗日義兵闘争の武力鎮圧を経て、1910年8月に強制的に調印された日韓併合条約による朝鮮の完全植民地化である。これによって保護国時代の統監府は朝鮮総督府に、また韓国銀行は朝鮮銀行に改組された。1911年設立の朝鮮銀行は、韓国銀行の業務を継承し、資本金は1000万円、政府30％出資、日銀券を準備とする朝鮮銀行券を発行した[*5]。

　第四段階は、第一次大戦期における中国山東省・南洋群島のドイツ権益奪取、および関東州の権益拡張である。山東省のドイツ権益とは膠州湾租借地と鉄道権益などであり、1915年の対華21カ条要求により、日本は中国政府にこの奪取を強引に受諾させた。同時に1923年に期限のくる関東州の租借期限を99年に延長させた。山東省権益については、1919年のベルサイユ講和会議で承認され、日本の統治が継続したが[*6]、中国ナショナリズムの高揚、それを受けた米国等の圧力のもと、1922年のワシントン会議によって中国に返還された。南洋群島に関しては、ベルサイユ講和会議を経て国際連盟による統治の委任という形式で事実上日本の植民地となった[*7]。

　以後、第五段階（1931年満州事変と「満州国」設立）、第六段階（1937年日中全面戦争開戦と中国本土占領）、第七段階（1941年アジア太平洋戦争開戦と東南アジア占領）というように日本帝国の支配領域は拡大していくことになる。

2．21カ条要求から西原借款へ

　韓国併合後の日本帝国の目標は関東州を拠点にして南満州の権益を拡張・強化することであった。1911年辛亥革命によって清朝政府が崩壊し、1912年に中華民国が建国されたが、北京政府（袁世

[*4]　朝鮮銀行史研究会編1987: 22-58、波形昭一1985: 93-119, 191-201。

[*5]　朝鮮銀行史研究会編1987: 58-88、波形昭一1985: 221-232。

[*6]　日本統治下の青島については、本庄比佐子編2006参照。

[*7]　日本の南洋群島統治については、今泉裕美子1993参照。

凱政権）と革命派との対立が続くなか、1914年7月に第一次世界大戦が勃発した。日本政府（大隈内閣）は、日英同盟を根拠として山東省に出兵し、ドイツ租借地を占領したうえで、日本の中国権益を一挙に拡大する「21カ条要求」を中国政府に提出した[*8]。21カ条は、①山東省関係4項目、②南満州・東部内蒙古関係7項目、③漢冶萍公司2項目、④沿岸不割譲1項目、⑤希望条項7項目からなり、最重要項目は②であった。それは、既得権益の安定化（関東州租借地、満鉄本線・安奉線の期限延長）、新権益の獲得（土地取得権、居住・往来・営業の権利、鉱山採掘権等）、勢力圏の拡充（外国の鉄道敷設・借款への事前同意、顧問派遣の優先協議）の3系列から構成されていた。

21カ条交渉は中国側の抵抗、英米の介入などで難航したものの、希望条項を取り下げ、いくつかの項目で若干の譲歩をしたうえで、日本側は要求を基本的に貫徹した。その結果、日本の中国における権益は条約上の基礎を得ることができたが、反面で中国の反日民族主義は高揚し、以後の排日政策・民族運動の起点を築くという歴史的意義をもった。中国側は1910年の朝鮮併合の延長上にこの事態をみており、やがて1920年代後半における日本の満州権益の空洞化を引き起こすことになる。

1916年に成立した寺内内閣は、大隈内閣のもとで悪化した日中関係を改善し、さらに権益を拡大する意図をもって積極的な「借款外交」（西原借款）を展開していく[*9]。第一次大戦を通じた日本資本主義の発展、経常収支の黒字化が、大規模な対中国借款供与を可能としていた。西原借款8件、1億4500万円は直接には北京政府（段祺瑞政権）援助という政治的目的のために供与され、多くは軍事費に流用されたが、日本側の意図は、「日支経済提携」の名のもとに、①製鉄原料確保、②鉄道敷設権確保、③幣制改革（円系通貨圏拡大）といった経済権益を追求することであった（大森とく子1975）。しかし、こうした壮大な構想は、必ずしも狙い通りには運ばなかった。

製鉄原料確保は、大戦前には正金銀行の漢冶萍公司借款を主要手段としていた。しかし大戦期の民族主義の高揚を背景とした中国

[*8]　「21カ条要求」の意図、経緯については、奈良岡聰智2015参照。

[*9]　西原借款に関する研究は多いが、さしあたり鈴木武雄監1972、久保田裕次2016: 第5, 6章参照。

の鉄鉱国有主義宣言に直面し、日本側は21カ条要求第3号によって既得権を確保する一方、より根本的な対応を迫られた[*10]。その結果、中国政府の官営製鉄所設立に1億円の借款を供与し、見返りに日本人技師長の派遣と製鉄原料の確保を図る構想が立案され、西原借款交渉の一焦点となったが、大戦末期に日本政府内部の不統一（大蔵省と外務省・正金銀行との対立）が露呈し、構想は実現に至らなかった[*11]。

　鉄道敷設権確保は、大戦前に満州では満鉄とその支線の強化が進んでいたが、中国本土では南潯鉄道借款程度で[*12]、あまり見るべきものがなかった。大戦期に山東省のドイツ鉄道利権を奪取し、21カ条要求第1号によってそれを確保したが、ここでも民族主義による鉄道国有主義への対応が課題となった。西原借款の交渉に際しては日中の有力銀行からなる鉄道資本団の組織化が合意されたものの（鈴木武雄監1972: 185）、これも製鉄所借款と並んで構想倒れに終わり、その代わりに既得権益の確保（講和会議対策）を意図した満蒙4鉄道借款、山東2鉄道借款が成立した（鈴木武雄監1972: 解題33-38）。

　幣制改革は日本金円とリンクした金券発行が戦略課題となった。「日支貨幣混一併用」（北村敬直編1965: 85）と称された金券発行＝幣制改革によって、中国全域の円系通貨圏への編入が構想された。この実現に向けて交通銀行借款、日中合弁の中華滙業銀行の設立、さらに正金銀行の第二次幣制改革善後借款前貸が行われ、18年8月に中国側が金券条例を公布する段階まで達した。しかしここでも大戦終結を目前に控えて西原借款交渉を支えてきた内外諸条件は消滅しかけており、中国国内・国際借款団・日本政府内部の反対論の台頭によって幣制改革構想は空中分解してしまった[*13]。

　このように西原借款の大半は構想倒れになり、結果的には既得

[*10]　大戦期の漢冶萍公司をめぐる状況については、久保田裕次2016: 第3, 4章参照。
[*11]　鈴木武雄監1972、「解題」（多田井喜生執筆）29-33、大森とく子1975: 41-44。
[*12]　南潯鉄道借款については、村上勝彦1989、久保田裕次2016: 48-53, 143-145参照。
[*13]　鈴木武雄監1972:解題20-27、大森とく子1975: 45-50、塚本英樹2014。

権益の確認と若干の新規権益の獲得（有線電信借款と黒吉林鉱借款）にとどまった。とはいえ、西原借款を契機にして、日本興業銀行・台湾銀行・朝鮮銀行3銀行借款団結成（1916年12月）、主要18銀行海外投資銀行団結成（1918年5月）、中華滙業銀行設立（1918年2月、資本金1000万円）、日本興業銀行増資（1917年8月、1750万円から3000万円へ）、東亜興業増資（1917年3月、100万円から300万円へ、1918年7月、2000万円へ）というように、対中国投資機構の整備・強化がなされた点は確認しておくべきであろう[14]。

3. 「鮮満一体化」政策の展開

　　寺内内閣期の大陸政策で注目されるのは、朝鮮支配と満州支配を統治面・経済面から統一しようという「鮮満一体化」政策である。これは、日本帝国の植民地を朝鮮から満州へと押し広げていこうとする陸軍に伝統的な大陸政策（北進論）に沿ったものであった。統治面では、一連の植民地関係官制改革の一環として朝鮮・満州経営機関の統一が立案されたが、実現には至らなかった（北岡伸一1978: 262-269）。

　　経済面の一体化は、鉄道と金融の二大基礎部門で推進された。「鮮満鉄道一体化」政策は、1911年の鴨緑江架橋、朝鮮鉄道・満鉄（安奉線）の連絡輸送を契機に浮上し（金子文夫1991: 235-242）、1916年には寺内首相の「奉天鉄道庁」構想へと発展した。これは、「政府が南満州鉄道株式会社と協定の方法により、鉄道及び付帯事業の委託経営をなし、朝鮮鉄道及び満鉄借上線を統一して特別会計を設置し、鮮満鉄道経営の為め奉天に鉄道庁を設け、満州及び朝鮮に各鉄道管理局を設置する」（満史会編1964: 214）という内容であった。しかしこの構想も、外交関係への影響を懸念する外務省の強硬な反対に直面し、満鉄が朝鮮鉄道を委託経営する妥協策へと後退した（橋谷弘1982: 166-168）。

　　このような統治機構と鉄道の一体化構想の後退に比べると、前進を示したのが「鮮満金融一体化」政策である[15]。満州の金融機関

---

*14　金子文夫1985: 363、能地清・大森とく子1986: 60-61、伊藤正直1989: 62-69。

*15　波形昭一1985: 392-399、金子文夫1991: 274-279。

については大隈内閣期に満州銀行法案（合わせて日支銀行法案）が審議されたことがあったが、これは当時の複雑な政治情勢のなかで成立に至らなかった[*16]。一方、21カ条要求とともに朝鮮側からの満州進出機運が高まっていった。朝鮮銀行理事の三島太郎は、1915年10月に京城銀行集会所意見書「満州に円金本位制を施行するの意見」を作成し、「満州を以て我が経済的領土と為すことは現今の急務となす所而して是れが目的を達する根本的方法は即ち嘗て韓国に対して採りたるが如く内地と同一本位の幣制を布くにある」と論じた[*17]。

　1916年10月に朝鮮総督であった寺内正毅が首相になり、朝鮮銀行総裁であった勝田主計が大蔵大臣に就任すると、植民地金融機構の再編成が急速に具体化した。まず、東洋拓殖株式会社法が改正され、東拓の営業範囲が満州に拡張されて満州における長期金融機関に位置づけられた。次いで、朝鮮銀行券に満州における強制通用力を付与し、満州の日本側中央銀行を横浜正金銀行から朝鮮銀行に交代させる措置が決定された。勝田は後に、次のように回顧している。「満蒙に対する金融並放資機関の事柄に就ては、……第一に考えた事柄は朝鮮と満蒙との関係である。此関係に就ては、朝鮮は我領土であって、満蒙は支那の領土である。併ながら経済上の関係に就ては国境を認めないということは、世界各国に於て其例に乏しくない」（鈴木武雄監1972: 293）。

　こうして朝鮮と満州に共通して銀行券発行、国庫金取扱いは朝鮮銀行、長期資金供給は東洋拓殖が担当することとなったが、1920年恐慌以降、二つの金融機関はいずれも業績不振に陥り、満州の国策金融機関としての役割を果たせなくなっていった。満州事変を経て、満州の金融機関は大きく再編されていくことになる。

[*16]　その経緯は、波形昭一1985: 333-368参照。

[*17]　『勝田家文書』（財務省所蔵）第116冊の21。

第2節　対外投資の増大

1. 全般的動向

(1) 国際収支の推移

　対外投資の全体像を把握するためには、まず国際収支統計によってマクロのフローの動向を検討しなければならない。戦前日本の国際収支統計は、植民地を国内とみなす帝国ベースで作成されていた。戦後統計と基準を合わせる意味で、朝鮮・台湾との取引を加算すると表1-1が作成される[18]。

〔**表1-1**〕国際収支の推移（1910〜1924年）

（単位：百万円）

	1910-14	1915-19	1920-24
経常収支	-80.5	618.0	-320.6
貿易収支	-44.4	266.8	-546.1
輸出	606.1	1691.7	1894.9
輸入	650.5	1424.9	2441.0
長期資本収支	42.8	-330.9	-114.6
支払（資産）	-31.6	-261.7	-86.8
受取（負債）	74.4	-69.3	-27.8

出所：山澤逸平・山本有造1979: 222-225。
注1) 5年平均の数値。
　2) 長期資本収支のマイナスは対外資産増加を意味する。

　戦前日本の貿易収支・経常収支はほぼ一貫して赤字であり、これを埋めるために資本の輸入が続けられていた。第一次大戦期はその例外時期であり、輸出の急増に牽引されて貿易黒字・経常黒字を

---

[18]　表1-1の出所は山澤逸平・山本有造1979であり、帝国ベース統計に台湾・朝鮮側の対日収支統計を統合して作成されている。その後、朝鮮の統計では金洛年2008が新推計を示しているが、ここでは採用しなかった。

〔表1-2〕対外投資と収益の地域別・形態別構成（1910〜1924年）

(単位：百万円)

		投資額			投資収益		
		直接投資	証券投資	合計	直接投資	証券投資	合計
台湾	1910-14	8.0	-1.5	6.5	4.1	1.6	5.7
	1915-19	18.9	3.5	22.4	7.2	1.7	8.9
	1920-24	18.9	19.2	38.1	11.6	17.4	28.9
朝鮮	1910-14	6.0	4.5	10.5	1.0	2.1	3.1
	1915-19	19.1	14.4	33.5	3.3	4.9	8.2
	1920-24	29.9	43.5	73.4	12.6	15.4	27.9
外国	1910-14	18.8	0.1	18.9	21.6	0.1	21.8
	1915-19	19.7	210.1	229.8	52.7	27.1	79.8
	1920-24	24.3	-54.7	-30.5	65.9	23.4	89.3
総額	1910-14	32.8	3.1	35.9	26.7	3.8	30.6
	1915-19	57.7	228.0	285.7	63.2	33.7	96.9
	1920-24	73.1	8.0	81.0	90.1	56.2	146.1

出所：台湾は山本有造1992: 282-285、朝鮮は金洛年編2008: 596-597, 600-601、
外国は大蔵省『財政金融統計月報』5号、1950年: 46-51。

注1) 各5年平均の数値。
　2) 台湾の直接投資は株式・事業放資・貸付、証券投資は国債・地方債・社債。
　3) 台湾の投資収益は1921年以降内訳表示変更のため、直接投資収益は事業純益のみ、
　　株式配当・貸付利子は証券投資収益に組換え。
　4) 朝鮮の直接投資は株式・事業投資・借入金、証券投資は国債・殖産債券・地方債・
　　社債等。
　5) 外国の直接投資は株式・事業放資、証券投資は国債・地方債・社債。

記録し、資本の輸出を実現した。第一次大戦後、再び貿易赤字に戻ったが、表1-1によれば戦後も長期資本流出が継続している。これは植民地への資本輸出が継続したためと推測される。

　この点を確認するために表1-2をみると、1915〜19年に朝鮮・台湾・外国のいずれにおいても投資が急増した一方、1920〜24年には外国がマイナス（つまり資本輸入）に転換したのに対して、植民地（特に朝鮮）への資本輸出が継続していたことがわかる[19]。表1-2は

*19　表1-1の長期資本収支（支払）と表1-2の投資額総額合計は、出所の違い

また、直接投資と証券投資の区別、投資と収益の比較も示している。1910年から24年までを通観すると、1915〜19年の外国証券投資が巨額である一方、台湾・朝鮮では1915〜19年より1920〜24年の投資額が多いこと、また投資額の水準からみて投資収益がかなり多額であることを指摘できる。特に外国への直接投資では、フローに比べて収益がきわめて多い。この要因は後述するように満鉄の多額の事業収益にあるが、全体として植民地投資の高収益性および投資ストックの大きさを示していると考えてよいであろう。

(2) 投資残高の構成

　フローの投資推計とは別に、特定時点での投資残高（ストック）推計が、戦前以来探究されてきた。戦前では樋口弘1939が詳細に

〔表1-3〕地域別対外投資残高（1914, 1918, 1924年）

（単位：百万円）

		1914	1918	1924
外国証券	英露他	6.6	218.6	——
対外貸付（借款）		54.7	855.9	884.6
	中国	54.7	326.0	592.6
	英仏露	——	529.9	292.0
直接投資		406.1	674.3	927.1
	満州	282.3	411.3	631.2
	中国本土	29.2	85.7	161.9
	南方	15.9	44.6	134.0
	北米他	78.7	132.7	——
台湾	直接投資	65.4	111.6	254.6
	証券投資	25.2	39.6	138.7
朝鮮	直接投資	69.8	117.1	315.0
	証券投資	56.7	99.6	346.1
総計		684.5	2,116.7	2,866.1

出所：日本銀行編1960: 901-905（日本銀行「本邦ノ海外投資」）、
　　　井上準之助1926: 付録第十号表、山本有造1992: 208, 278-281。
注：台湾は山本有造1992: 278-281の1896-1909年の数値を集計し、表1-2のデータ
　　と合算して算出、朝鮮は山本有造1992: 208の初期蓄積表（1909年）に表1-2の
　　データを加算して算出。

により若干の食い違いが生じている。

調査しており、1913年、1919年、1929年、1936年の投資残高について地域別にまとめているが、そこでは台湾・朝鮮は除外されている。戦後の研究では、松本俊郎1980が1900〜1930年の対中国本土・満州投資について、岩水晃1985が、1919年、1931年の対中国本土・満州・朝鮮・台湾投資について、戦前期の文献を検討して推計を試みている[20]。

　表1-3は、1914年、1918年、1924年の3時点における地域別・形態別の投資残高を推計したものである。総計をみると、1914年から18年への急増、24年への漸増傾向を確認できるが、それは外国証券、対外貸付（英仏露）の縮小の影響であり、対東アジア投資は全般的に継続して拡大している状況にあったといえる。台湾・朝

〔**表1-4**〕直接投資の地域別・部門別構成（1914, 1924/26年）

（単位：百万円）

	1914				1924/26			
	台湾	朝鮮	満州	中国本土	台湾	朝鮮	満州	中国本土
農林水産業	1.0	2.1	0.4	0	16.2	24.0	23.3	6.5
鉱業	0.8	2.2	58.3	0	21.6	5.0	116.7	11.8
製造業	59.6	2.3	7.4	13.8	214.3	30.7	126.4	196.7
電気・ガス業	——	0.8	6.8	0.0		31.4	36.1	2.8
商業	14.5	3.0	37.3	92.7	106.2	22.2	117.8	237.3
銀行・金融業	——	20.9	7.4	5.3		88.1	107.0	89.0
運輸業	1.2	1.9	128.6	8.1	4.6	26.6	347.2	11.8
その他共計	77.2	33.3	265.2	119.9	363.0	235.6	1,132.7	559.2

出所：台湾総督府殖産局商工課『台湾商工統計』昭和2年版：2-5、
　　　朝鮮総督府『朝鮮総督府統計年報』大正13年版、第三編（其ノ一）：2-5、
　　　松本俊郎1980：107, 116。
注1) 台湾・朝鮮は会社出資額、満州・中国本土は事業投資額推計。
　2) 1924/26年の台湾・朝鮮は1924年、満州・中国本土は1926年のデータ。
　3) 台湾の製造業には電気・ガス業、商業には銀行・金融業を含む。

[20]　中国の研究では杜恂誠1986が満州・中国本土・台湾に対する投資額を検討している。

鮮・満州・中国本土への直接投資残高を集計すると、1914年4.5億円から1924年13.6億円へと3倍に増加していた。

　これらの直接投資について産業部門別構成をみるならば表1-4のようになる[21]。各地域の最大部門をあげれば、台湾は製造業（製糖業）、朝鮮は銀行・金融業、満州は運輸業（満鉄）、中国本土は商業であって、この特徴は第一次大戦を経ても変わっていないが、1926年の中国本土における製造業（紡績業）の伸びが注目に値する。

2．主要投資事業

（1）対中国借款

　表1-3に示されたように、この時期の対外投資の増大のなかで対中国借款は一基軸をなしていた。第一次大戦以前の対中国借款としては、横浜正金銀行の鉱業借款約2500万円（製鉄原料確保のための漢冶萍公司借款）が最大であり[22]、東亜興業の鉄道借款500万円（江西省の鉄道利権を狙った江西南潯鉄道借款）がこれに次いでいた。いずれも国策的見地から国家資金（預金部資金）を投入したもので[23]、この時期には民間資金を原資とした借款は1000万円ほどにとどまり[24]、まだそれほど多くはなかった。また、中国に対する列強間の借款供与・利権獲得競争に遅れをとらないために、日本（正金銀行）は

---

[21]　台湾・朝鮮は会社出資額のため実際の事業投資額より少ない。にもかかわらず台湾の数値が表1-3より多いのは、台湾人資本の混入のほか、表1-3のフロー推計の限界を表していると思われる。

[22]　借款一覧表は安藤実1967: 38-39、平智之1986: 18-19。政治過程については久保田裕次2016: 第1〜3章参照。

[23]　大蔵省理財局1941: 193-196。なお、平1986: 16-17では正金銀行の漢冶萍公司借款は自己資金、政府資金立替（政府保証）を合わせると全体の3分の1に及ぶことをもって、国家資本依存の資本輸出という通説に疑問を呈しているが、それでも国家資本が過半という事実は否定しえないであろう。正金銀行自体も特別法で設置されており、純然たる民間銀行とはいえない。

[24]　大戦前の民間資本による対中国借款は、高村直助1980: 143、それを増補した平智之1986: 37参照。

1912年6月に国際借款団（6国借款団）に加入したが、13年の同借款団（米国脱退のため5国借款団）の改革善後借款供与に際して、日本は分担の資金を国内で調達することができず、英仏独の金融市場に依存せざるをえなかった（鈴木武雄監1972: 72-73、久保田裕次2016: 103-104）。要するに、大戦前の対中国借款は、国内民間資金に余裕がなく、国家資金または外資に依存しなければならなかったため、全体として5000万円程度の水準にとどまっていたのである。

　大戦期に入ると、表1-5にみるように借款金額は急増し、1918年末残高は3億6000万円に達した。借款の対象分野も債権者も大戦前に比べてはるかに多様化した。その中核をなしたのは、日本興業銀行・台湾銀行・朝鮮銀行3行の特殊銀行団を経由した西原借款8口1億4500万円であった。西原借款の政治的意図については先述したとおりであるが、大型借款を可能とした国内経済状況の変化、経常収支黒字化による資本輸出能力の向上についてみておこう。大

〔**表1-5**〕対中国借款の債権者別構成（1918, 1924年末）

（単位：千円）

	政治	鉄道	鉱業	その他	1918年末計	1924年末計
横浜正金銀行	30,365	13,296	26,006	3,961	73,628	50,029
日本興業銀行	──	──	2,173	5,200	7,373	2,834
台湾銀行	787	130	──	7,323	8,240	6,847
朝鮮銀行	──	──	──	6,500	6,500	
興銀・台銀・朝銀	20,000	50,000	30,000	45,000	145,000	166,121
南満州鉄道	──	6,651	──	150	6,801	34,488
東洋拓殖	──	──	──	1,381	1,381	7,436
東亜興業	──	11,530	──	3,976	15,506	44,789
中日実業	──	──	4,359	19,383	23,742	29,961
大倉組	──	──	5,482	7,595	13,077	9,245
三井物産	──	78	375	14,626	15,079	19,354
泰平組合	25,623	──	──	──	25,623	33,304
1918年末計	76,775	81,825	73,395	128,869	360,864	──
1924年末計	97,053	132,416	88,319	134,271	──	452,059

出所：大蔵省理財局『貿易外正貨収支一覧』大正7年版、同『第50議会　支那二関スル参考書』より作成。

注1) 内訳は1918年末残高。1924年末残高は計のみ掲出。
　2) 興銀・台銀・朝銀3行の特殊銀行団は独自の活動を行ったので、各行単独借款と区別するため、独立の項目を設けた。

戦期の経常収支の大幅黒字化は、日銀の正貨吸収策を媒介として通貨供給量を増大させ、これに都市大銀行への資金集中という条件が加わり、国内金融市場の構造的緩和が生じた（橋本寿朗1984: 63-67、伊藤正直1989: 54-55）。この過剰資金は、連合国への証券投資に加えて対中国借款にも向けられた。ただし中国への資本輸出はリスクが大きかったため、政府の保証が求められた。政府は安全性に欠ける西原借款に民間資金を動員する必要上[*25]、1億円の興業債券発行に元利保証を付し、引受機構として東西有力18行からなる海外投資銀行団が組織された。

　こうして西原借款1億4500万円の原資は、特殊銀行3行の自己資金500万円（第一次交通銀行借款）、預金部資金4000万円（第二次交通銀行借款2000万円、参戦借款2000万円）以外の1億円が、海外投資銀行団を介して国内金融市場から調達されることになった[*26]。借款原資の国家資金（および外資）から民間資金への転換は、より広い範囲で生じた。有力民間銀行は、正金銀行・東亜興業・中日実業等の投資機関にも資金を供給する役割を演じた。さらに大戦前には大倉組と三井物産にほぼ限定されていた民間資本の直接的な借款は、大戦期には三菱合資・王子製紙・川崎造船・古河合名・川北電気等へと拡大していった[*27]。1914年8月から1918年9月までの新規借款全体の原資内訳をみると、政府資金30.4％、銀行資金26.8％（特殊銀行4行16.6％、普通銀行14行10.2％）、興銀債・中国公債の市中消化36.5％、民間借款6.3％となっていた（能地清・大森とく子1986: 83）。1915〜1921年の対中国借款から得られた利子は合計1億1571万円（中央政府5781万円、地方政府606万円、会社・個人5184万円）に達した。1918年末借款残高3億6086万円に対する1919年の利子収入は2767万円

----

*25　寺内内閣成立後の作成と推定される大蔵省「対支借款方針」と題する文書には、「対支借款に要する資金は先づ民間に於て之が調達を試み其不足する分は政府預金部能力範囲内に於て之を供給すること」（鈴木武雄監1972: 169）とあり、民間資金優先の方針が示されていた。

*26　詳しくは、鈴木武雄監1972：解題41-51参照。

*27　大戦期の対中国借款の全般的動向については、能地清・大森とく子1986、伊藤正直1989: 62-72参照。

であり、収益率は7.7％と算出される[*28]。

　借款残高はその後も量的には増え続けていくが、借款供与を可能にした諸条件が消滅していったため、利払借款、債務整理が主要な内容に変化した[*29]。また、民間資本の借款は商権確保を主目的とするものが多かったと思われるが、これも債権の焦げ付きが少なからず生じていった[*30]。

(2) 総督府官業投資

　表1-2に示されるように、台湾・朝鮮への証券投資は着実に増大しており、その主要な内容は台湾事業公債法あるいは朝鮮事業公債法に基づく公債または借入金であって、特定の公債支弁事業に投下された。

　朝鮮の主な投資部門は鉄道建設および改良、道路修築、港湾築造等の輸送基盤整備であり、なかでも鉄道建設が最重点部門であった（小田忠夫1938: 197-226）。植民地領有の初期に輸送機構を整備することは、いうまでもなく軍事上および経済開発上きわめて重要な意義をもっている。ただし朝鮮ではすでに併合前（日露戦争時）に朝鮮半島縦貫鉄道である京釜線・京義線の建設は基本的に終了しており[*31]、併合後は鉄道網の拡張と既成線の充実に力が注がれた[*32]。公債・借入金は大戦後の1920～23年に毎年2000万円を超え、これに見合って鉄道建設費（主に咸鏡線建設と車両増強）、鉄道改良費の増加が生じている（表1-6）。

　鉄道投資の資金調達をみると[*33]、総督府は1911年公布の朝鮮事業公債法によって公債支弁事業のために公債発行または3年以内の

*28　大蔵省理財局『貿易外正貨収支一覧』大正10年版: 81-83。

*29　1920年代の対中国借款の動向については疋田康行1986参照。

*30　三井物産の1920年代半ば以降の対中国問題の最大の関心事は、焦げ付き債権回収問題であったという（松本宏1978: 74-76）。

*31　京釜線・京義線の建設とそれに対する民族的抵抗については、鄭在貞2008: 第1, 2, 4, 5, 6章参照。

*32　朝鮮鉄道の全般的動向については、高橋泰隆1995: 第2章、鄭在貞2008: 第3, 7章参照。

*33　朝鮮総督府財政の概要については、平井廣一1997: 第4章参照。

〔表1-6〕台湾・朝鮮総督府の鉄道投資

（単位：千円）

	台湾総督府		朝鮮総督府		
	公債金・事業資金借入金	鉄道建設・改良費	公債金・事業資金借入金	鉄道建設費	鉄道改良費
1911-14	2,367	1,275	10,911	7,790	507
1915-19	2,439	2,169	11,979	6,141	2,953
1920-24	9,672	5,958	23,259	12,178	3,884
1911-24総額	70,022	45,738	219,834	122,751	36,212

出所：大蔵省編1958: 920-928、台湾総督府交通局鉄道部1930: 28ノ次、
　　　朝鮮総督府財務局『朝鮮金融事項参考書』昭和4年調: 184-185、
　　　朝鮮総督府鉄道局1928: 235。
注：各5年（4年）平均の数値。

借入金をなしうることとなったが（小田忠夫1938: 300）、日本国内の公債市場の動向に規制されて、1913年の公債3000万円発行（東西銀行団引受、朝鮮銀行184万円引受）を除けば、1916年までは朝鮮銀行からの借入金に依存していた（朝鮮銀行史研究会編1987: 102-103）。1917年以降、日本の金融市場の構造的緩慢化、それを前提とした政府の積極的な公債政策により、公債発行が大々的に行われていった。1916年度末の公債残高は2805万円と借入金残高3467万円より少なかったが、1924年度末には借入金残高3447万円に対して公債残高は2億1772万円へと増大した[34]。

　鉄道投資の効果について1914年から24年にかけての変化をみると、営業距離が1.3倍、車両数が1.7倍に増えたのに対して、旅客人員は3.7倍、貨物トン数は2.7倍に増加、また営業収入は4.1倍、営業損益は5.5倍に増大しており、投資の効果が現れていた（金子文夫1985: 358）。主要な貨物は米、石炭、木材等であり、1924年の貨物輸送量全体に占める割合は、それぞれ16.1％、12.9％、6.7％であった（同前: 358）。特に米は大戦後の伸びが著しく、日本への移出増大の反映とみられる。また米移出による食糧不足を補填する満州粟の輸入増加の傾向もうかがわれる。ただし、「鮮満鉄道一体化」政策に対応した満州との連絡輸送量は全体のほぼ10％以下にとど

....

[34]　朝鮮総督府財務局『朝鮮金融事項参考書』昭和4年調: 192-195。なお、借入金の調達先は、1916年度末時点では、一般会計が2分の1、預金部と朝鮮銀行が各4分の1を占めていた。

まり（橋谷弘 1982: 172、表8）、朝鮮鉄道の経営上の重点とはなりえていなかった。

　朝鮮鉄道全体の収益性は、徐々に上昇していたとはいえ、1925年度に至っても1日1哩平均わずか65円であり、満鉄の384円、東京鉄道局の315円よりはるかに少なく、台湾鉄道の87円にも及ばなかった[35]。このような朝鮮鉄道の低収益のゆえに、総督府財政への寄与という点では鉄道投資の意義はそれほど認められない。朝鮮鉄道の経済的意義は、収益面でなく輸送実績面に求めるべきであろう。植民地貿易圏と関連づければ、朝鮮米の対日移出の増大と日本綿布の朝鮮経由対満州輸出の拡大に注目しなければならない。

　次に台湾について簡単にみておくと、総督府の官営事業では専売（阿片・樟脳等）が重要であるが[36]、官業投資ではやはり鉄道が中心であり、その他に水利事業と築港が主たる投資部門であった（高橋亀吉 1937: 572-573）。台湾でもすでに1900年代に幹線たる縦貫鉄道は完成しており、1910年代にはその増強あるいは支線の建設に力が注がれた[37]。表1-6から1920〜24年の投資拡大がうかがわれるが、これは大戦期の貨物輸送急増に対してネックとなった中部勾配線を海岸平坦線に切り替える工事のためであった（伊澤道雄 1937: 237）。

　鉄道投資の資金源泉は1918年までは台湾銀行短期借入金に依存し、以後は公債発行が急増していった。公債残高は1910年の3455万円が17年には2695万円まで減少し、その後の増加を経て24年には8832万円に達した[38]。鉄道事業の収益は1917年をピークとして、以後は大戦期の物価上昇による支出増大のため、むしろ減少気味であった（台湾総督府交通局鉄道部 1930: 38ノ次）。したがって鉄道投資の意義は朝鮮と同様に収益面ではなく輸送力増大による台湾経済の植民地貿易圏への組み込みの観点から評価すべきであろう。

----

*35　朝鮮総督府鉄道局 1928: 付録第15表ノ2。

*36　台湾総督府財政の概要は、平井廣一 1997: 第1〜3章参照。

*37　台湾鉄道の概要は、高橋泰隆 1995: 第1章参照。そこに示された初期投資の高評価に対しては林采成 2015が批判を加えている。

*38　台湾総督府『台湾事情』大正14年版: 404-406。

(3) 国家資本系企業

　対外投資の典型的形態は直接投資である。帝国圏（植民地・勢力圏）の主要日系企業（払込資本金1000万円以上、1926年末基準）をまとめると表1-7のようになる。台湾は製糖資本、中国本土は紡績資本といった民間大資本が上位を占める一方、満州は南満州鉄道、朝鮮は東洋拓殖という国家資本系の開発投資企業が首位を占めた。両社は事業会社であるとともに、子会社・関係会社に資金を流す投資中継機関でもあった。

〔**表1-7**〕帝国圏の主要企業（1926年末基準）

（単位：千円）

企業名	設立年	払込資本	企業名	設立年	払込資本
台湾			朝鮮		
大日本製糖*	1895	20,063	東洋拓殖*	1908	35,000
台湾銀行	1899	39,375	京城電気*	1908	10,500
台湾製糖（三井）	1900	38,100	朝鮮銀行	1909	25,000
明治製糖（三菱）	1906	24,300	朝鮮鉄道	1916	17,650
東洋製糖（鈴木）	1907	22,030	三菱製鉄*（三菱）	1917	25,000
塩水港製糖	1907	21,523	朝鮮殖産銀行	1918	15,000
新高製糖（大倉）	1909	10,750	中国本土		
帝国製糖	1910	11,250	内外綿*	1887	13,250
台湾電力	1919	28,200	上海製造絹糸（鐘紡）	1906	10,000
満州			東亜興業*	1909	12,888
南満州鉄道	1906	337,156	中華企業*	1919	11,250
南満州電気（満鉄）	1926	22,000	同興紡織（合同紡）	1920	10,500

出所：高村直助1980: 260, 表Ⅷ-16を一部修正。
注1）払込資本1000万円以上の企業。
　2）*は当該地域に本店を置いていないが、事業の中心がある企業。
　3）（ ）内は親会社。

　満鉄は日露戦争で獲得した南満州の権益を維持・拡大する目的で1906年に設立された巨大国策企業であり、初代総裁には台湾総督府民政長官であった後藤新平が就任し、本社は最初東京に置かれ、1907年に大連に移転した[39]。その資本金規模は一貫して日本最

----

*39　満鉄の研究は豊富にある。包括的な研究史は岡部牧夫編2008: 補章が詳

〔**表1-8**〕南満州鉄道の資産・負債構成（1914〜24年度）
（単位：千円）

	1914	1919	1924
資本・負債			
払込資本金	123,995	180,000	321,156
政府	100,000	100,000	217,156
民間	23,995	80,000	104,000
社債	117,156	197,156	254,062
積立・繰越金	15,016	47,852	115,163
資産			
事業費	235,412	369,356	573,288
鉄道	100,407	138,117	211,457
鉱業	60,773	88,136	125,129
有価証券	1,188	7,210	18,091
貸金	5,926	20,082	62,390
総資産	280,086	503,532	789,911
連結総資産	281,087	510,876	812,234
連結子会社数	2	6	13

出所：金子文夫1991: 51, 94, 99, 219, 222, 376, 381、
　　　柴田善雅2017: 114-115, 128-129, 162-163, 186-187。
注：連結総資産は満鉄と子会社の総資産を合算し、重複分を
　　相殺した数値。

大であり、大戦前から1920年代半ばにかけての資産・負債構成は
表1-8のようであった。満鉄設立時の公称資本金は2億円、政府半
額出資であるが、政府はロシアから獲得した鉄道・鉱山等の資産を
1億円と評価し、現物出資とした。1920年度に資本金が4億4000万
円に増資されるが、その政府持ち分も満鉄の外貨社債の債務を継承
する形をとり、日本から資金を持ち出すことはなかった。第一次大
戦前の満鉄の資金の大部分は外貨社債で調達された。つまり当初の
満鉄投資の原資は現物と外資であり、日本からの正味の資本輸出は
わずかなものであった。第一次大戦を経てこの事情は一変し、国内
金融市場での社債発行と民間払込株金が主流を占めることになる。

．．

しい。鉄道事業に関しては林采成2021: 序章が論点を的確に整理してい
る。

満鉄の資金運用をみると、大半は社内事業投資にあてられ、その中心は鉄道および鉱山であった。事業部門は製鉄所、電気・ガス、地方経営など広範囲に及んだものの、低収益あるいは不採算部門が多く、鉄道部門の高収益が満鉄経営を支えていった[40]。払込資本金利益率は当初は2%台であったが、1913年度に6%台に上がり、1917年度以降は10%以上を維持した（金子文夫1991: 104, 231, 394）。

　大蔵省理財局『貿易外正貨収支一覧』は、「本邦人海外事業利益」のなかの「事業純益」という項目で、一部の企業の純益額を掲出している[41]。1916〜23年の8年間の事業純益を集計すると総額は4億2627万円であり、そのうち満鉄が2億0812万円（48.8%）に達していた。それに続く横浜正金銀行が4498万円（10.6%）、三井物産が4218万円（9.9%）であるから、いかに満鉄が巨額の収益をあげていたかがわかる。

　鉄道部門の収益基盤は大豆・石炭の輸送であり、特に満州特産大豆の世界市場向けの伸びは大きな収益源となっていた。満鉄の事業活動によって、大豆・豆粕・石炭・銑鉄等の日本への輸出が拡大することになる。

　一方、満鉄は投資中継機関の役割ももっていたが、この時期にはそのウエイトは大きくなかった。とはいえ、満州の日系企業のなかで満鉄関係会社の存在意義を軽視すべきではない。1924年度末時点で持ち分20%以上の満州内関係会社は17社に達しており、その多くは電力、運輸、取引所信託、市場会社等、経済活動の基盤となる分野に配置されていた[42]。

　次に朝鮮の開発投資企業である東洋拓殖を通じた投資活動についてみていく[43]。東拓は、韓国併合直前の1908年に、朝鮮開発の中

....

[40]　林采成2021:第1章, 第2章は満鉄鉄道部門の高収益性を生産性の観点から分析している。

[41]　この資料のデータは不十分である。備考欄に「本邦人の海外に於て商業を営む者少からず従て其の純益も多かるべきも収支不明なるのみならず其の大部分は将来外国に於て使用せらるべきものと看做し暫く之を計算外に置けり」と記している。

[42]　詳細は柴田善雅2017: 第3, 4章参照。

[43]　東拓の概要については、河合和男・金早雪・羽鳥敬彦・松永達2000、黒

心となる国策企業として半官半民の形式で設立された。資本金
1000万円のうち政府現物（土地）出資が30%、加えて日韓の皇室・
王家が4.15%出資という構成で、日韓融和の印象づけを狙ってい
た。本社は京城に置かれ、初代総裁には陸軍省軍務局長であった宇
佐川一正が就任した。当初の主要事業は日本からの農業移民導入で
あり、これに関連して土地経営、長期金融事業を行った。しかし、
朝鮮の農地には余裕があるといった間違った想定をしていたため、
移民事業はすぐに行き詰まり、東拓は土地経営（地主）事業に重点
を切り替えざるをえなかった。資金調達については、第一次大戦前
は国内民間市場が未発達であったため、1913年に外貨社債5000万
フラン（1935万円）発行でまかなった。それまでのつなぎ資金として
は、預金部から興銀経由で750万円が融通された（黒瀬郁二2003: 58-
59）。この時期の対外投資における国家資本・外資依存の特徴がこ
こにも現れている。資金運用面では、土地建物への投資が中心を占
め、貸付金はその3分の1程度にとどまっていた（表1-9）。

〔表1-9〕東洋拓殖の資産・負債構成（1916〜24年度）

（単位：千円）

	1916	1920	1924
資本・負債			
払込資本金	10,000	27,500	35,000
社債	19,350	95,385	182,474
資産			
貸付金	5,839	94,577	148,764
朝鮮	5,608	44,155	54,732
満州	——	41,218	71,703
華北	——	8,600	9,704
南洋	——	——	12,107
株券・債券	1,100	15,499	24,260
土地建物	16,291	16,346	22,435
総資産	31,299	151,477	244,266

出所：柴田善雅2015: 32-33, 44-45。

瀬郁二2003参照。

第一次大戦期、寺内首相・勝田蔵相のもとで「鮮満一体化」政策が展開されるなかで、東拓の役割は大きく転換する。1917年、東拓設置法が改定され、長期資金供給が主たる事業となり、支店網が満州、華北に拡大され、本社は東京に置かれることとなった。資本金は1918年2000万円、19年5000万円へと増額され、社債は1917〜22年の間に23回1億4410万円発行された。そのうち外債発行は1回もなく、預金部引受は11.4%にとどまり、大半は国内金融市場で消化された（金早雪2000: 234）。

　満州進出では、1917年奉天、大連支店、1919年ハルピン支店が設置され、貸付金は朝鮮を上回る規模に達した。貸付金の使途は、主に市街経営（建物・住宅建設等）であり、農林業、製造業がこれに続いた（黒瀬郁二2003: 125）。また、第一次大戦期に日本軍が侵略した中国山東省と南洋群島にも、戦後経営を支える金融機関として東拓が進出した。山東省では1919年に青島支店が開設され、軍政下で急増した商工業者向け投融資に従事したが、軍政終了後の1924年には出張所に格下げされた（柴田善雅2015: 41-42, 56-60）。南洋方面では、中小資本を整理・統合して中核企業を創出する役割を担い、1917年に移民会社・海外興業（資本金1000万円、東拓25％出資）、1922年に開発投資会社・南洋興発（資本金300万円、東拓70％出資）を設立した[44]。1924年度末、東拓の資金運用において株券・債券は土地建物を上回った。関係会社数22社のうち朝鮮内は6社にとどまり、朝鮮外は16社に上った（柴田善雅2015: 48-49）。

　しかし、満州における貸付は、1920年恐慌以降の不況の影響を受けて不良債権化していく。満州事業の不振は東拓経営の重荷となり、1924年度から26年度にかけて大幅な整理を余儀なくされた。整理・救済資金は預金部から融通され、さらに朝鮮に所有する土地の評価替えで資金を捻出し、かろうじて減資を免れた[45]。「鮮満一体化」政策の破綻は東拓経営に体現されていた。

....

[44]　海外興業、南洋興発については、黒瀬郁二2003: 197-201, 209-228, 柴田善雅2015: 54-55, 292-307参照。

[45]　東拓の整理過程については、羽鳥敬彦2000、黒瀬郁二2003: 187-191、柴田善雅2015: 45-47参照。

(4) 民間大資本

　表1-7に示されているように、第一次大戦前後の帝国圏におけ
る大資本は、満州、朝鮮では国家資本であるのに対して、台湾、中
国本土では民間資本であった。台湾では払込資本1000万円以上の9
社のうち7社が製糖業であり[46]、うち4社が財閥系であった[47]。7社
の払込資本金を集計すると1億4800万円となる。これら糖業資本
は、台湾総督府の糖業保護政策に支えられつつ[48]、欧米資本の駆逐
と土着資本の従属化を進め[49]、1910年から16年にかけて第一次合同
運動を展開した。これは原料採取区域の分割競争を契機とするもの
で、5大糖業資本（台湾・明治・塩水港・東洋・大日本）は1915年には
払込資本金と生産高でそれぞれ全体の4分の3を制するに至り、こ
こに独占的支配体制を確立した[50]。そして第一次大戦期の欧州にお
ける甜菜糖減産に起因する世界的糖価高騰によって、糖業資本は軒
並み10割配当を実現する「黄金時代」を満喫するに至った。

　このような高利潤を生み出した要因としては、世界市場価格の
高騰のみならず、原料採取区域制を利用した甘蔗買取価格の抑制と
いう植民地的条件にも注目すべきである（涂照彦1975: 302-304）。台
湾鉄道（砂糖輸送）・台湾銀行（糖業金融）等の国家資本の存在もこれ
に付け加えてよいであろう。1910年代を通じた砂糖の対日移出の

---

[46]　1921年の株式会社払込資本金総額に占める糖業部門の比率は48.0%に
　　達していた（台湾総督府殖産局商工課『台湾商工統計』昭和2年版: 7）。

[47]　糖業資本の研究に、久保文克1997、同 2016があり、経営史的視点から分
　　析がなされているが、そこで台湾製糖について経営陣の「国益志向的エー
　　トス」をもって「準国策会社」とする点は、国策会社規定の逸脱であり同意
　　できない。

[48]　総督府の糖業保護政策は、当初の大資本擁護（台湾製糖設立）から一時
　　土着資本の温存利用に変わり、日露戦後に再び大資本支持（明治製糖等の
　　設立）に転換した（森久男1978参照）。

[49]　1912年の台湾総督府令第16号によって、台湾人・清国人のみの会社設
　　立が禁止され、土着資本の従属化の一因となった。1923年にこの総督府令
　　は廃止された（矢内原忠雄1963: 285, 293-294）。

[50]　涂照彦1975: 293-294。なお、1910年には台湾糖業連合会というカルテル
　　が組織されている（農商務省1914: 303-310）。

増大は、財閥系を中心とする糖業資本と国家資本との連携の所産であった[*51]。糖業資本は大戦期の高蓄積を基礎に、沖縄・北海道・朝鮮・満州・南洋へと拠点を拡張し、東アジアにおける「糖業帝国主義」を形成していった（矢内原忠雄 1963: 423-425）。

　次に、中国本土への民間大資本の進出状況では紡績企業の工場開設（在華紡）が目立った[*52]。在華紡が注目されるのは、独占形成に基づく資本輸出というレーニン帝国主義論の論理に適合するからであり、また中国民族運動・労働運動に直面したからであろう。1924年末の主要企業12社を集計すると、開業年は1919年以前3社、1920～24年9社、工場立地は上海26工場、青島7工場であり、1920年代に租界に集中して進出したといえる（高村直助 1982: 118-119）。設備投資をみると、紡錘数は上海870,136錘、青島143,128錘、織機台数は上海のみで4821台であった。織機1台を綿紡15錘と仮定すると全体で約108万錘となり、1錘110円とすれば総額1億2000万円ほどと計算される[*53]。大まかな数字ではあるが、表1-3の中国本土向け直接投資1億6190万円と照合すると、在華紡がいかに大きな存在であったかがうかがわれる。

　1910～20年代は中国における綿工業の発展期であるが、そのなかで在華紡は1924年時点で工場数、錘数、綿糸生産高、綿布生産高全体のおよそ3割を占め、20年代末には4割に達する趨勢であった（西川博史 1987: 208-209）。1925年の5.30事件の衝撃を受けながらも、1920年代の帝国圏の全般的不況のなかで在華紡が発展していった事実は、1930年代における日本の中国侵略の前史として注視に値しよう[*54]。

....

*51　台湾糖の移出・流通機構について、詳しくは大島久幸 2009a、同 2009b 参照。

*52　在華紡の研究蓄積は厚い。主なものに、高村直助 1982、西川博史 1987、桑原哲也 1990、森時彦編 2005、富澤芳亜・久保亨・萩原充編 2011 などがある。

*53　綿紡績の中国投資は支店形式が多いため、こうした投資額の推計がなされる。投資額の算出方法は、樋口弘 1939: 277 に基づく。

*54　在華紡の発展が日中間の矛盾を激化させ、侵略戦争に至ったとする「綿業帝国主義論」に対して、石井寛治 2012: 180-183 では在華紡が日中の

　　台湾の製糖資本、中国本土の在華紡以外には大規模な民間対外投資は見当たらない。1915年時点での大倉、三井、三菱財閥の対中国・満州直接投資はいずれも500万円以下にとどまっていた（高村直助1980: 147）。大倉は鉱業を中心に1924年には2828万円まで投資を伸ばしたが、借款が直接投資を上回っていたとみられる（池上和夫1982: 141, 143）。三井財閥は、対中国共同投資企業・東亜興業（1909年設立、資本金100万円、1918年2000万円に増資）、日中合弁の投資企業・中日実業（1913年中国興業として設立、資本金500万円）などの活動を主導する一方、三井物産が商権獲得を狙って対中国借款を増やしていったが、直接投資はそれほど多くなかった[*55]。三菱財閥は、1917年の三菱合資査業課創設を起点に、中国・南方等へ鉱業・農林業関連の資源投資を展開していくが、規模は大きくなかった[*56]。そのなかでは、朝鮮の三菱製鉄兼二浦製鉄所の設立（1914年着工、1918年操業開始）が、日本鉄鋼業の植民地進出の一指標として重要である（奈倉文二1984: 182-189）。以上の他、製糸資本の対外投資として、片倉製糸による1920年日華蚕糸設立（資本金250万円、本社上海、工場青島）、朝鮮での土地集積（1922年2600町歩）をあげておこう（藤井光男1987: 274-277, 487）。

（5）民間中小資本

　　第一次大戦を契機に帝国圏で企業設立ブームが生じ、多数の中小資本が設立された。表1-10は、各地域の企業（台湾は1919年、朝鮮・満州は1921年時点で存立する企業）について、設立年別・資本金規模別の分布を集計したものである。設立年は各地域とも調査直前の時期が多いことは当然ともいえるが、その時期が第一次大戦後の熱狂的な企業設立ブームであったことが、この傾向に拍車をかけた。直前の3年間に設立された企業の全体に占める比率をみると、台湾

　　「相互に利益をもたらす」可能性があったとして批判しているが、1930年代まで通してみるならば、そうした側面を強調して侵略的な「満鉄路線」と対比する「在華紡路線」という規定には無理があるように思われる。

[*55]　東亜興業・中日実業については、坂本雅子1986、三井物産の中国事業については坂本雅子2003: 第1, 2章参照。

[*56]　三菱の対外投資については、中瀬寿一1979: 116-127。

〔表1-10〕台湾・朝鮮・満州企業の設立年別・資本金規模別分布
（1919, 1921年）（単位：社）

設立年	-1909	1910-12	1913-15	1916-18	1919-21	合計
台湾	14	13	34	36	139	236
朝鮮	42	31	39	72	276	460
満州	13	14	49	162	539	777
資本金規模	1万円未満	1万円～	5万円～	10万円～	50万円～	合計
台湾	23	68	43	69	34	237
朝鮮	37	157	104	119	43	460
満州	38	215	151	269	107	780

出所：金子文夫1986a: 40-45。
注1) 台湾の設立年は各欄とも2年ずつ前のデータ（たとえば1919-21は1917-19）。
　2) 台湾は1919年、朝鮮・満州は1921年時点で存在する、各地域に本店を置く株式会社・
　　合資会社・合名会社の集計。
　3) 基本的に日本人企業。満州は若干の非日本人企業を含む。
　4) 設立年不明企業は台湾1社、満州3社。

58.9%、朝鮮60.0%、満州69.4%であって、いずれも高い割合を示
しており、なかでも満州はひときわ集中度が高かった。また、この
表から資本金規模別の分布状況をみると、最も多いのは台湾が10
～50万円、朝鮮が1～5万円、満州が10～50万円であって、朝鮮の
企業規模の矮小性が示されている。業種別にみると、各地とも商業
と工業の会社数が多く、概して小規模であった。

　　企業ブームの様相について、1919年末の雑誌記事は、「企業熱
の昂進は独り内地に留らず、斉しく朝鮮に瀰漫し、延いて満州に及
び其勢当る可からざるものあり、内地に於て計画せられたる満鮮関
係事業にして其株式の大部分を彼地邦人の引受に帰したるもの少か
らざるの有様なり」[57]と記した。日銀総裁の井上準之助は、投機の
「範囲の拡がった所の一番極端の例は満州であります。満州には日
本内地の投機よりも思惑よりも、より以上の熱度が高かった」と述
べている（井上準之助1925: 34）。各種銀行の貸出高は1914年から
1919年にかけて朝鮮では4.4倍に、満州では実に16.3倍に膨脹した
（金子文夫1985: 368、第16表）。企業新設の資金は相当部分が内地から
の資本輸出でなく、現地で調達されたと思われる。ここに対外投資
におけるフローとストックの乖離の一因を見ることができる。

....

[57]　『東京経済雑誌』2035号、1919年12月13日：2。

　　満州で企業ブームが激しかったのは、21カ条要求に基づく権益拡大のために企業進出の余地が多いとみなされ、「鮮満一体化」政策のもとで朝鮮銀行・東洋拓殖が放漫な貸出を進めていったからであろう。台湾では土着民族資本が一定の勢力を保持し、また朝鮮では運用が緩和されたとはいえ1920年まで会社令が存在したことが、満州に比べればバブルの膨脹を抑制していたとも考えられる[58]。

　　1920年恐慌によってバブルが崩壊して以降、特に満州では企業業績が悪化し、商業・工業を中心に赤字企業が増加していった。1920年代前半、減資・解散企業が増加する一方、新設企業も増えており、差し引きすると企業数は増加していくものの、新設企業の多くは株式会社でなく合資・合名会社であって、企業規模は一段と縮小した。朝鮮銀行・東洋拓殖といった国家資本をはじめ、普通銀行も不良債権の整理に苦しみ、満鉄を別として満州の日本人企業は沈滞を免れなかった。1920年代後半、これに中国側の利権回収運動の圧力が加わり、満州事変への伏線が敷かれていくのである[59]。

第3節　帝国圏貿易の構造

1. 全般的動向

　　大戦期に急増した対帝国圏投資は日本の貿易構造にどのような変化をもたらしたのであろうか。まず、輸移出入規模と地域別比率

----

*58　会社令下の企業設立動向については、小林英夫編1994参照。会社令の効果を強調する見解を引用しておこう。「欧州戦後の不況の際に於て戦時中内地及満州に於て濫興したる事業会社は何れも惨憺たる悲境に陥り為に財界を攪乱すること甚しきものありしに当り、独り朝鮮の事業界は其被りたる打撃比較的に少く爾来今日に至る迄順調なる発達を継続し来りたるもの偏えに会社令の功績に帰せずんばあらす」（広瀬豊作1927: 204）。

*59　満州（大連）における日本人商工業者の動向については、柳沢遊1999、またこれと異なる視点からの満州日本人社会の研究として塚瀬進2004をあげておく。

〔**表1-11**〕帝国圏貿易の地域別動向（1914～1925年）

（単位：百万円、%）

		1914		1919		1925	
輸移出	台湾	39.9	(6.0)	90.5	(3.8)	129.9	(4.9)
	朝鮮	39.0	(5.8)	184.9	(7.8)	234.6	(8.8)
	満州	39.1	(5.8)	218.0	(9.2)	180.9	(6.8)
	中国本土	145.5	(21.7)	379.2	(16.0)	389.1	(14.6)
	小計	263.5	(39.4)	872.6	(36.8)	934.5	(35.0)
	総計	669.6	(100.0)	2,374.2	(100.0)	2,670.2	(100.0)
輸移入	台湾	45.7	(6.9)	141.9	(5.7)	215.2	(6.9)
	朝鮮	28.6	(4.3)	199.8	(8.0)	317.3	(10.2)
	満州	45.8	(6.9)	213.5	(8.6)	193.4	(6.2)
	中国本土	43.8	(6.6)	271.0	(10.9)	197.9	(6.4)
	小計	163.9	(24.8)	826.2	(33.2)	923.8	(29.8)
	総計	659.6	(100.0)	2,491.8	(100.0)	3,103.1	(100.0)

出所：山澤逸平・山本有造1979: 206-213、大蔵省『大日本外国貿易年表』各年版。
注：中国本土は『大日本外国貿易年表』の「支那輸出入品州別表」により
　　満州を除外し、満州は同数値に関東州を合算して算出。

の変動を表1-11からうかがってみよう[60]。大戦期から大戦後にかけ
ての輸移出の動向をみると、絶対額では増加傾向を維持したもの
の、日本の全輸移出に占める比率は徐々に低下していった。なかで
も大戦前に高い地位を占めていた中国本土は比率を大きく下げ、代
わりに朝鮮が徐々にシェアを伸ばしていった。輸移入面では、大戦
期に日本の全輸移入に占める比率を高めた帝国圏の地位は、大戦後
には若干低下したものの、大戦前よりは高い水準を維持した。地域
別では、台湾を除いていずれも大戦期にシェアを高めているが、大
戦後になるとここでも中国本土の低下と朝鮮の上昇が対照的であっ
た。
　　日本から帝国圏への輸移出品目の推移をみると、各地域共通し

----

[60]　日本帝国圏貿易の全般的動向については、堀和生2009参照。

て綿織物が最重要品目であった[*61]。また綿糸も中国本土を中心に重要品目であったが、大戦期に伸び率は鈍化し、比率を低下させた。これら綿製品の輸移出市場としての意義を地域別にみると、中国本土と満州が、絶対額が多いばかりでなく、当該地域への輸出品目全体に占める比率も高く、台湾・朝鮮よりはるかに重要な市場であった。

　加えて注目すべきは、大戦期以降、朝鮮への鉄・鋼、満州・台湾への鉄類輸移出が伸びていることである。未だその比率は低いとはいえ、大戦を契機に発展の緒に就いた重化学工業が帝国圏に市場を見出した兆候とみることができる。重化学工業品を一括し、日本の輸移出全体に占める帝国圏の割合を算出すると、1912年から25年にかけて43.9%から68.7%に上昇し、逆に綿製品輸移出全体に占める割合は90.3%から53.9%に低下した（行沢健三・前田昇三1978: 140-144, 150-154）。重化学工業品輸移出の伸びは、対帝国圏投資の拡大と関連していたと推測できる（吉信粛1979: 24）。

　帝国圏から日本への輸移入品では、各地域とも特定品目に特化し、全体に占める比率がきわめて高いことが特徴的である。台湾の砂糖・米、朝鮮の米・豆類、満州の豆粕・大豆といった上位2品目で、ほぼ60〜80%に達している。中国本土の実綿・繰綿も加え、これら農産物（あるいは農産物加工品）が帝国圏から入ってくる最重要品目であり、帝国圏はこれら農業資源の対日供給基地として位置づけられていた。なかでも伸び率が高かったのは朝鮮の米であり、大戦後の朝鮮の重要度の上昇は米の伸びによっていたといえる。

　さらに注目すべきは、中国本土と朝鮮からの輸移入品に銑鉄・鉄鉱が見出されることである。量的に多くないとはいえ、重化学工業原料・資源の帝国圏依存の一端がここに現れている。ただし、資源調達を帝国圏のみに求めていったわけではなく、たとえば金属原料輸移入に占める帝国圏の比率は、1912年から25年にかけて71.7%から47,8%に低下しており、他方で食料品輸移入に占める比率は56.3%から65.1%に上昇していた[*62]。

----

*61　主要貿易品目の動向については、金子文夫1985: 372-374参照。

*62　行沢健三・前田昇三1978: 145-149, 155-159。朝鮮鉄鉱資源の限界については石井寛治2012: 122参照。

以上をまとめると、この時期を通じて中国本土・満州への綿製品輸出、台湾・朝鮮・満州からの農産物（食料・原料）輸移入という軽工業品－農業品交換の貿易構造が形成され、それに加えて鉄類輸移出－銑鉄・鉄鉱輸移入という重工業関連貿易が新たに生じつつあったと考えられる。

2. 綿製品輸移出

　日本の綿製品輸移出は、大戦前には綿糸が主軸であったが、大戦期（1917年）に綿織物主軸に転換していく。そのなかで帝国圏の市場構成比は80％台から50％前後へと下落していくが、その要因は綿糸では中国本土、綿織物では中国本土・満州の比率の低下であった（表1-12）。朝鮮も含めて各市場の動向を検討しよう。

〔表1-12〕綿製品輸移出市場の構成（1914～1925年）

(単位：％、百万円)

		1914	1919	1925
綿糸	台湾	0.2	0.4	1.3
	朝鮮	2.6	4.0	6.4
	満州	7.6	13.1	9.4
	中国本土	75.7	62.6	31.2
	小計	86.1	80.0	48.3
	総額	80.8	119.5	133.3
綿織物	台湾	10.8	2.6	3.2
	朝鮮	15.9	8.1	8.1
	満州	27.8	26.5	15.5
	中国本土	34.3	33.3	28.2
	小計	88.8	70.5	55.1
	総額	47.6	313.8	488.1

出所：東洋経済新報社編1935、大蔵省『大日本外国貿易年表』各年版。
注：台湾の綿織物には若干の絹織物を含む。

　朝鮮市場は日本にとって併合前から綿織物輸出主導型であり、しかも併合前には満州・中国本土市場に匹敵する重要な綿織物輸出先であった（村上勝彦1979: 107）。朝鮮からみても、輸入の主軸は一貫して綿織物であり、その市場支配が日本綿業の課題であった。綿

糸では日清戦争後に日本品が朝鮮市場を支配し、綿織物では併合を契機に英国品を駆逐し、市場制覇を実現した（朝鮮綿糸布商連合会編1929: 35-53）。その要因として、低賃金・高資本回転率・混綿技術等の生産面の条件、運賃・情報面での地理的有利性、紡績資本・商社（三井物産）・金融機関一体となった輸出機構の整備などがあげられる（村上勝彦1979: 118, 138-142、高村直助1971: 184-187）。こうして一旦市場支配が達成されると、今度は朝鮮への移出価格は一般の輸出価格よりも割高に設定され（吉信粛1979: 39-40, 註43）、独占利潤が抽出されることになり、満州へのダンピング輸出の負担をカバーする役割を果たすことになった（高村直助1971: 189-190）。

　次に満州市場をみると、ここも朝鮮同様に綿織物輸出主軸型であった。そして満州からみても、綿織物の輸入が主軸である点は朝鮮と共通していた（朝鮮銀行1919: 308）。綿糸では1911年に日本品がインド品を上回り（副島圓照1972: 133-134）、また綿織物では1910年に生地綿布市場で日本品が米国品を凌駕している（農商務省1914: 192）。第一次大戦前に満州綿織物市場において日本品の優位が確立した条件として、低賃金を基礎とした低価格、三井物産主導による日本綿布輸出組合（1906年結成）を通じたダンピング、横浜正金銀行の低利利付為替取組・満鉄運賃政策等の国家的保護などを指摘できる（高村直助1971: 187-190, 同1980: 119-123）。さらに、「鮮満一体化」政策に基づく朝鮮－満州直通鉄道輸送、国境関税軽減、運賃割引の実施と、これらを背景とする日本綿糸布満州輸出組合の結成（1914年）によって、日本の満州向け綿糸・綿織物輸出ルートは大連経由から安東経由に転換するとともに、全体として大戦期に輸出を拡大させていった（高村直助1971: 225-227）。

　ところが、大戦後になると満州向け綿糸・綿織物輸出は、相対的にも絶対的にもその地位を低下させるに至った。この要因として、大戦を契機とする海外新市場の開拓、1920年恐慌と銀価下落の打撃、日貨排斥運動の影響なども考えられるが、重視すべきは中国民族紡の台頭である。大戦期の上海を中心とする中国民族紡の発展は、満州の中国本土からの綿糸・綿織物移入を増大させ、綿糸では1923年に移入が輸入を上回り、綿織物でも移入品が輸入品のシェアを奪う方向性を示した（西川博史1987: 222-225）。こうした民族紡の台頭への対応として、在華紡の形成が必至となるのであるが、満州では1924年に満州紡績、1925年に満州福紡と内外綿金州工場

が開設されたのみで、投資の重点は上海・青島等の中国本土大都市に置かれていた（楊天益1982: 269-271）。

　そこで次に中国本土市場をみると、ここでは大戦を境として、綿糸輸出主軸から綿織物輸出主軸への転換が生じていた。これは日本綿業の輸出構造の転換に照応しており、中国本土が日本綿業の最大の輸出市場であった事実を表している。大戦前の中国綿糸市場はインド綿糸が支配していたが、1914年には日本綿糸がそれを凌駕したとみられる（高村直助1982: 65）。綿織物市場では、英国品が薄地、米国品が厚地の市場を押さえていたところ、日本は大戦前に厚地市場で米国品を駆逐、次いで大戦中に薄地市場で英国品を凌駕し、市場支配を達成した。大戦後に英国品が巻き返しを図るが、全体として日本の優位は覆らなかった（高村直助1982: 53, 64, 129）。

　問題は、大戦期の中国民族紡の台頭によって、中国の綿製品国産化が進展し、輸入品市場支配のみでは中国市場全体を掌握できなくなったことである[*63]。中国の綿糸輸入量は1914年をピークに減少に転じ、綿織物輸入量も大戦期を通じて減少傾向をたどった。こうした民族紡の発展を支えた要因は、大戦に伴うインド綿糸・英国綿織物等の中国市場からの撤退、日貨排斥運動に示される民族運動の高揚、政府の綿業奨励政策の展開などであった。欧米品の間隙を埋めたのは、日本品よりもむしろ中国国産品であり、特に太糸生産では賃金格差を根拠として日本綿糸の輸出競争力は失われていった。このような条件変化を背景に、中国の関税引き上げと日本の深夜業禁止問題の発生を直接的契機として、1920年代前半に日本紡績資本は大挙して中国に工場を進出させ、在華紡を形成していった。それを可能にしたのは、大戦期に独占体制を確立した巨大紡績資本の高利潤であり、競争条件の変化に対応して、朝鮮や満州ではなく最大の市場にして民族紡の拠点である中国本土の大都市に生産基地を開設したのである。このようにして、賃金格差に照応して、低級品は現地生産、高付加価値品は輸出という、現代の多国籍企業の事業戦略の先駆ともいうべき企業内国際分業が展開され、中国「国産品」の枢要部分を在華紡が占めることとなった。

[*63]　以下、詳しくは高村直助1982: 第4章参照。

3. 農産物輸移入

　帝国圏からの代表的な輸移入品である米・砂糖・大豆等の輸移入先をまとめると表1-13のようになる。いずれもすでに大戦前に特定地域への集中傾向が形成されており、大戦期を経過するなかで量的に拡大していった。このなかで最大の品目である米の朝鮮からの移入に絞って考察を進めよう。

〔**表1-13**〕主要農産物輸移入品の地域別構成（1914〜1925年）

（単位：千円、%）

		1914	1919	1925
米	朝鮮	14,254　(31.0)	106,550　(35.2)	172,656　(47.3)
	仏印	12,821　(27.9)	116,313　(38.4)	43,743　(12.0)
	輸移入計	45,983 (100.0)	303,113 (100.0)	365,265 (100.0)
砂糖	台湾	27,673　(56.1)	79,112　(57.6)	105,651　(57.8)
	蘭印	17,990　(36.5)	49,305　(35.9)	69,752　(38.2)
	輸移入計	49,352 (100.0)	137,296 (100.0)	182,663 (100.0)
大豆	満州	9,704　(69.3)	21,090　(49.5)	47,739　(65.1)
	朝鮮	3,793　(27.1)	20,593　(48.3)	20,275　(27.7)
	輸移入計	13,993 (100.0)	42,636 (100.0)	73,307 (100.0)

出所：東洋経済新報社編 1935、大蔵省『大日本外国貿易年表』各年版。
注：朝鮮の1914年、1919年では上記2資料の数値が異なっているが、ここでは前者によることとした。

　日本の米穀貿易を長期的にみると、日清戦争を画期としておおむね輸移出基調から輸移入基調に転じている（牛山敬二1980: 50）。日露戦争以後、米穀輸移入依存度の増大を背景として、帝国圏内での食料自給体制の確立が政策課題となり、1913年に朝鮮米移入税が撤廃された（持田恵三1954: 244）。以後、大戦期を通じて植民地米への依存度は上昇を続けた。朝鮮米の輸移入米全体に占める比率は表1-13のように高まり、内地総供給量に占めるシェアも1914年1.8％、19年4.2％、25年6.0％と着実に上昇した（大豆生田稔1982: 42）。1918年の米騒動がこの傾向に拍車をかけたことはいうまでもない。

　植民地米依存度の増大の理由として、日本資本主義の産業構造の変化、農村から都市への人口移動、米の一人当たり消費水準の上昇、人口の増加等の長期的一般的要因があげられるが、これを促進

した本国政府と総督府の政策的誘導に注目すべきであろう。1910年代朝鮮の米穀増産政策は品種改良を重点としており、日本人の嗜好にあう品種の普及率は1912年の4.6％から20年の65.0％へと高まった（村上勝彦他1984: 11-13、富田晶子執筆）。これに米穀検査規則の実施（1915年）が加わって朝鮮米の品質が向上し[64]、対日移出量の増大が可能になった。すなわち、ランクの低価格・低質米から中質米への上昇により、内地市場での需要拡大がもたらされた（持田恵三1970: 143-144）。さらに、日本人地主・商人が鉄道・金融機関等の国家資本の支援を受けつつ籾摺・精米過程を含む流通過程総体を掌握していったことも、対日移出を促進する有力な要件であった（橋谷弘1983: 31-38）。1920年からは土地改良を重点とする産米増殖計画が実施され、朝鮮米は帝国食料自給圏内に不動の地位を築くに至る。

　このような朝鮮米の商品化を前提に、また1910年代の土地調査事業を起点に、3.1独立運動後のいわゆる「文化政治」のなかで植民地地主制が発展していく。産米増殖計画の展開とともに、米穀を集中して有利に商品化しえた地主の経済的地位が強化された反面、大多数の農民は高率小作料、低利の農業金融機関からの排除（地主＝高利貸への依存）、窮迫販売等によって経営状態を悪化させていった（河合和男1979）。この植民地地主制の主体としては、大戦前に多く進出した日本人地主に加えて（浅田喬二1968: 第3章）、朝鮮人「新興地主」が注目されるが（河合和男1979、宮嶋博史1982）、没落し、土地を喪失した農民は農村から流出し、一部は満州や日本に移動せざるをえなくなった。

*64　米穀検査規則の実施については、李栄娘2015: 第2章、朝鮮をはじめとする帝国圏全域における稲の品種改良については藤原辰史2012参照。

第 2 章

満州事変と円ブロックの形成——1925 〜 1936 年

第1節　満州事変から華北進出へ

1.　「満州国」の経済建設

　日露戦争から満州事変までの満州における日本帝国の公式の領域は関東州と満鉄付属地に限られていた。満州事変とそれに続く「満州国」の樹立をもって、満州全域（130万平方キロ）が帝国の版図に編入された。「満州国」は台湾・朝鮮のような植民地でなく、傀儡国家という新方式をとった点に特色があり、以後中国本土に傀儡政権を成立させていく起点となった[*1]。

　関東軍は満鉄経済調査会を組織し、満州第一期経済建設計画（1932〜36年）の膨大な政策案を作成させた[*2]。その骨格は、「満州国」政府の名義で「満州国経済建設綱要」（1933年3月）として公表された。経済政策の具体化のために詳細な文書が作成されていくが、そこには経済建設の基本方針として、重要部門への国家的統制、日満経済の「適地適応主義」などの原則が掲げられた。1936年までの経済統制政策は資本輸出の観点からは次の二つの特徴を備えていた（山本有造2003: 31）。第一に、重要部門の企業は「特殊会社」（法律に基づく会社）または「準特殊会社」（命令に基づく会社）の形で設立され[*3]、「一業一社」原則により独占的に経営された。第二に、特殊・準特殊会社の資本金構成はおおよそ「満州国」（現物出資）、満鉄、その他に三分され、資金調達面では満鉄の役割が重要であった。

　第一期計画では交通・通信、電力、金融など、産業開発の基盤となる部門に重点が置かれた。なかでも通貨金融部門の整備は、「日満ブロック経済」形成のうえで枢要の課題であり、貿易面、投資面で円系通貨圏への編入が急がれた。日本の対満州通貨政策には、日露戦後から長期に渡って金本位派と銀本位派との対立が存在した（波形昭一1985: 172-180, 459-467、金子文夫1991: 157-165, 293-298）。

-----

*1　「満州国」の日本帝国内の位置づけについては、山本有造2003: 第1章参照。

*2　満州第一期経済建設計画の詳細は、原朗2013b: 8-57参照

*3　特殊会社、準特殊会社の法制面については、柴田善雅2017: 30-36参照。

「満州国」成立後も、最終的に金本位とする点では一致したものの、即時金本位実施か過渡的銀本位かで日本側内部の分岐は継続していた（大竹慎一1976b）。幣制統一機関として、中国側金融機関であった官銀号の接収を基盤に1932年6月に設立された満州中央銀行（資本金3000万円、「満州国」政府全額出資）は、過渡的銀本位制（管理通貨制）を採用して満州中央銀行券（国幣）による旧通貨の整理事業を展開したが、金券たる朝鮮銀行券は並行して流通を続けていた。

　銀系旧通貨の回収がほぼ一段落した1934年、アメリカの銀政策の影響を受けた銀価の急騰を主因に、朝鮮銀行券を介して行われていた対満州投資の不利化が現出し[*4]、ここに満州国幣を銀系から金系に転換させ日本円にリンクさせる円元パー政策が必至となった。1935年8月、円元為替相場は等価となり、11月に日満両政府により金本位制施行が声明され、12月に日満通貨リンク（同時に朝鮮銀行券の満州からの撤退）がようやく実現をみた[*5]。円元パーの狙いとしては、第一に満州国幣価値の安定、第二に満州への資本導入促進をあげることができるが（大蔵省管理局1950c: 110-111）、それはまた在来銀経済の利用ではなく圧迫・破壊にほかならなかった（大竹慎一1976a: 98-99）。

　第一期経済建設が終了する1936年、「満州国第二期経済建設要綱」が作成され、「満州産業開発五カ年計画」（1937～41年）が立案されていった（原朗2013b: 57-71）。これに合わせて内地から民間資本を大量動員する必要が生じ、新たな開発投資機関として日産財閥の満州移駐により満州重工業開発が設立された（1937年11月、資本金4億5000万円）（原朗2013b: 228-248、柴田善雅2017: 383-393）。これに連動して1936年から37年にかけて満鉄の大規模な改組が実施され、傘下企業のうち鉱工業部門関連会社が「満州国」政府経由で満州重工業開発に譲渡されて満鉄は鉄道中心の事業体に再編された（原朗2013b: 211-228、高橋泰隆1995: 261-317）。

　また、幣制統一事業の進展とともに朝鮮銀行は満州からの撤退

[*4]　朝鮮銀行券自体の大量流入による減価も、為替不安から投資を制約する一因であった（大竹慎一1976a: 95, 101）。
[*5]　満州幣制統一、日本円リンクの経緯については、満州中央銀行史研究会編1988: 第二部、安冨歩1997: 93-97参照。

を迫られ、1936年12月、同行満州支店と日系民間銀行である正隆銀行・満州銀行を継承して、鉱工業資金供給を担当する満州興業銀行が設立された（安冨歩1997: 55-58）。

2.　華北分離工作と南方開発機関の設立

「満州国」樹立に続き、日本帝国は華北（河北（冀）・察哈爾・綏遠・山東・山西の5省）への勢力圏拡張に乗り出していく[*6]。1933年5月、塘沽停戦協定調印によって、「満州国」に接する河北省冀東地区に非武装地帯が設定され、日中関係は表面的には小康状態に入った。関東軍、天津軍（支那駐屯軍）、満鉄は、それぞれの思惑をもって華北に第二の「満州国」をつくる「華北分離工作」に乗り出していく。満鉄経済調査会は華北経済調査計画を立案し、鉱業資源を中心に経済全般を調査する体制を築いていった。

国民党と共産党の内戦が激化するなかで、日中間の衝突を回避する趣旨で1935年6月に梅津・何応欽協定、土肥原・秦徳純協定が締結されると、日本軍の圧力下で華北に対日協力的な地方政権を樹立する情勢になり、11月に冀東地区に冀東防共自治委員会（12月に冀東防共自治政府に改組）、続いて12月に冀察政務委員会が成立した。

1935年から36年にかけて満鉄の華北経済調査は本格化し、鉱業、工業、鉄道、港湾、経済の5分野について、数百名の人員と1000万円近い予算を投入し、膨大な調査報告書が作成された。その成果は、支那駐屯軍「北支経済開発五箇年計画」（1936年12月、冀察2省、所要資金3億1489万円）、満鉄「北支産業開発五箇年計画」（1937年6月、冀察山東3省、8億3539万円）、満鉄「北支産業開発計画」（1937年8月、華北5省、12億5960万円）などの開発計画としてまとめられた（中村隆英1983: 82-83）。これらの開発計画はそのままでは実現性の乏しいものであったが、いずれも鉱業資源開発と輸送（鉄道・港湾）に重点を置き、中国側との合弁事業（場合により中国側への借款供与）を追求する点で一定の共通性をもっていた。いずれにせよ、1937年7月以降の華北全域軍事占領のもとで、華北経済開発は本格的に展開していくことになる。

[*6]　華北進出について、詳しくは中村隆英1983: 第1章参照。

　1936年までの段階で日本帝国の国策として華北経済進出が具体化したケースは、満鉄理事（経済調査会担当）の十河信二が企画し、1935年12月に設立された興中公司であった（中村隆英1983: 16-18, 58-68、柴田善雅2008: 49-57）。同公司は満鉄全額出資（資本金1000万円、払込250万円）の投資会社であり、資源開発（石炭、鉄鉱、塩、綿花等）と運輸を中心に、幅広い投資事業を行う構想であったが、資金規模は小さかった。興中公司が実際に手がけた事業には、天津市営の電気事業の買収による日中合弁の天津電業公司設立（資本金800万元）がある。天津市側の出資金は興中が立替え、さらに興中の出資額と貸金の半額を内地の電力連盟が肩代わりする形で、内地資本が華北に誘導された。また、冀東地区の小規模電灯事業を統合し、冀東電業公司を設立している。

　この他、鉄鉱・石炭開発利権の獲得、塩・綿花の確保、資源の対日輸送など、多分野の事業に着手してはいたが、資金不足や複雑な政治状況のため、まとまった実績をあげるには至らないうちに、盧溝橋事件の勃発を迎えることになる。その意味で興中公司は、華北が日本帝国に編入される過渡的段階における国家資本系投資の凝縮された姿であったといえよう。

　一方1936年には、南方においても新たな国策投資会社が設立されている。南方の国家資本系投資会社では、南洋群島を事業基盤として1922年に南洋興発（資本金300万円、東洋拓殖70％出資）が設立されており、同社は資本金を1930年700万円、1933年2000万円と増資したが（東洋拓殖の出資比率は50％に低下）、関係会社投資は1936年時点で総資産の5％弱と小規模であった（柴田善雅2015: 308）。

　1935年5月、台湾総督府により熱帯産業調査会が組織され、同調査会は台湾および中国南部、東南アジア方面の開発投資機関を設立すべしとの答申を同年10月に行った。それを受けて拓務省が台湾拓殖株式会社法案を準備し、1936年6月に同法が公布され、拓務省・台湾総督府間の調整を経て、36年11月に台湾拓殖が設立された（本店台北、資本金3000万円、政府50％現物出資）[7]。

　台湾拓殖の設立と並行して南洋拓殖の設立が準備されていく。1935年8月、拓務省は南洋群島開発調査委員会を設置、10月に南

---

*7　台湾拓殖の設立過程は、柴田善雅2015: 399-408、谷ヶ城秀吉2021参照。

洋群島および東南アジア方面の開発投資事業を担当する南洋拓殖株式会社を設立すべしとの答申を得た。拓務省は勅令による会社設立を準備し、同社は1936年11月に設立された（本店パラオ、資本金2000万円、政府52.7%現物出資）[8]。

　南洋拓殖と南洋興発、台湾拓殖との間には事業領域の重なりがみられるが、1935〜36年に華北分離工作と並行して南進国策を担う二つの投資事業会社が設立されたことは、日本帝国の対外膨脹の新段階への移行を表していた。

第2節　帝国圏投資の拡大

1. 全般的動向

（1）国際収支の推移

　1920年代後半から1930年代半ばまでの日本（内地）の国際収支（対外国および対台湾・朝鮮）について、貿易収支・経常収支・長期資本収支の動向をまとめると表2-1のようになる[9]。貿易収支は赤字が

〔表2-1〕国際収支の推移（1925〜1936年）
（単位：百万円）

	1925-28	1929-32	1933-36
経常収支	-209.0	19.5	134.6
貿易収支	-387.1	-143.8	-67.5
輸出	2,486.0	1,954.7	3,019.1
輸入	2,873.1	2,098.5	3,086.6
長期資本収支	-85.8	-270.8	-348.7
支払（資産）	-114.1	-176.7	-341.8
受取（負債）	28.3	-94.1	-6.9

出所：山澤逸平・山本有造1979: 225-227。
注：各4年平均の数値。

---

[8]　南洋拓殖の設立過程は、柴田善雅2015: 323-327。

[9]　この時期の日本の国際収支を検討した先行研究として、宇野弘蔵監1973: 199-229, 313-335（林健久稿）があるが、台湾・朝鮮との収支は対象として

継続したが、赤字幅は次第に縮小していった。一方、経常収支は1929年から黒字に転じ、1935、36年には黒字額が急増している。貿易赤字にもかかわらず経常黒字が達成されたのは、主に海運収支と保険収支の黒字に基づいていた。資本輸出入に関連する投資収益収支は、対外国収支を見るかぎりではそれほど大きくなかった。というのも対外国関係では長期資本の輸入が相当に多く、投資収益の支払が多額に及んだためである[*10]。

　しかし、対植民地収支では長期資本はほぼ支払のみ、投資収益

〔**表2-2**〕対外投資と収益の地域別・形態別構成（1925〜1936年）

（単位：百万円）

		投資額			投資収益		
		直接投資	証券投資	合計	直接投資	証券投資	合計
台湾	1925-28	28.6	15.6	44.2	9.2	20.6	29.8
	1929-32	18.4	-0.7	17.7	9.3	18.0	27.3
	1933-36	3.2	-2.6	0.6	4.8	18.7	23.5
朝鮮	1925-28	41.3	29.3	70.6	14.7	25.1	39.8
	1929-32	65.8	47.8	113.6	21.9	33.4	55.3
	1933-36	82.1	52.4	134.5	34.6	37.0	71.6
外国	1925-28	7.4	9.6	17.0	81.2	12.3	93.5
	1929-32	43.0	-6.4	36.6	77.9	11.8	89.7
	1933-36	161.7	24.1	185.8	101.9	18.6	120.5
総額	1925-28	77.3	54.5	131.8	105.1	58.1	163.1
	1929-32	127.2	40.7	167.9	109.1	63.2	172.3
	1933-36	246.9	73.9	320.9	141.4	74.2	215.6

出所：台湾は山本有造1992: 285-288、朝鮮は金洛年編2008: 596-597, 600-601、
　　　外国は大蔵省『財政金融統計月報』5号、1950年: 50-55。
注1) 各4年平均の数値。
　2) 台湾の直接投資は株式・事業放付・貸付、証券投資は国債・地方債・社債。
　3) 台湾の投資収益は1921年以降内訳表示変更のため、直接投資収益は事業純益のみ、
　　　株式配当・貸付利子は証券投資収益に組換え。
　4) 朝鮮の直接投資は株式・事業投資・借入金、証券投資は国債・殖産債券・地方債・社
　　　債等。
　5) 外国の直接投資は株式・事業放資、証券投資は国債・地方債・社債。

いない。

*10　こうした点を根拠にして先行研究は「二流ないし三流の帝国主義」（同:
　　　207）という評価を下しているが、対植民地収支を考慮するならば、一定の
　　　修正が必要であろう。

は受取のみであって、表2-1の経常収支の黒字転換、長期資本収支の出超幅拡大では、植民地の寄与度にも注目する必要がある。そこで、長期資本輸出と投資収益について、地域別・形態別（直接投資・証券投資）に集計してみると表2-2のようになる[11]。ここから次の3点を指摘しておきたい。

第一に、投資額を地域別にみると、1925〜32年は朝鮮が最も多く、1933〜36年に外国が最大に転じた。第二に、投資形態は各地域とも直接投資が証券投資を上回る傾向にあった。第三に、投資収益は総じて同時期の投資フローに匹敵するほどの規模に達しており、過去の投資蓄積の厚みを表していた。

外国に対する直接投資と収益の系統別構成は表2-3のように集計される[12]。満鉄が直接投資全体の67%、投資収益の58%を占めて

〔**表2-3**〕直接投資と収益の系統別構成（1929〜36年）

(単位：百万円)

	直接投資	投資収益	
	1933-36	1929-32	1933-36
中国事業	109.0	55.6	28.4
満州事業	235.5	——	19.8
満鉄	895.8	159.7	217.6
南洋・南米事業他	69.6	13.4	25.8
為替銀行海外支店	——	17.8	39.1
貿易会社海外支店	——	27.2	23.6
朝鮮・台湾からの投資	25.9	0.2	15.4
総額	1,335.8	275.0	374.7

出所：大蔵省理財局『貿易外正貨収支一覧』昭和4〜11年。
注1)「海外事業投資」(回収を含まず)、「事業純益」の集計。
　2) 各4年間の累計。
　3) 満州事業は満鉄を除く。
　4) 投資収益の総額には日銀の政府資金運用手数料を含む。
　5) 1929-32年の投資収益の中国事業は満州事業を含む。

*11　表2-2の外国の大半は満州である。山本有造2003: 275-296には「満州国」国際収支統計が掲載されている。それによると1933-36年（4年平均）の直接投資受取は0.2億円、証券投資受取は2.3億円、合計2.5億円となり、表2-2と食い違いがある。金額が多いのは日本（内地）以外との取引を含むこと、直接投資と証券投資のギャップは定義の違いによると推測される。

*12　直接投資額が表2-2を上回るのは、回収額が算入されていないためと思わ

おり、圧倒的な存在感を示していた。為替銀行海外支店では横浜正金銀行、貿易会社海外支店では三井物産が首位の座にあったが、満鉄には大きく差をつけられていた。

(2) 投資残高の構成

表2-4は、1930年、1936年の2時点における投資残高を地域別・形態別に推計したものである。第1章表1-3につなげてこの間の推移をうかがうと、以下の3点を指摘することができる。第一に、全体として投資残高の伸びが著しい。総額は1924年から30年にかけて1.8倍に、さらに30年から36年にかけて1.6倍の増加となった。1924年と36年を比較すれば3倍の増加である[13]。第二に、各

〔**表2-4**〕対外投資残高の地域別構成（1930, 1936年）

（単位：百万円）

		1930	1936
台湾	直接投資	320	360
	証券投資	364	347
朝鮮	直接投資	439	1,308
	証券投資	963	1,248
満州	直接投資	1,277	2,268
	借款	266	436
中国本土	直接投資	651	993
	借款	795	949
その他		180	700
総計		5,255	8,609

出所：台湾は岩水晃1985: 116の1931年末の数値を基準に、山本有造1992: 287-288の証券・事業投資受取の数値を加減して算出。朝鮮は朝鮮銀行京城総裁席調査課1933: 22-51の1931年の数値（国庫投資は898百万円に減額）を基準に、金洛年編2008: 596-597, 600-601の数値を加減して算出。満州の1930年は金子文夫1991: 353-354、1936年はそれに山本有造2003: 167、表4-14の系統別を加算。中国本土の1930年は松本俊郎1980: 116、国家資本輸出研究会編1986: 319（1930年10月末,満州関係を除外）、1936年は東亜研究所1942: 857, 1054の次。その他は日本銀行編1970: 362。

れる。

[13] 投資残高は1924年28.7億円から1936年86.1億円へと57.4億円増加したのに対して、フローの増加額は24.8億円にとどまっている（表2-2）。このギャップの主な理由は、直接投資の現地蓄積がフロー統計では把握されな

地域とも証券投資・借款に比べて直接投資の拡大が目立っており、特に朝鮮と満州でこの傾向が著しかった。証券投資・借款も台湾以外は増加したが、その伸び率はゆるやかであった[14]。第三に地域別では1936年は満州27.0億円、朝鮮25.6億円が上位を占め、それに中国本土19.4億円が続いていた[15]。

　そこで次に、この3地域について、部門別の直接投資の動向を概観すると表2-5のようになる。朝鮮と1936年の満州は払込資本金のみであるため、他のデータより少額になっている点は注意を要するが、この表から各地域の特徴をみることができる。朝鮮は工業が主要部門であり、1936年には商業が伸びている。満州は運輸・通信が大きく、ここでも1936年に工業が増加している。中国本土は、1930年には商業と工業が中心であったが、1936年には工業のみに集中している[16]。全体として、総額が拡大するなかで工業の伸びが顕著なことが共通している。第1章表1-4と比較してみても、工業投資の長期的な増大傾向は明らかであろう[17]。

　工業投資の内容で注目すべき点をあげれば、朝鮮では大規模な電源開発を利用した化学工業が伸長する一方、低賃金を狙いとした

いことにあると考えられる。

[14]　中国本土の借款には満州借款が混入し、二重計算になっている可能性がある。また1936年の満州借款は「満州国」政府・満州中央銀行経由の資金フローが多くを占めていたと思われる。

[15]　石井寛治2012: 165-169では、日本の対外債権・債務関係を究明する観点から、円貨圏（植民地）、不良債権（中国借款等）を除外して対外投資額を算出している。内外正貨も含めた債権・債務額の認定は貴重な成果であるが、1936年の満州投資を「国内投資と同質」として除外するとすれば、帝国圏が拡張すればするほど対外投資が減少する理屈になり、いささか違和感がある。

[16]　中国本土の商業投資額が1930年と1936年で大きく異なっているのは、推計方法が異なるからである。この点について東亜研究所の報告は、1930年のレーマーの推計（レーマー1934）は過大評価としている（東亜研究所1942: 392）。なお、松本俊郎1980: 122-123はレーマー推計を採用している。

[17]　南方では1935年の農業投資が8861万円という推計があり、これは1936年の朝鮮に匹敵する投資規模であった（疋田康行編1995: 37）。

〔表2-5〕 直接投資の地域別・部門別構成（1930, 1936年）

（単位：百万円）

	1930			1936		
	朝鮮	満州	中国本土	朝鮮	満州	中国本土
農林水産	48.1	46.8	———	81.4	32.1	4.5
鉱業	6.8	134.2	11.7	81.6	40.4	16.5
工業	89.9	183.7	232.7	139.1	393.6	468.6
電気・ガス	26.9	36.8	1.0	74.2	92.3	13.3
運輸・通信	37.8	393.3	20.1	61.4	664.2	121.7
商業	58.6	113.9	248.2	138.7	86.8	157.0
金融業	65.8	106.2	65.0	87.1	51.5	201.4
合計	334.0	1,276.7	650.9	663.6	1,420.7	993.5

出所：金子文夫1987: 340, 345, 347、金子文夫1991: 354。
注1) 1930年の朝鮮、1936年の朝鮮、満州は払込資本金、
　　1930年の満州、中国本土、1936年の中国本土は事業投資額。
　2) 1930年の朝鮮は1931年の数値。
　3) 合計にはその他を含む。
　4) 朝鮮の商業にはその他を含む。

紡織等の軽工業が進展し、総じてかなりの高収益をあげていた[18]。
満州では本格的重化学工業化の前段階であり、国家資本系が産業基盤を整備する一方、財閥系の軽工業（パルプ、セメント等）への進出がみられた。中国本土では引き続き紡績業に集中しており、1936年時点で鉱工業投資の79%、直接投資全体の38%を占めるほどであった（東亜研究所1942: 1054の次）。

---

[18] 1934～36年、約300社を対象とした利益率（払込資本金に対する純利益と償却金の比率）は平均15～16%であった（朝鮮殖産銀行調査課『朝鮮会社事業成績調』各期）。

2. 主要投資事業

(1) 対中国借款

　1924年末に4.52億円（表1-5）であった対中国借款の残高は、1930年7.95億円、1935年9.49億円へと増加した（表2-4）。1936年時点での対中国投資の半ばを占める規模である。しかし、1920年代後半から30年代半ばにかけて対中国借款が増えていった大きな要因は、それ以前の借款の整理を目的とした利払借款等の増加であった。使途別の対中国借款残高をまとめた集計表によれば、1923年末に1600万円であった利払借款残高は、1930年10月末に1億1500万円、1935年10月末に1億8400万円へと増加した[*19]。利払借款の形をとらない借款も、延滞利子が加算されて残高が膨らんでいった。

　1920年代後半の新規借款は量的に少なく、満鉄による満州鉄道借款、正金銀行による漢冶萍公司短期借款など小規模なものにとどまっていた（疋田康行1986: 119-121）。満鉄の借款は、当時北京政府の実権を掌握していた張作霖から満鉄支線5路線の鉄道利権（建設請負権）を獲得する意味をもっていたが、張作霖爆殺事件によって反古と化した（金子文夫1991: 410-419）。

　満州事変後になると、日中関係のさらなる悪化によって新規借款の締結は一段と困難になった。そうしたなかで、借款とまではいえない民間ベースの売掛金契約が何件か成立する一方、華北分離工作に関連する借款3件の締結が注目される（疋田康行1986: 119-121）。第一に、満州電業による河北省電灯公司への電力借款（1934年12月、11万円）、第二に、興中公司による天津市への電力借款（1936年8月、206万円）、第三に、満州電信電話による冀東政権への通信借款（1936年8月、148万円）である。満州電業、興中公司は満鉄の子会社、満州電信電話は日満政府合弁の特殊会社であり、満州から華北への借款という経路で華北分離工作を推進する意味をもっていた。

　中国から分離した満州関係の借款について日本側は、債務を整理して中国政府と「満州国」政府に分割継承させる方針を立てた

[*19]　国家資本輸出研究会編1986: 318-319。個々の借款の概要については、東亜研究所1942: 679-871および付表参照。

（疋田康行1986: 123-126）。その多くを占める鉄道借款は、満鉄が借款鉄道を委託経営する方式で債権を管理することとした（総額1億3365万円）（疋田康行1986: 124）。「満州国」政府が所有し、満鉄が委託経営する鉄道には、1935年にソ連から買収した中東鉄道が加わるが、その買収資金として「満州国」国債が1億8000万円発行され、日本国内で興銀を筆頭とする銀行団がこれを引き受けた[20]。

(2) 総督府官業投資

　1931年末の台湾投資残高は7億0524万円、うち政府投資は1億1430万円（16.2％）、朝鮮投資残高は16億3772万円、うち政府投資は4億0693万円（24.8％）と推計されている（岩水晃1985: 109, 116）。朝鮮の比率が台湾よりやや高いが、いずれにせよ政府投資の大部分は総督府公債であった。

　1925年から1936年までの公債フロー額を集計すると、台湾総督府公債金収入は1926年度から1934年度までの9年間で2575万円にとどまり[21]、その前後の年度はゼロであった。歳入総額に占める公債金の比率は、最多の1933年度でも493万円、3.8％にすぎなかった。1931年度末政府投資残高1億1430万円は、1920年代前半までに受け取った公債金（最多は1921年の1590万円）が累積したもので、1920年代後半から30年代半ばにかけての残高増加はわずかであった（平井廣一1997: 44-45, 92-93）。

　一方、朝鮮総督府の場合、1925年度から1936年度までの公債金収入は2億1269万円に達し、歳入総額に占める比率は、1933年度をとると2565万円、10.2％に上った[22]。1920年代後半は1000万円台、30年代は2000万円台を計上しており、対朝鮮投資フローの一翼を担っていた。

　台湾も朝鮮も公債金の主たる使途は鉄道事業であったが、台湾

---

[20]　大蔵省編1962: 374。預金部はそのうち2000万円を買い上げた。

[21]　平井廣一1997: 92-93、原資料は『台湾総督府統計書』。なお、山本有造1992: 248の次の表では公債金受入は1926～31年度の6年間のみとしている（原資料は台湾総督府殖産局商工課『台湾商工統計』）。

[22]　平井廣一1997: 134-135。なお、山本有造1992: 226の次の表に1926～34年度の公債金受入額のデータがあるが、数値に食い違いがある。

〔表2-6〕朝鮮総督府の鉄道投資（1926～36年）

	1926	1931	1936
公債・借入金残高（千円）	298,755	342,834	549,731
総督府鉄道投資累計（千円）	190,002	298,782	430,682
鉄道営業キロ数（km）	2,159	3,009	3,576
貨物輸送量（千トン）	5,108	6,025	9,980

出所：朝鮮総督府財務局『朝鮮金融事項参考書』昭和14年調：192-193、
　　　朝鮮総督府鉄道局1940：559, 567, 579。

の鉄道建設・改良費は1920年代前半をピークにして、以後は減少傾向をたどっていた（平井廣一1997：50-51, 94-95、高橋泰隆1995：34）。これに対して朝鮮では、1918年度以降、毎年一定規模の鉄道投資を継続し、金額は20年代後半よりも30年代前半にやや上昇する傾向をたどった。

　朝鮮の鉄道投資を推進したのは、1927年から1938年までの「国有鉄道12年計画」であった（高橋泰隆1995：100-107、鄭在貞2008：171-177）。これは、朝鮮の東部・北部を中心に5路線、1600キロを、3億2000万円を投じて新設する計画であった。その目的は朝鮮の産業開発および満州との連結ルートの増強にあり、1921年に朝鮮総督府が組織した「朝鮮産業調査委員会」[23]の建議以降の検討をふまえ、1925年に朝鮮鉄道の満鉄委託経営が終了したことを契機に、実施段階に入った。1936年までの営業キロ数、貨物輸送量の伸びは表2-6に示されている[24]。

　台湾鉄道と朝鮮鉄道の収益状況を比較すると、台湾鉄道が早い時期から安定した収益を上げていた一方、朝鮮鉄道は低収益基調が続き、鉄道収入が経費（作業費＋公債利子）を上回るのは1934年のことであった（高橋泰隆1995：32-34, 81-82、平井廣一1997：149-155）。なお、総督府公債の消化先は、台湾・朝鮮ともおおむね内地資本市場であり、預金部が一部を補完していたとみられる[25]。

---

*23　「朝鮮産業調査委員会」の概要は金子文夫1986b参照。

*24　鉄道輸送を通じた朝鮮経済の変容については、竹内祐介2020、台湾については同2015参照。

*25　岩水晃1985：116, 122。朝鮮の公債発行事情については、水田直昌監

（3）国家資本系企業

　　植民地別に設立された国家資本系企業を通じた対外投資の実態について、満州、朝鮮、その他の順にみていこう。

　　対満州投資の規模は表1-3、表2-4からうかがわれるように、1920年代後半から1930年代半ばにかけて継続的に増加しているが、その中心には一貫して満鉄が位置していた（表2-3）。1920年代後半では、満鉄が社債発行で調達した資金を、社内事業、系列会社設立、鉄道借款などに投じて主導的役割を果たし（金子文夫1991: 353-355）、その他の資本系統は概して低調であった。その原因としては、第一次大戦末に急増した投機的な企業進出の破綻が尾を引いていたこととともに、中国東北軍閥の排日政策の強化が重要である。その圧力は世界恐慌期の満鉄収益悪化の規定的要因とみなされ、満州事変を引き起こす一因をなした（金子文夫1991: 441-446）。

　　満州事変とそれに続く「満州国」設立により投資環境は一変し、1932〜36年の対満州投資はフローベースで約11億6000万円の巨額に達したと推計されるが、ストックベースでは現物出資・現地資金などが加わり、これをさらに数億円上回ったと思われる。フローの投資の内訳をみれば（表2-7）、系統別では満鉄ルート（59.5％）[26]、形態別では社債（48.9％）が最も大きかった。

〔表2-7〕対満州投資の構成（1932〜36年累計）

(単位：千円)

	株式払込	持株公開	公債	社債	借入金	合計
満鉄系	194,000	17,545	——	480,200	——	691,745
満州国系	——	——	154,000	——	16,000	170,000
その他	197,196	——	——	88,000	14,775	299,971
合計	391,196	17,545	154,000	568,200	30,775	1,161,716

出所：日本銀行編1970b: 200-201（日本経済連盟会「金輸出再禁止以来の我国財政経済推移の過程」1939年）。樋口弘1937: 190-191等により一部修正。

1974: 144-156参照。

*26　表2-7の「その他」のなかから満鉄系会社を取り出して満鉄ルートに含めれば、その比率は68.2％へと高まる（日本興業銀行編1957: 292-293、山本有造2003: 167）。

満鉄の資産・負債構成の推移をみると（表2-8）、1927年度から31年度にかけての伸びは小さく、それに比べると1936年度にかけての増加は大幅なものであった。負債面では社債金、次いで払込株金が著増した。これに対応して資産面も増大したが、注目すべきは構成の変化である。社内事業は7500万円しか伸びなかったのに対して、社外投資は7億7400万円とその10倍以上の急増を記録した。これによって、資産構成に占める社内と社外の比率の逆転が生じた。

〔**表2-8**〕南満州鉄道の資産・負債構成（1927～36年度）
（単位：千円）

	1927	1931	1936
資本・負債			
社債金	278,152	296,577	777,175
短期負債	45,306	115,485	149,069
払込資本金	355,156	387,156	620,208
諸積立金	147,363	188,610	238,680
資産			
社内事業	644,842	758,673	833,924
鉄道	248,278	278,698	320,099
炭礦	102,731	115,799	128,945
地方施設	164,679	184,369	193,483
社外投資	114,740	157,336	931,746
有価証券	55,287	87,360	201,291
貸金	59,453	69,976	464,410
総資産	910,104	1,102,065	1,929,626
連結総資産	939,095	1,126,184	2,190,433
連結子会社数	19	29	48

出所：南満州鉄道1938: 2723-2747、柴田善雅2017: 162-163, 186-187, 254, 284。

　社外投資急増の第一の要因は、「満州国」に対する鉄道貸金の増加である。表2-8の貸金の大半は満鉄が「満州国」から建設・経営を委任された鉄道向けであり[27]、それ以外に表掲載を省略した未

*27　満鉄による「満州国」鉄道の委託建設・経営については、高橋泰隆1995: 343-367、山本有造2003: 171-172。

整理項目2億6000万円があり、貸金に準じる趣旨の社外投資であった（南満州鉄道1938: 2747）。第二の要因は有価証券の1億円以上の増加であり、その多くは「満州国」統制経済にかかわる特殊会社・準特殊会社への出資であった。

　満鉄に次ぐ資本輸出ルートであった「満州国」経由の投資の内容をみると、総額1億7000万円のうち1億2000万円がソ連の中東鉄道の買収にあてられ[*28]、その資金は満鉄の利払保証のもとに国債を発行することとし、内地金融市場および預金部で消化された（大蔵省編1962: 374）。その他は満州中央銀行への出資、都市水道事業、一般行政費などに振り向けられた[*29]。満鉄と並んで重要な役割を果たした「満州国」政府の特殊・準特殊会社への投資は、旧東北政権から接収した資産の現物出資と満州中央銀行からの借入による現金出資からなる「現地調達」が中心であり、「満州国」政府が直接に日本からの投資を仲介したわけではなかった。

　以上のように、対満州投資の二大ルートたる満鉄・「満州国」ともに最終投下部門は鉄道が主軸であり、特殊・準特殊会社が副軸であった。表2-7の「その他」にしても、株式払込や社債に占める特殊・準特殊会社の割合はかなり高かったとみられる[*30]。

　鉄道投資の実態をみるならば、「満州国」が満鉄に建設・経営を委託した国有鉄道は、第一義的には関東軍の要請に基づく軍事的色彩の濃い路線であり、北満支配、対ソ戦準備、日本海ルート構築などの戦略的意図が込められていた。1936年度末時点での「満州国」鉄道は、委託経営前の2939キロから7403キロに延びたが（南満州鉄道1938: 788）、増加分4464キロから買収した中東鉄道の1731キロを差し引いた2733キロが新線開業距離となる。満鉄の社線1135キロを加えれば（同: 179）、満鉄は8538キロという長大な鉄道を一

*28　買収交渉の最大の争点は売却価格であり、1935年3月に1億4000万円（別に退職金3000万円）で妥結をみた（中西治1983: 275-280、満州国史編纂刊行会編1970: 451-456）。

*29　満鉄産業部『満州経済年報』昭和12年下: 90-93。この時期の「満州国」財政支出全般については、疋田康行1986b: 856-860参照。

*30　社債・借入金合計1億0277万円のうち、内訳の判明する9875万円は、特殊・準特殊会社が占めていた。

〔表2-9〕満州の主要企業（1936年）

（単位：千円、％）

企業名	設立年	払込資本金	主要株主（出資比率）
南満州鉄道	1906	584,208	日本政府（50）
大連汽船	1915	14,450	満鉄（100）
南満州瓦斯	1925	10,000	満鉄（100）
昭和製鋼所	1929	82,000	満鉄（100）
満州中央銀行*	1932	15,000	満州国政府（100）
満州化学工業	1933	18,750	満鉄（52）
満州電信電話*	1933	36,250	日本政府(30)、満州国政府(12)、満鉄(7)
満州炭礦*	1934	16,000	満鉄(50)、満州国政府(50)
満州電業*	1934	90,000	満鉄(64.9)、満州国政府(19.5)、東拓
本渓湖煤鉄公司*	1935	10,000	大倉組(60)、満州国政府(40)
満州拓殖*	1936	12,000	満州国政府(33.3)、満鉄(33.3)
満州興業銀行*	1936	15,000	満州国政府（50）

出所：柴田善雅2017: 85-88, 278-284, 482-493をもとに、山本有造2003: 32で一部追加。
注1) 払込資本金1000万円以上の企業を掲出。
　 2) *は特殊・準特殊会社。

元的に管理することになったわけである。このような大規模な新線
建設は、軍事的意義とともに、「満州国」財政、満鉄経営、満州産
業開発、日本商品の対満州輸出などの諸方面に多大な影響を及ぼす
経済的意義を備えていたといえる。

　次に、特殊・準特殊会社の実態をみよう。「満州国」の法令等
によって認定された特殊・準特殊会社は、1936年までに28社設立
されたとみられる[31]。表2-9は1936年末における満州の主要企業（払
込資本金1000万円以上）を示したものであるが、12社のなかで満鉄お
よびその子会社を除く7社はすべて特殊・準特殊会社であった。こ
れらの会社の出資構成をみると、全体の7割を満鉄と「満州国」政
府が占め、しかもそのうちの半ば近くは、満鉄社内事業の分離と旧
東北政権接収資産の拠出からなっていた。満鉄・「満州国」政府が
日本からの投資資金をこれらの会社に振り向ける割合は、鉄道部門

*31　樋口弘1937: 195-199、満州帝国政府編1969: 545-550, 556-561、菊地主
　　計1939、横浜正金銀行調査部1942等参照。法制面については、柴田善雅
　　2017: 41-45参照。

に比べればはるかに小さかったといえる。事業分野をみると、満州経済開発の初期的段階を反映して、電力、運輸通信、金融、拓殖等の基盤的部門に重点が置かれ、工業部門はそれほど目立たなかった。

　以上のように、1930年代前半の対満州投資は、「満州国」（関東軍）が主導し、国家資本（満鉄系、「満州国」政府系）を主軸にして展開されたのであるが、1936年に大きな転機が訪れ、投資規模の一層の拡大、重化学工業関連部門への集中、財閥系資本の直接進出の増大等が見られるようになる。その解明は第3章に回すとして、1930年代前半の対満州投資を促進した一要因である内地金融市場の動向をみておこう（橋本寿郎1984: 232-235）。

　金輸出再禁止後の内地金融市場は、空前の低金利政策のもとで赤字国債の日銀引受を通じて資金供給が増大したのに対して、資金需要の低迷によって構造的過剰資金が形成され、証券市場が膨脹するなかで、満鉄社債が人気を集めることとなった。1932年から36年にかけての満鉄社債発行は借換も含めて7億円以上に達し、社債発行全体の16.3％に及んだ（日本興業銀行編1970: 322-323, 825）。社債発行残高総額に占める満鉄社債の割合は、1928年の8.0％が36年には15.1％に上昇し、企業別順位第1位の座を確固たるものとした（第2位は東京電燈の4.1％）（志村嘉一1969: 285）。証券投資中心の対満州投資は、「失業せる資本への社会植民政策的使命を果した」とすら評された（『満州経済年報』昭和12年下: 74）。これに連動して1934年には満州会社設立ブームも発生し、公募プレミアムの獲得を狙った泡沫会社が次々と設立されるほどであった（志村嘉一1969: 216-217）。

　しかし、内地金融市場への決定的依存は、35年頃からその限界を露呈させはじめた。日本経済の恐慌からの回復とともに構造的過剰資金は解消に向かい、起債市場は停滞気味になったが、そこに赤字国債の消化圧力が加わり、満鉄社債発行の行き詰まりが36年には明らかになりつつあった（『満州経済年報』昭和12年下: 79-82）。しかも、不採算部門への膨大な投資が満鉄経営に大きな負担をかけ、満鉄の信用に影を落としはじめていた[32]。満鉄委託経営の「満

---

[32]　満鉄経営の悪化については、原朗2013b: 219-223。

州国」線は、1936年には乗車人員で満鉄社線の89％、貨物トン数で87％まで輸送実績を伸ばしたとはいえ、営業キロ数は満鉄社線の7倍以上に達していたのであるから、1キロ平均客車収入は満鉄社線の23％、1日1キロ平均貨車収入は13％にすぎず、その低収益性は覆うべくもなかった（南満州鉄道1938: 462-464, 517-518, 1156, 1207）。「満州国」政府の満鉄借入金は早くから延滞利子の累積となり（疋田康行1986b: 859）、満鉄社外投資の収益率を押し下げていった。

　このように対満州投資の主軸たる満鉄ルートに陰りが見えはじめた1936年は、満州経済開発の本格化を示す5か年計画の確定期でもあり、民間資本の直接的進出を促す気運が生じていた。懸案の満鉄改組問題は、満鉄の経営難という側面からも、満州経済建設の第2期への移行という点からも、決着がつけられる時期を迎えていたのである。

　次に、満州と並んで投資が増大していた朝鮮について、国家資本の役割をみていこう。1931年時点での対朝鮮投資を精査した朝鮮銀行の資料によれば、国庫投資（総督府公債）3億2598万円、法人企業投資4億3394万円（朝鮮本社企業3億3857万円、朝鮮外本社企業9538万円）、内地よりの流動的投資6億5185万円（社債3億6500万円、銀行借入金1億5720万円他）、個人投資1億4500万円、合計15億6897万円が内地からの投資額と推計されている[*33]。流動的投資の内訳は、朝鮮銀行借入金1億5020万円、朝鮮殖産銀行債券2億4756万円、東洋拓殖社債8929万円が主なものである。東拓の社債発行残高は1億8523万円に達するが、同社は朝鮮外投資も多いため、朝鮮内貸出金をこの推計にあてている（朝鮮銀行京城総裁席調査課1933: 41）。いずれにせよ、こうした国家資本系特殊金融機関の役割の大きいことが対朝鮮投資の特徴といえる。

　そこで、朝鮮殖産銀行の資金調達と運用の実態をみよう。表2-10によれば、殖銀の貸出金は農業、次いで商業に向けられており、特に主要業務である長期貸付では農業（種苗・肥料・農具購入など）、水利事業、土地改良等の農業関連分野への集中がみられた。

....

*33　朝鮮銀行京城総裁席調査課1933: 22-51。同資料は国庫投資を8億9800万円としているが、これには一般会計支出5億7202万円が含まれるため、これを控除した。

〔表2-10〕朝鮮殖産銀行の貸出金（1927〜1936年）

（単位：千円、%）

	1927	1931	1936
債券発行残高	173,445	247,558	326,230
貸出金計	214,104	282,546	457,353
農業	49.8	59.8	48.0
工業	4.0	3.1	12.5
商業	29.9	24.9	27.4
長期貸付計	174,570	250,285	332,174
農業	28.1	33.7	33.3
水利事業	25.2	26.2	22.5
土地改良	8.1	6.4	6.0
金融組合連合会	11.0	10.9	6.5
土地家屋	6.5	5.5	8.7

出所：『朝鮮金融事項参考書』昭和14年調、60-61、109-110、
　　　朝鮮殖産銀行1938: 87-88、堀和生1983: 165。
注：貸出金、長期貸付の内訳は百分比。

1926〜34年は朝鮮産米増殖計画の第二期（更新計画）の時期にあたり、内地資金が殖産銀行を経由して水利組合に大量に供給された。殖産債券発行残高は1927年から36年にかけて2倍に増大し、内地金融市場（保険会社、貯蓄銀行等）で消化された。特に1932〜36年には、内地における遊休過剰資金の形成を条件にして、殖産債券は借換も含めて67回、総額3億5600万円あまり発行され（朝鮮殖産銀行1938: 236-247）、起債市場の活況のなかで、「内地証券市場に不動の地位を確立するに至った」、「銀行債の指導的地位を樹立した」と評価された（同前: 250）。

　しかし農業金融に特化した朝鮮殖産銀行は、融資先の水利組合の経営不振によって不良債権を抱え込み、預金部資金によって救済されることも少なくなかった。預金部引受が最も多かった1930年には発行高の半ば以上を預金部が吸収している（矢島桂2014: 89）。預金部からみると、産米増殖計画は植民地統治および米穀自給の観点から重視せざるをえず、殖産債券引受は朝鮮関係資金の2割以上を占めていた（金澤史男1992: 248-249）。

　一方、朝鮮を代表する特殊金融機関であった東洋拓殖は、1910年代後半の「鮮満一体化」政策の推進機関として満州へ、さらに華北・南洋へと事業基盤を広げたが、満州等の不良債権堆積に

〔**表2-11**〕東洋拓殖の資産・負債構成（1928～1936年）
（単位：千円）

	1928年3月	1932年12月	1936年12月
資本・負債			
払込資本金	35,000	35,000	35,000
社債	168,236	197,097	225,873
資産			
貸付金	122,235	133,882	143,605
朝鮮	61,157	89,527	94,290
満州	50,393	33,263	33,717
華北	4,141	2,296	2,804
南洋	6,544	8,796	12,794
株券・債券	21,119	27,780	49,421
土地建物	33,899	40,184	42,725
総資産	235,142	259,878	315,132

出所：黒瀬郁二2003: 250-251、柴田善雅2015: 32-33, 88-89。

制約され、1930年代に入っても事業規模の拡大は緩慢であった。
表2-11に示されるように、貸付金規模は全地域合計でも殖産銀行を
下回り、朝鮮内での存在感を落としていた。預金部資金の運用面で
も、1920年代には殖銀を上回る位置にあったが、30年代には殖銀
の半ばにまで地位を落としている（金澤史男1992: 248-249）。
　東拓の国策投資機関としての特色は、朝鮮外の多方面に基盤を
拡張し、融資とともに株式保有を増やし、企業集団のネットワーク
を広げた点に求めるべきであろう。ただし、1920年代後半は、関
係会社約20社、資本金計1000万円、3分の2が朝鮮外という状況で
推移し、さしたる変化はみられなかった（柴田善雅2015: 48-49）。30
年代前半、東拓は再び拡張期に入り、1936年末の関係会社数は36
社、資本金計4600万円、うち朝鮮内は15社、1711万円、朝鮮外は
21社、2922万円に達した（同前: 96-99）。特に出資比率50％以上の
連結子会社に限定すれば、朝鮮内4社、総資産1435万円、朝鮮外7
社、6852万円となり、朝鮮外にウエイトがかかっていた。総資産
1000万円以上の連結子会社は朝鮮内には存在せず、朝鮮外では南
洋興発2585万円、鴻業公司1429万円、満蒙毛織1161万円の3社で
あった（同前: 112-113）。
　最後に、台湾の国家資本についてもごく簡単にふれておこう。

この時期に存在した国家資本は台湾銀行以外では台湾電力と台湾拓殖であった。台湾電力は1919年に資本金3000万円（総督府1200万円現物出資）で設立された[34]。資本金の拡大は、1929年3449万円、1935年4575万円と小規模であった。その一方、日月潭水力発電所建設の資金調達のために外債発行が実現し、1930年代の台湾工業化の基盤が整備され、内地から重化学工業・鉱業投資を呼び込むことが可能になった。台湾拓殖は1936年に資本金3000万円（総督府1500万円現物出資）で設立された[35]。事業展開は1937年以降になるので、第3章で扱う。

（4）民間大資本

　民間大資本の対外投資は、この時期においても台湾の製糖資本と中国本土の紡績資本が中心であるが、新たに朝鮮に日本窒素肥料が進出したことが注目される。

　台湾の製糖資本は、1927年の金融恐慌による鈴木商店・台湾銀行の破綻を契機に、第二次合同運動に突入した[36]。大日本製糖は、鈴木商店系の東洋製糖を合併、大倉組系の新高製糖を傘下に収め、事業基盤を拡大した。これに対抗して三菱系の明治製糖は塩水港製糖を勢力下に組み入れた。こうして三井系の台湾製糖を加えた3大製糖資本は台湾糖業の払込資本金の87％、製糖高の84％を制するに至った（1928年）（涂照彦1975: 312）。

　1930年代に入り、製糖資本の資産規模はさらに拡大した。1936年の資産総額は、台湾製糖1億1125万円、大日本製糖1億1125万円、明治製糖9514万円、塩水港製糖9024万円に上った（同前: 328）。内地や満州への投資も目立つようになり（同前: 330-331）、1935年には共同出資形態で満州製糖を設立させた。これは関東軍の「満州国」砂糖自給方針に沿い、既存の南満州製糖を解消する形で設立されたもので、資本金800万円のうち「満州国」政府が145万円現物出資したほか、残りの大半を占める600万円を、大手4社

*34　台湾電力の概要は、湊照宏2011参照

*35　台湾拓殖の概要は、柴田善雅2015: 第5、6章、湊照宏・斎藤直・谷ヶ城秀吉2021参照。

*36　合同運動の経緯は、涂照彦1975: 309-313参照。

〔表2-12〕在華紡の設備拡張（1924〜1937年）

（単位：千円、千両）

| | 開業年 | 1924年末 | | 1930年末 | | 1937年6月末 | | | |
		工場数	錘数	工場数	錘数	工場数	錘数	払込資本金	総資産
上海紡織	1902	3	99,784	4	158,168	6	261,008	12,000	26,730
内外綿*	1911	14	328,304	14	429,812	15	463,320	24,500	——
日華紡織	1918	3	133,408	4	244,832	4	257,696	8,800	31,299
豊田紡織廠	1920	1	60,768	1	70,368	3	138,148	5,000	18,575
大日本紡績*	1921	2	116,080	2	134,992	2	247,892	66,500	——
上海製造絹糸	1922	1	42,352	3	179,520	5	323,236	1,000	57,387
同興紡織	1923	2	69,600	2	74,024	3	128,720	10,500	22,613
東洋紡績	1923	1	45,600	1	78,000	1	175,860	10,000	26,896

出所：高村直助1982: 118-119、柴田善雅2008: 141、樋口弘1939: 266-267。
注1) 1937年6月末、保有錘数10万錘以上の在華紡を掲出。
　2) *は内地本社企業。

を中心とする台湾の糖業資本が出資し、主な役員を派遣した（鈴木邦夫編2007: 250-251, 596-598）。

　中国本土の日本資本を代表する在華紡は、1920年代には上海、次いで青島を拠点に操業したが、天津は皆無に等しかった[37]。満州事変、続く第一次上海事変を経るなかで、上海の伸び悩みとは対照的に青島、天津では工場買収、設備拡張が相次ぎ、さらに37年初頭には大規模な新増設計画が発表されていった（小島精一1939: 120）。表2-12は有力8社の趨勢を示すが、それに続く7社を加えた15社では、1924年末に35工場、106万錘であったのが、1930年末に39工場、159万錘、1937年6月末に48工場、229万錘へと増加していった（高村直助1982: 118-119）。こうした在華紡の拡張は、銀価高騰を契機とする中国の経済恐慌によって中国民族紡（中国の代表的民族資本）が困難に陥ったなかで進展したため[38]、日中全面戦争の一つの伏線を形成する意味をもったといえる。

　在華紡の華北進出の要因としては、内地の高率操短、増設制限、増税、中国の高関税等が指摘されているが、進出先が華北に集

[37]　天津は中国民族紡の拠点であり、日系とみなせるのは東拓管理（伊藤忠系委任経営）の祐大紡織のみであった（高村直助1982: 219）。

[38]　この時期の中国綿紡績業については、久保亨2005参照。

中したのは、華中の排日運動の激化と対照的に華北では日本による政治的・軍事的支配が急進展したためであろう（高村直助1982:221、中村隆英1983: 70-71）。

在華紡と中国民族紡との生産シェア争いをみると、綿糸では1924年、在華紡32.4%、民族紡62.6%であったのが、1936年には39.1%と58.4%となり、差が縮まった。綿布では、1924年在華紡30.4%、民族紡48.2%であったのが、36年には57.4%と37.0%となり、逆転が生じている（高村直助1982: 169）。

この過程で、中国本土への直接投資全体に占める在華紡の割合も上昇を示した。1930年推計では、投資総額6億3814万円、紡績業1億8332万円（28.7%）であったのが、1936年推計では総額8億4000万円、紡績業3億円（35.7%）となり、この間の増加は総額2億0186万円、紡績業1億1668万円（57.8%）であった（高村直助: 222、樋口弘1939: 242-244）。1936年の日本の貿易外収支における海外事業純益受取は1億2133万円であるが、在華紡の利益金送金は2000万円（16.5%）と見積もられていた[39]。

次に、朝鮮への民間大資本の進出状況をみよう。1926年の朝鮮水電設立（資本金2000万円）をもって開始された日本窒素肥料の朝鮮進出は、1927年の朝鮮窒素肥料設立（資本金1000万円）によって本格化し、1931年に朝鮮窒素は朝鮮水電を合併、その後資本金を6000万円に増資して、朝鮮を代表する民間大資本となった[40]。さらに1933年に長津江水電（資本金2000万円）、1934年に朝鮮送電（資本金1500万円）を設立し、1936年になると朝鮮窒素、長津江水電の資本金をそれぞれ7000万円に増資、他に関連会社10社ほどを擁する企業集団を形成した（藤井光男1979a: 184, 189）。

電力と化学工業を結びつけた日本窒素の朝鮮進出は、朝鮮総督府の産米増殖計画、1930年代の「農工併進政策」に沿ったもので

---

[39] 高村直助1982: 222。樋口弘1939: 282では送金額1500万円と推計している。

[40] 日本窒素の朝鮮進出の概要は、姜在彦編1985、大塩武1989参照。安秉直1986: 101-102では、1927年を日本資本の対朝鮮進出の画期とし、国家資本から私的資本へ、農業・商業投資から工業投資への転換を主張している。

あり、広大な土地の取得、水利権の獲得、多数の労働力の調達など
は、総督府の全面的支援によると思われる[41]。

　その他の財閥資本系の動向を一瞥すると[42]、三井物産が遊休資
本を商品取引関連分野に幅広く投資しており、地域的には満州中心
であったが、金額的には1931〜36年度上期の対満州投資を集計し
ても600万円程度の少額にとどまっていた（春日豊2010: 358）。満州
における財閥資本系の工業部門への進出事例をあげるとすれば、
1933年大同洋灰（浅野、資本金300万円）、34年満州住友鋼管（住友、
1000万円）、35年満州小野田洋灰（三井、500万円）、満州三菱機器
（三菱、300万円）、本渓湖煤鉄公司（大倉、1000万円）、36年満州パル
プ工業（三菱、500万円）、日満パルプ製造（三井、1000万円）、奉天造
兵所（三井・大倉、460万円）などがある[43]。関東軍の財閥排除方針が
撤回に向かい、満州経済開発が基礎段階から本格的産業建設段階へ
と移行していく過程の反映と考えられる。

　以上のほか、民間大資本の対外進出事例として、満州事変前か
ら朝鮮に進出していた三菱製鉄兼二浦製鉄所（堀和生1995: 56-58）、
小野田セメント（小野田セメント1981: 359-366）、片倉製糸（藤井光男
1987: 第Ⅲ編）など子会社設立を伴わない投資、南洋における石原産
業（疋田康行編1995: 44-45, 482-483）、熱帯産業（三井系）（柴田善雅2005:
244-247）、太田興業（同前: 第6,7章）等の動向を見落とすことはでき
ない。戦時期に比べれば量的に少ないとはいえ、1930年代半ばに
は帝国圏全域に日本企業が大拡張する準備が整っていたと認められ
る。

（5）民間中小資本

　民間中小資本の動向について、地域別にみていこう。帝国圏の
各地域において設立された日系企業の大部分は中小資本であった。

---

[41]　日本窒素の電力事業は総督府の電力政策のなかに位置づけられていた
　　（堀和生1995: 201-203）。

[42]　石井寛治2012: 199に三井、三菱、住友、大倉財閥の1914年から30年に
　　至る対中国投資と貿易の規模が要約されている。

[43]　日本興業銀行編1957: 293-294、金子文夫1982: 384、鈴木邦夫編2007:
　　142, 208-220, 714, 761, 768, 775, 776, 881。

〔表2-13〕地域別会社数・資本金・在住邦人人口（1926～1936年）
（単位：社、百万円、千人）

		1926	1931	1936
台湾	会社数	818	912	1,232
	資本金	346	296	422
	在住邦人人口	196	244	284
朝鮮	会社数	1,276	2,035	2,721
	資本金	216	359	723
	在住邦人人口	442	515	609
満州	会社数	998	1,242	1,647
	資本金	579	628	1,030
	在住邦人人口	191	233	543
中国本土	会社数	276	302	358
	資本金	111	102	142
	在住邦人人口	49	54	59
南洋群島	会社数	3	15	34
	資本金	3	11	35
	在住邦人人口	8	23	56
樺太	会社数	222	355	363
	資本金	217	123	87
	在住邦人人口	202	285	320

出所：柴田善雅2008: 28, 30, 41, 43、柴田善雅2015: 31, 302, 400, 545、
柴田善雅2017: 60-61、総務庁統計局監1987: 58-65、
外務省編2002: 第3巻264-266、第4巻131-135。
注1) 中国本土の資本金は、1926年は1925年、1931年は1928年、1936年は1937年
の数値。
2) 会社数・資本金は日系を基本としたが、一部非日系を含む。
3) 資本金は払込資本金を基本としたが、一部公称資本金または出資金を
含む。

たとえば、1936年5月末の満州の法人企業総数2441社のうち、払込資本金100万円以上の大資本は126社（5.2％）にすぎず、10万円未満の小規模資本は1764社（72.3％）に上った[*44]。

　各地域別の会社数・資本金・在住邦人人口の推移をまとめると

[*44]　鈴木邦夫編2007: 273。表2-13と会社数が異なるのは、典拠とした資料の違いによる。

表2-13のようになる[*45]。この表には、これまで考察してこなかった南洋群島、樺太のデータも、比較の意味で加えてある。データの基準に不統一があり、厳密な比較には問題があるが、この表から以下の点を指摘することができる。第一に、会社数では一貫して朝鮮が最多であるとともに、1926年から1936年にかけての伸び率も2倍以上であり、他地域に差をつけていた。第二に、資本金では満州が一貫して最多である一方、伸び率では朝鮮が満州を上回っていた。1社当りの資本金では、1926年は朝鮮17万円、満州58万円、1936年は朝鮮27万円、満州63万円であり、朝鮮の会社が満州より小規模な点は変わらなかった。第三に、在住邦人人口では、朝鮮が最多地域である一方、満州事変後の満州の急増が明白であり、1931年から36年にかけて2.3倍に増加した。全体として、満州事変を契機に満州への資本と人口の急激な移動が起こっていたといえる。

なお、表2-13からは読み取りにくいが、1935年以降、華北分離工作の進展とともに、綿紡績業以外の中小商工業資本の華北進出熱が高まっていった点には注意を要する。1935年秋から37年初頭までの約1年半の間に、天津のみでも工業41件、1199万元(うち綿紡績3件、1100万元)、貿易業211件、237万元、その他雑業320件、311万元、合計572件、1747万元と、小規模投資ラッシュが生じていた(支那問題研究所編『支那経済年報』昭和13年版: 60-61)。

第3節　円ブロック貿易の進展

1. 全般的動向

大恐慌、満州事変を経て、対帝国圏貿易は重要な構造変化を遂げていった。世界的なブロック経済形成の潮流のなかで、「満州国」を「日満ブロック」に編入し、さらに華北分離工作を通じて「日満華北ブロック」へと円ブロックを拡大する国策が追求されていく。

[*45] 表2-13には一部非日系企業が含まれている。その資本金規模は朝鮮、台湾では全体の10%強と推計されている(許粋烈1990: 381、須永徳武2011: 123)。

〔**表2-14**〕帝国圏貿易の地域別動向（1928, 1936年）

（単位：百万円、%）

		1928		1936	
輸移出	台湾	132.3	(5.4)	243.8	(6.7)
	朝鮮	295.8	(12.0)	647.9	(17.8)
	満州	179.3	(7.3)	498.1	(13.6)
	中国本土	304.0	(12.3)	159.7	(4.4)
	小計	911.4	(37.0)	1,549.5	(42.6)
	総計	2,461.7	(100.0)	3,638.7	(100.0)
輸移入	台湾	214.5	(7.7)	358.9	(9.7)
	朝鮮	333.8	(12.0)	518.0	(14.0)
	満州	212.1	(7.6)	239.4	(6.4)
	中国本土	172.8	(6.2)	154.8	(4.2)
	小計	933.3	(33.6)	1,271.1	(34.3)
	総計	2,780.1	(100.0)	3,707.7	(100.0)

出所：山澤逸平・山本有造1979: 208-213、大蔵省『大日本外国貿易年表』昭和3年版、同『日本外国貿易年表』昭和11年版。

　1928年と1936年とを対比した表2-14によれば、帝国圏4地域の総額は輸移出面でも輸移入面でも増加を示しており、増加割合は輸移出面でより大きかった。その結果、内地の貿易全体に占める帝国圏の比率は、輸移出では42.6％へと上昇した。貿易収支がマイナスからプラスに転じたことも注目される。

　地域別にみると、輸移出では台湾、朝鮮、満州とも増加し、構成比では朝鮮が最上位を維持した一方、伸び率では満州が目立っていた。他方で中国本土は、絶対額でも半減に近い落ち込みとなり、輸出市場としての地位が低落した。輸移入では朝鮮、台湾が大きく増加したが、満州の伸び率は低く、中国本土は減少した。

　貿易収支について比較してみると、1928年は台湾、朝鮮、満州がマイナス、中国本土のみプラスであったのが、1936年には満州、朝鮮がプラスに転じた一方、中国本土はほぼ均衡となり、台湾はマイナスを継続していた。満州、朝鮮への輸出増加はこの時期の資本輸出の増加に照応しており、収支がプラスに転じた点からみれば、産業発展の結果として内地の輸移出市場としての意義を高めたといえる。これに対して台湾は収支のマイナスを続けており、食

料・原料供給地という役割を維持していた[46]。

中国本土の意義低下は明らかであるが、その間の特殊な事情には注意を要する。満州事変後の排日運動（ボイコット運動）、1933年の国民政府の関税引上げ[47]、中国の経済恐慌などの影響を受けて、日本の対中国本土輸出は統計上は大幅に減少した。その一方、日本から関東州を経由し、華北（冀東地区）沿岸に至る密輸出は1935年から激増していった。この年、関東軍により冀東地区の密輸取締り機関の武装が解除され、翌36年2月には冀東政権が低率「査験料」を設定し、密貿易が「特殊貿易」として公認されたからである（中村隆英1983: 18-20, 35-39）。高関税品目の人絹糸、毛織物、砂糖等は密輸出額が正規輸出額の3倍から7倍にも及んだという[48]。しかも、低率の「査験料」は日本製品にのみ適用される差別的なものであり、いかにも強引な円ブロックの拡張工作であった。密貿易が中国の関税収入を激減させたのみならず、華北経済の植民地化を推進する意味をもった以上、日中全面戦争に至る一要因となったことは否定できない。

2. 主要品目の構成

帝国圏向けの主要輸移出品をみると、1928年に各地で首位を占めていた綿織物の後退と機械類をはじめとする重化学工業品の台頭という共通した変化を指摘できる（金子文夫1987: 353）。日本資本主義の重化学工業化に伴い、輸出品目の転換が生じていたといえる。

1920年代まで主軸商品であった綿織物は、30年代に入ると明確にその地位を低下させていった。日本の綿織物輸移出全体のなかでも帝国圏市場のシェア低下は際立っており、1928年の56.4%から1936年の25.2%へと激減した（同前: 355）。大恐慌からの脱出過程において、日本綿織物の合理化と低為替を武器とした世界市場進出は著しく、各地で綿業紛争を惹起していたのであるから（籠谷直人

---

[46] 朝鮮に比べて台湾が帝国内分業構造を変化させなかった要因について、竹内祐介2015は台湾経済の島内均質性（分業未形成）を指摘している。

[47] 中国の関税政策については、久保亨1999: 第3〜5章参照。

[48] 松本俊郎1981: 308-309。密輸額の輸入額全体に占める比率は1935年に22.8%に達したという推計もある（久保亨1999: 157）。

〔**表2-15**〕機械器具輸移出市場の構成（1936年）

	総輸移出額 （千円）	帝国圏の構成比（%）				
		台湾	朝鮮	満州	中国本土	小計
精密機器	40,300	8.5	28.2	31.4	5.9	74.1
輸送用機器	104,100	10.2	25.7	28.9	11.9	76.7
自転車・部品	36,954	9.5	31.1	6.6	20.1	59.1
自動車・部品	34,474	15.8	33.3	24.5	12.3	86.0
鉄道車両・部品	19,041	7.5	26.0	63.4	0.4	97.4
船舶	8,646	0.2	5.4	56.3	0.4	62.3
機械類	135,620	9.4	30.1	35.0	12.5	87.0
電気機械・部品	28,226	7.0	36.5	34.8	6.3	84.6
紡織機械・部品	17,300	‥	12.6	8.9	61.7	83.2
鉄道機関車	18,483	2.8	15.6	78.4	2.2	99.0

出所：『日本外国貿易年表』、『台湾貿易年表』、『朝鮮貿易年表』昭和11年版。

2000: 第5〜8章）、帝国圏市場の意義低下はとりわけ注目される。帝国圏市場の後退の最大の要因は中国本土の極端なまでの減退であり、それは日貨排斥、関税引上げ、農村購買力低下、在華紡を先頭とする中国綿工業の成長等の複合的要因によっていた。朝鮮市場もまた、現地生産の拡大に影響されて縮小していった。

　他方、綿織物と交代に対帝国圏輸移出の主軸に躍進した機械器具について、主要品目の市場構成を示せば表2-15のようになる。綿織物に比べて機械器具の輸移出依存度はそれほど高くないが[49]、重化学工業化の進展期における輸移出市場確保の意義は小さくない（橋本寿郎1984: 235-236）。表2-15によれば、ほぼすべての品目で満州と朝鮮の構成比が高く、対外投資の重点地域と平仄を合わせていた。特に鉄道車両・部品と鉄道機関車における満州の高い構成比は、鉄道投資との関連を明瞭に表している。この時期の満鉄用度事務所購入物品の約80％は内地品と推定されており（山中四郎1936: 13-15）、満州の機械器具輸入における対日依存度の高さをうかがわせ

---

[49]　1933年の生産に対する輸出（移出は除く）の比率をとれば、綿織物の54.4％に対して機械器具は9.3％にとどまっていた（三菱経済研究所1935: 548）。

〔表2-16〕米の植民地圏依存度（1926〜36年）

（単位：千石、％）

	1926〜28年平均	1934〜36年平均
内地生産量	59,333(83.9)	58,879 (81.0)
輸入量	2,704 (3.8)	236 (0.3)
台湾生産量	6,637	9,256
移出量	2,509 (3.5)	4843 (6.7)
移出比率	37.8	52.3
朝鮮生産量	15,370	18,004
移出量	6,133 (8.7)	8,757 (12.0)
移出比率	39.9	48.6
総供給量	70,679 (100.0)	72,715 (100.0)

出所：農林大臣官房統計課『米統計表』昭和11年版。
注1)（ ）内は内地総供給量に占める比率。
　2)総供給量には持越量を含まない。
　3)輸入量、移出量には若干の再輸入量、再移出量を含む。

る。また、中国本土は紡織機械・部品のみ高い比率を示している
が、これは在華紡向けとみてさしつかえなかろう[50]。このように機
械器具輸移出が帝国圏に集中したのは、需要に応じうるだけの技術
水準に国産品が到達したことを前提に、資本輸出とのリンク、さら
には関税・運賃等の補強手段が作用していたためと思われる（山中
四郎1936: 5）。

　次に帝国圏からの主要輸移入品の動向をうかがってみると、上
位品目の構成にはほとんど動きがなかった（金子文夫1987: 353）。台
湾の砂糖・米、朝鮮の米、満州の大豆・豆粕、華北の実綿・繰綿な
どが引き続き上位を占め、すでに定着していた食料・農産物原料の
対日供給基地の性格は基本的に変化していなかった。ただし、特定
品目への集中度は低下傾向にあり、その他の原料品や工業製品な
ど、植民地経済開発の進展を反映した品目の伸びには留意すべきで
あろう[51]。

....

[50]　清川雪彦1983: 34-35。なお、日本窒素の朝鮮における発電所・工場設
　　　備はほぼすべて国産品であった（姜在彦編1985: 97, 100, 151, 158, 242,
　　　252）。

[51]　1925年から35年にかけて最も比率を上げた商品は、台湾では非鉄金属

　代表的な輸移入品である米の動きをみると、1920年代に移入量の急増を記録した植民地米は、大恐慌期の米穀過剰問題の発生を経過しつつも、内地市場におけるシェア拡大を続けた。表2-16によれば、外米輸入量の減少とは対照的に植民地米の内地への供給量は増加の一途をたどったことが明らかである。しかも内地市場に流通する米に限れば植民地米のシェアは25％前後に上昇しており（持田恵三1970: 138）、米穀市場の供給過剰問題を一層激化させていた。もちろん内地の植民地米対策は、移入規制、朝鮮産米増殖計画の打切りなど種々講じられたのであるが（大豆生田稔1993: 298-301）、結果的には移入の増大を食い止められなかった。それは一つには植民地農業恐慌による窮迫販売圧力に起因し、もう一つには、銘柄の大量性、販売主体の資力の大きさなど、都市部での大量消費に適合的な植民地米の市場競争力に基づいていたと思われる（持田恵三1970: 139-144）。植民地においては対日供給比率の上昇が生じており、朝鮮の一人当たり米消費量は1926〜28年平均0.53石から1934〜36年平均0.39石へと極限まで減少した（村上勝彦他1984: 31）。また台湾では1920年代後半からの蓬莱米の登場と普及とともに、それまでの糖主米従経済から糖・米二大商品中心の植民地経済へと編成替えが遂げられるに至った（涂照彦1975: 88-89）。

3.　円ブロックの限界

　大恐慌期を経て、日本の帝国圏貿易の基本構造は、軽工業品輸移出－農産物輸移入から重化学工業品輸移出－農産物輸移入へと構造的な転換を遂げた。しかし、1930年代日本の貿易構造を円ブロックの自立性の観点から捉え返すならば、そこに二つの大きな限界が見出される。

　第一は、ブロック内の資源自給度が決して高くない点である。ブロック外の華中・華南まで含めて台湾・朝鮮・満州・中国本土からの輸移入額を集計し、内地の総輸移入額に対する比率を計算すると、繊維原料は9億8269万円中の7.6％、金属原料は1億5085万円中の21.7％、鉱物性燃料は2億1217万円中の23.3％にとどまってい

　鉱、朝鮮では非鉄金属製品、中国本土では鉄鋼であった（行沢健三・前田昇三1978: 127, 129, 155-159, 165-169）。

た（1935年）（行沢健三・前田昇三1978: 166-167）。基礎的資源を個別品目に絞ってみれば、綿花は4.8%、鉄鋼くずは0.7%、原油は1.3%にすぎなかった。むろんブロック経済がそれ自体で閉鎖的に自己完結することなどありえないし、また資源開発には時間を要することも事実であろう。とはいえ、第一次大戦期の西原借款における「東洋自給圏」構想をはじめとして、およそブロック化の発想の根底にあるのは資源の自給であり、満州事変もそれに続く華北分離工作も資源確保が基本的動因であったといえるにもかかわらず、現実の成果がきわめて貧弱であったことは否定しがたい。軍部主導の帝国圏拡大の論理は、客観的裏付けを欠いていたといわなければならない。

　　だが、資源賦存の問題だけならば、第三国からの輸入に支障がないかぎり、ブロック経済の致命的限界というほどのこともなかろう。第二のより根本的な限界は、円ブロックの形成が日本の国際収支構造を不可避的に外貨危機へ追い込んでいくという点に存する[52]。問題を国際収支の基本をなす貿易収支に限定するとして、外貨獲得の観点からは、対第三国貿易では出超の方が望ましいのは当然だが、外貨獲得を要しないブロック内貿易では逆に入超の方が都合がよい。日本からみて、円ブロックからの輸入拡大は第三国からの輸入抑制、外貨節約につながり、円ブロックへの輸出抑制は第三国への輸出促進に通じるからである。ところが、表2-14に示されるように、大恐慌以前（1928年）の対帝国圏貿易収支が、外貨決済を要しない植民地には入超、決済を要する中国本土には出超と外貨獲得に適合的な構造であったのに対して、ブロック形成途上の1936年には、ブロック内は台湾を除き大幅な出超、ブロック外では出超規模の縮小というように、外貨状況はブロック内外でともに悪化した。日本の貿易構造全体からみれば、円ブロックから資源を輸入・加工して第三国へ輸出する流れが基軸にならず、逆に第三国から資源・重工業品を輸入し、各種工業品を円ブロックに輸出する流れが基軸になったわけである。こうして外貨不足問題へと集約される円ブロックの構造的矛盾は、日中全面戦争開始後の戦時経済の進展とともに危機的状況へと陥っていくが、その原型はすでに1936年までに形成されていたのである。

---

[52]　この論点については、原朗2013a: 第Ⅱ章参照。

第 3 章

「大東亜共栄圏」の形成と展開——1937 ～ 1945 年

第1節　戦時開発政策の展開過程

　戦時期日本帝国の統制＝開発政策において、朝鮮・台湾等の植民地は日本に深く包摂されていたために独自の開発計画を持ちえなかったのに対して、満州では体系的開発計画が策定・実施された。中国本土と南方の占領地では開発計画立案の試みがあったが、満州ほどの体系性はみられなかった。以下、満州を中心に開発政策の展開過程について、戦時情勢を基準に3期に区分して概観しよう[*1]。

1.　1937年〜1939年9月

　満州では1935年から36年にかけて「満州産業開発五カ年計画」（1937〜41年）が立案され、日本・満州を通じて軍需工業およびその基礎素材・エネルギー産業を大規模に構築する構想が打ち出されたが、その第一年目の半ばで盧溝橋事件が勃発し、当初計画は規模を拡大した修正計画へと発展した（原朗2013b: 71-79）。修正計画の資金を確保するために、日本から新興財閥の日本産業が移駐し、「満州国」政府と合弁の満州重工業開発株式会社が設立されることになった。

　これに対して日本本国（朝鮮・台湾を含む）の産業開発計画は、担当官庁の企画院が物資動員計画（物動計画）に力点を置いたために作成が遅れ、1939年1月にようやく「生産力拡充計画要綱」（1938〜41年）として閣議決定された（原朗2013a: 35、山崎志郎2011: 13-17）。華北については、盧溝橋事件以前の華北分離工作のなかで満鉄や現地派遣軍によって独自の開発計画が構想されてはいたものの（中村隆英1983: 80-85）、全体としては日満ブロックの周辺に位置づけられていた。「生産力拡充計画要綱」には、ごく簡略な「北支生産力拡充計画」が参考として付されているのみであった（島田俊彦・稲葉正夫編1964: 775-777）。とはいえ、華北経済開発の司令塔として政府半額出資の北支那開発株式会社が設立され、華中では中支那振興株式

*1　日本を中心とする戦時経済総動員体制の全体像については、山崎志郎
　　2011、同2012、同2016参照。

会社が設立された。

　満州に対しては、盧溝橋事件勃発前には、大規模な軍需工業を育成する位置づけが与えられ、陸軍省「軍需品製造工業五年計画要綱」（1937年6月）には、飛行機・戦車・軍用自動車等の軍需品の現地生産に着手し、日満全体の生産量の2〜3割程度を満州でまかなう構想が示されていた（同前: 752-770）。「満州国」の経済建設には、軍需品現地自給と対日資源供給との二つの目標が並存していたといわれるが（石川滋1958: 744）、この時期には前者が前面に現れていたとみることができる。

　ところが、盧溝橋事件を経て拡大修正された満州五カ年計画と、それをふまえた生産力拡充計画では、満州の位置づけに一定の変化が生じていた。修正計画は当初計画と比べて以下の3点が相違していた。第一に、計画全体の規模が資金面で約2倍に膨れ上がり、しかも増額は鉱工業部門のみであって、同部門は3倍近くに増大した。第二に、鉱工業部門内では基礎素材から機械類まで全般的に生産能力の目標値が高められ、資金面では、液体燃料、鉄鋼、電力などの増額も大きかったが、飛行機、車両などの増額率はそれを上回り、兵器・機械類への資金配分割合は鉱工業部門内で9％から20％へと上昇した。第三に、「対日送還目標」が品目別に明記され、液体燃料は生産目標の9割、銑鉄・アルミは3〜4割を日本に送る計画とされたが、軍需工業品・鋼材は除外された[*2]。修正計画の目標は軍需品自給と資源の対日供給の両者が並列状態となり、傾向としては対日供給にシフトしつつあったと考えられる。

　日中全面戦争の拡大とともに、日本では物動計画が策定・実施され、戦時経済統制が強化されるが、この動きは直ちに帝国圏各地に波及し、満州でも物動計画が作成されていく（原朗2013b: 80-103）。日本の物動計画では、供給力の一部として円ブロック（満州・中国本土）からの輸入が組み込まれ、また配当の一部として円ブロック枠が設定された。本格的物動といわれた1939年度物動の年度計画において円ブロックの比率の高いものをあげれば、供給面では普通銑鉄（11.3％）、鉄鉱石（19.1％）、工業塩（38.4％）等いくつもの品目に及んだが、配当面では普通鋼鋼材（12.5％）程度にすぎなかった

----

*2　石川滋1958: 751、原朗2013b: 72-74、君島和彦1986: 630。

（通商産業省編1964: 209-210）。

　他方、満州の物動計画では、供給の多くを日本に依存する品目として、普通鋼鋼材、特殊鋼鋼材、非鉄金属（鉛、亜鉛等）、生ゴム、機械類、日本に配当する品目として、普通銑鉄、石炭、農産物等が設定された（原朗2013b: 97-102）。しかし日本の物動計画は、外貨不足による輸入力の限界と軍需優先のため、民需のみならず生産力拡充計画、さらには円ブロック開発計画を圧迫することになる。1939年度物動においても、生産力拡充計画所要物資の46％、円ブロック向け供給物資の53％が、39年3月の時点で削減されていた（中村隆英・原朗編1970: lxii, 382-383）。

2.　1939年10月〜1941年

　1939年9月の欧州大戦勃発は、まず対欧州貿易の縮小となって日本の戦時経済に打撃を与えるとともに、他方では南方進出への衝動を高めていった。またこの年は西日本・朝鮮の干害、台湾・華北の水害、それによる電力不足などの障害が重なり、物動計画遂行に大きな困難をもたらした。1940年から41年にかけて外貨不足がいよいよ深刻になるなかで、日本は円ブロック地域に対日供給増加と配当削減を要請し、負担を負わせていく。

　1940年度物動では、円ブロックからの輸入額を3.4億円から4.8億円に引き上げる一方、配当は2.4億円へと前年度の82％に圧縮する方針が示された（安藤良雄1987: 184-188、中村隆英・原朗編1970: 465, 484）。1940年10月の「日満支経済建設要綱」は、日本を工業センター、満州・中国本土を原料資源・食料供給地とする役割分担を改めて確認した（中村隆英1983: 267-268）。対米開戦を控えた1941年度物動では、策定作業それ自体が従来にもまして難航し、円ブロック向け配当はいよいよ厳しく圧縮された（田中申一1975: 155-156）。企画院は、円ブロックに対しては「治安維持等に必要な物資、円系通貨価値維持上必要な物資」（中村隆英・原朗編1970: 483）を供給する必要を認識し、それなりの配慮を払ったものの、それにはもとより限界が画されていた[*3]。

　こうした物動計画の展開は、生産力拡充計画の縮小と重点主義

----

*3　華北に関する経緯は、中村隆英1983: 218-238参照。

化、円ブロック開発政策の転換を促し、また「日満支ブロック」の限界はブロックの南方への拡張策を生み出すことになる。満州では産業開発五カ年計画が1940年に「根本的な大転換」を遂げた（原朗 2013b: 106-109）。満州開発計画が当初から孕んでいた軍需品現地自給と対日資源供給という二つの目標のうち、前者は実績が伴わず、各部門間の不均衡も目立ちはじめていたが、総合的な開発という基本的考え方は39年度までは維持されていた。しかし欧州大戦勃発を画期に日本からの資材配当削減、ドイツからの機械設備の輸入困難、さらに資金・労働力の不足などの要因が重なり、40年5月に「徹底的重点主義」への転換が宣言されるに至る。これは鉄・石炭・電力・非鉄金属を重点部門とし、既存設備による生産の拡充をもって対日供給にあてるというもので、対日資源供給への目標一本化を意味していた。

　これに対して、戦争を通じて占領地を拡大しつつあった中国本土の場合には、やや事情が異なっていた[*4]。ここでは満州のような総合的計画ではなく、資源関係の部門別開発計画が先行し、それも工業化計画を欠いた対日供給一本鎗のものであった。1940年7月に「北支産業開発五箇年計画」（1941〜45年）が作成され、輸送・電力・食料確保などに総合的に目配りするようになったが、地下資源（石炭）と農産物（食料・綿花）に重点を絞り、対日供給を第一義とする点では転換ともいえず、満州の「徹底的重点主義」と符合していたと考えられる。

　欧州におけるドイツ軍の勝勢によって南方進出の気運が盛り上がってくると、企画院は「南方施策要綱（案）」（1940年7月）を作成し、南方を日本の帝国圏に包摂する方針を体系的に示した（中村隆英・原朗編 1970: xlvii-l）。すなわち、「英米依存の従来の我が経済体制を止揚し、不足資源の補給圏を東南アジア及南方諸地域に確立すること」を大綱とし、「大東亜協同の生活圏を建設」するために、「日満支生産力拡充計画に対応する南方開発計画を樹立し、資源、貿易、交通、移植民等全般に通ずる総合的計画を樹て、両計画一体となりて帝国を中心とする東亜国防経済を確立す」と提起したのである。しかし、総合的開発計画とは名ばかりで、実態は資源確保策

にすぎなかったことは否定すべくもない。すでに39年10月に企画院は、「帝国必要資源の海外特に南方諸地域に於ける確保方策」を策定しており、輸入における南方依存度70％以上の品目として、錫、生ゴム、ボーキサイト等、10％以上の品目として鉄鉱、マンガン鉱、石油類等を列挙していた（同前: 172-176）。なかでも石油資源への欲求には強烈なものがあり、対米開戦直前の液体燃料需給見通しでは、開戦後3年間の取得見込総量875万キロリットルのうち南方から77.7％（他に国産8.6％、人造石油13.7％）を獲得する算段を立てていた（燃料懇話会編1972: 43-44, 657-658）。

　総じて、満州⇒中国本土⇒南方と支配対象地域が拡張するにつれて開発計画の総合性が失われ、資源の対日供給計画に一面化されていく傾向が見出される。ここに「大東亜共栄圏」における階層序列を確認することができる。

3.　1942年〜1945年

　アジア太平洋戦争への突入は、一方における対米貿易の最終的途絶、他方における南方占領地の獲得にほかならず、日本の戦時経済にとって帝国圏が一層重要な意味をもつこととなった。企画院の南方開発案によれば、開戦3年後の1944年度には物動物資供給力における南方の割合が著しく向上することが期待され、南方依存度が70％を上回る品目として原油、生ゴム、ボーキサイト等、20％を超える品目としてマンガン鉱、鉄鉱、綿花等が掲げられた（安藤良雄1987: 264-265）。しかし米国を筆頭とした第三国からの輸入品をすべて帝国圏で代位できるはずがなく、戦略的物資の不足は当初から予想されていた。

　1942年から生産力拡充計画、満州産業開発五カ年計画はそれぞれ第二次計画に移行したが、その性格は第一次計画と大きく異なるものとなった。元来戦争状態を前提としなかったはずの軍需工業拡充計画が、日中戦争の長期化のなかで生産力拡充計画として具体化したこと自体が矛盾であり、そのため実績は目標に遠く及ばなかった。とはいえ生産能力の拡充という基本的考え方はともかくも維持されてきた。しかし1941年7月以降、生産拡充計画への名称変更とともに、既存設備による生産増強という方向への変質が進行し、結局第二次生産力拡充計画は正式決定されずに終わった（山崎志郎2011: 212-217）。

　満州の第二次産業開発五カ年計画（1942〜46年）は、1940年5月に第一次計画が「徹底的重点主義」に転換したことを前提にして目標値が設定された。所要資金総額は86億円、これを鉱工業55%、開拓15%、鉄道21%、交通通信8%等に配分し、部門別計画の他に資金・資材・労働力・技術者・民生関係の需給計画を加えた一見総合的な計画であった（満州帝国政府編1969: 342-343）。しかし外見上はともかく実質的には総合的開発計画の意義はほとんど失われており、「戦局の推移により、そのつど日本の要請に応じて適宜この計画案を変更して具体的な生産拡充を実施する」（満州国史編纂刊行会編1970: 716）ほかなかったのである。

　物動計画における帝国圏各地域の位置づけの変化をみると、海上輸送力の落ち込みによって開戦時に過度に期待された南方占領地の意義が低下し、朝鮮・満州・中国本土の地位の上昇が現れていた。1943年1月の時点で企画院総裁は、南方の鉄鉱石、原油等の輸送困難が物動計画の不振の重大な原因であると帝国議会で報告しているが（田中申一1975: 254-257、安藤良雄1987: 284-298）、42年度の南方物資の還送量（原油を除く）は、開戦前の見通しの6割にとどまっていた（安藤良雄1987: 342-343）。海上輸送物資の大陸鉄道転移も42年12月から着手された。

　1943年に入り、南方輸送ルートの混乱が深まるにつれて、「日満支自給圏」を基盤とする各種の方策が相次いで打ち出されていった。満州では、鉄鋼応急増産対策要綱、アルミニウム緊急増産対策要綱などが策定され、「日満支ブロック」内の生産力拡充計画と物動計画のより一層の連携が図られた（田中申一1975: 123-126, 395-414）。43年11月の軍需省設立を経て、44年には同省総動員局が「満州国」政府、大東亜省、朝鮮総督府等と調整して「主要物資日満支交流計画」をまとめあげた（同前: 499-506）。しかし、44年後半から45年にかけて、「日満支ブロック」内の海上輸送も日本海ルートに押し込められる情勢となり、最終的には軍需品よりも米と塩の輸送を優先させざるをえない事態に至った（同前: 645）。輸送力の崩壊と並んで、各地とも全般的に生産の落ち込みが進行したことはいうまでもない。

第2節　「大東亜共栄圏」投資の膨脹

1. 全般的動向

（1）国際収支の推移

　　1937年から45年に至る日本の戦時経済期は1937年から41年までの日中戦争期とそれ以降のアジア太平洋戦争期に区分される。日中戦争期の対外経済関係の焦点が外貨不足問題であり、アジア太平洋戦争期は船舶不足問題であることはよく知られている（原朗2013a: 85、山本有造2011: 135）。日中戦争期の国際収支では、外貨決済を要しない円ブロック（満州・華北）向けと第三国向けを峻別することが重要である。アジア太平洋戦争期は第三国取引が縮小し、円ブロックが拡張したため、こうした峻別の意味は薄れていった。

〔**表3-1**〕国際収支の推移（1937～1944年）

（単位：百万円）

		1937-38	1939-41	1942-44
経常収支		-550	-308	-1,664
	貿易収支（総合）	-291	205	-302
	輸出	2,932	3,294	1,573
	輸入	3,223	3,090	1,874
	貿易収支（円ブロック）	477	993	-106
	輸出	979	1,758	1,311
	輸入	501	765	1,417
	貿易収支（第三国）	-769	-788	-196
	輸出	1,954	1,537	261
	輸入	2,722	2,325	457
長期資本収支		-599	-1,350	-1,055
	支払（資産）	-943	-1,434	-1,368
	受取（負債）	344	84	313

出所：山澤逸平・山本有造1979: 226-227、貿易収支は原朗2013a: 80。
注：2～3年平均の数値。

　　表3-1は日本の国際収支について、貿易収支・経常収支・長期

資本収支の動向をまとめたものであり、貿易収支は円ブロック貿易と第三国貿易に区分してある[5]。1941年までは第三国貿易の輸入が多く、貿易収支は大幅な赤字であり、円ブロック貿易の貿易収支ではこれを埋め合わせるわけにはいかず、外貨を喪失していった。

〔表3-2〕対外投資と収益の地域別構成（1937〜1944年）

(単位：百万円)

	対外投資			投資収益		
	総額	朝鮮	満州	総額	朝鮮	満州
1937	780	248	380	286	94	114
1938	916	217	512	393	101	151
1939	1,570	468	1,288	348	117	207
1940	1,778	473	1,296	403	105	452
1941	2,140	662	1,356	482	163	353
1942	2,321	822	949	570	196	229
1943	2,724	1,153	557	580	206	276
1944	2,981	1,946	206	689	294	284

出所：総額は大蔵省『財政金融統計月報』第5号: 53, 55の内地データに台湾（1937-39年）・
　　　朝鮮のデータを加算、台湾は山本有造1992: 288-289、朝鮮は金洛年編2008: 596-597,
　　　600-601、満州は山本有造2003: 141, 275-297。
注1) 投資収益は利子・配当と事業純益の合計。ただし、内地データの1938, 1939年、満州デ
　　　ータの1940-44年は事業純益と労務利益が一括計上されているため2分の1と仮定して集
　　　計。
　　2) 内地と満州は別系統のデータであるため、内訳合計が総額を超える年があるが、その
　　　ままにした。

　　一方、貿易収支の動きを上回って経常収支が赤字を記録したのは、戦時期特有の帝国政府取引が巨額に及んだからであり、その支払超過額は1937年4億0590万円から1939年10億1520万円、1943年21億8850万円へと膨脹した（山澤逸平・山本有造1979: 226-227）。それと並行して、長期資本収支では10億円を超える流出超過が続いていた。
　　そこで次に内地からの対外投資と投資収益の動向をみておこ

....

[5]　戦時期日本の国際収支統計は、地域により通貨制度が異なり、物価変動が
　　激しい、軍事関係の取引が多いなど、この時期特有の複雑な事情を抱えて
　　いる。詳しくは山本有造2011: 第6章参照。

う。表3-2によれば、対外投資の総額は1939年に15億円を超え、1944年には29億円に達した[6]。主な投資先は満州であり、これに朝鮮が続き、1941年まではこの2地域で大半を制していた。1942年以降、満州が減少に転じ、朝鮮がこれを抜き、その他地域（主に中国本土）も増加していったことがうかがわれる[7]。投資収益について

〔**表3-3**〕戦時期対外投資の主要経路（1938～1944年）

（単位：百万円、％）

		1938-41	1942-44
朝鮮	総督府	384 (17.9)	926 (26.1)
	朝鮮殖産銀行	211 (9.9)	39 (1.1)
	東洋拓殖	143 (6.7)	86 (2.4)
	その他	1,403 (65.5)	2,502 (70.4)
	総額	2,141 (100.0)	3,553 (100.0)
満州	満州国政府	746 (18.8)	215 (6.8)
	満鉄	1,090 (27.4)	1,032 (32.9)
	満州重工業	724 (18.2)	458 (14.6)
	その他	1,419 (35.7)	1,434 (45.7)
	総額	3,977 (100.0)	3,139 (100.0)
中国本土	北支那開発	822 (56.9)	1,842 (61.2)
	中支那振興	174 (12.0)	327 (10.9)
	その他	448 (31.0)	839 (27.9)
	総額	1,444 (100.0)	3,009 (100.0)

出所：朝鮮は金洛年2002: 65, 79、満州は山本有造2003: 167、
　　　中国本土は中村隆英1983: 364。

注1) 3～4年間のフロー累計。
　2) 朝鮮のその他は出所の期間設定にズレがあるため、1938年は
　　　1932-38年平均と同額、1939年は1940年と同額、1941年は1941-44年
　　　平均と同額と仮定して集計した。
　3) 朝鮮総督府は国債のみ、殖産銀行は殖産債券のみで借入金を除く。

....

[6]　表3-2の対外投資額が表3-1の長期資本収支の支払を上回るのは、表3-1
　　は対朝鮮投資を含まないためと考えられる。

[7]　1943年度における対外収支地域別明細表によれば、各地域の純投資額は
　　満州6億3960万円、中国本土8億9660万円（華北5億7120万円、華中2
　　億6880万円、華南5660万円）であり、中国本土が満州を上回った事実が
　　認められる（山本有造2011: 144-145）。

は、以前からの投資が累積しているため、安定的に利子・配当、事業純益を獲得していることがわかる。地域別ではやはり満州、朝鮮が多い[8]。

　投資フローの多い満州、朝鮮、中国本土について、その系統別構成をみよう（表3-3[9]）。対満州投資の4系統をみると（山本有造2003: 167）、満州事変期は満鉄ルートが60%と圧倒的シェアを占めていたが（表2-3）、日中戦争期にはその他一般企業ルートが満鉄を上回り、アジア太平洋戦争期も同様であった。とはいえ、満州重工業、「満州国」政府ルートに比べると、満鉄の優位性は維持されていた。対朝鮮投資ではその他一般企業経由が最も多く、朝鮮殖産銀行、東洋拓殖といった国家資本系の比率はかなり低くなっている。しかもこの傾向はアジア太平洋戦争期にさらに顕著になっていった[10]。これに対して対中国本土投資では、北支那開発と中支那振興という2大国家資本が投資ルートの根幹を形成し、とりわけ北支那開発ルートが6割前後の高い比率を占めていた。一般企業比率の高さが朝鮮、満州、中国本土の順であったことは、各地域における民間資本の浸透度の違い、帝国圏内における内地への統合度の差を表していたと考えられる。

(2) 投資残高の構成

　1945年までの対外投資によって蓄積された在外資産は膨大な規模に達すると推測されるが、それを地域別・産業別に推計したものが表3-4である。全体の90%を民間企業資産（個人資産を除く）が占

---

[8]　1943年度地域別明細表の受取勘定の証券利子、配当金その他資本収益、事業関係の本邦商社関係を集計すると、満州2億7510万円、中国本土7780万円（華北3300万円、華中3110万円、華南1370万円）であり、それまでの蓄積を反映して満州が多い（山本有造2011: 144-145）。

[9]　共通データの得られる1938〜1941年、1942〜1944年に区分して集計した。

[10]　金洛年2002: 79。国庫資金（国債）、殖産債券、東拓、一般会社資金を抽出し、その他の項目を除外して構成比を算出した。なお、1942〜44年には、内地金融市場が枯渇し、朝鮮から内地へという資金の逆流が生じていた（同前: 195-214）。

め、政府所有資産（陸海軍を除く）は10％程度であった[*11]。地域別では、満州、中国本土、朝鮮の順であり、産業別では各地域とも工業が多くを占めていた[*12]。

〔表3-4〕在外資産の地域別・産業別構成

（単位：百万円、％）

	総額	政府資産	民間企業							
			資産	農林水産	鉱業	工業	公益	交通	金融	商業他
台湾	34,774 (9.8)	8,890	25,884	8.4	5.5	54.7	18.0	1.5	0.4	11.5
朝鮮	70,789 (19.9)	19,265	51,524	8.4	15.8	47.9	18.9	4.6	1.2	3.1
満州	131,192 (36.9)	2,761	128,431	3.1	18.2	27.0	4.1	32.1	2.2	13.3
中国本土	88,186 (24.9)	117	88,069	3.4	8.3	35.2	5.0	27.9	1.2	19.1
南方	17,182 (4.8)	——	17,182	16.6	16.7	32.3	2.9	4.6	0.1	26.9
南洋群島	768 (0.2)	267	501	19.2	24.9	52.0	1.8	0.3	0.5	1.2
樺太	9,356 (2.6)	3,786	5,570	4.5	32.5	57.2	2.1	2.4	0.1	1.3
合計	355,220 (100.0)	35,086	320,134	5.4	14.1	35.5	7.8	21.5	1.7	13.8

出所：大蔵省編1984: 563-565。
注1) 在外財産調査会による1948年1月時点での調査。
　2) 民間企業資産の産業別数値は各地域内の構成比を示す。
　3) 合計には欧米その他地域を含む。
　4) 民間企業の調査数には地域差があり、台湾175社、朝鮮432社、満州110社などは、中国本土4624社、南方956社等と比較すると過少推計と思われる。

....

[*11]　政府資産は狭義に定義され、国家資本は民間企業に分類されたと思われる。

[*12]　外務省の一資料によれば、1945年時点での投資残高は、満州135.5億円、朝鮮124.3億円、中国本土73.3億円、台湾26.6億円とされ、朝鮮が中国本土より多くなっている（外務省管理局経済課「朝鮮、台湾、樺太、中国、満州に対する我が国の経済的投資額」1947年9月（外務省記録E1.6.0.X10-1「投資実績調」））。中国本土における激しいインフレをいかに評価するかが食い違いの理由と考えられる。

　地域ごとの残高推計をみよう。最大の投資先と目される満州については、1945年6月時点での推計があり、日本国籍資本の投資総額112.8億円、「満州国」籍資本の投資総額128.7億円、合計241.5億円を計上している[13]。日本国籍資本に限定すれば、満鉄関係49.0億円（43.5%）、満業関係14.5億円（12.9%）であるが、「満州国」籍資本まで含めると、満鉄関係69.7億円（28.8%）、満業関係56.0億円（23.5%）となり、満業のウエイトが増加する。外務省管理局経済課の推計135.5億円は、日本国籍資本に「満州国」籍資本の一部を加算した額となる[14]。

　産業別構成では、1942年9月末時点の会社資本金6522社64.7億円を集計した調査があり、工業28%（化学8%、金属8%、機械7%）、交通19%、鉱業17%等が上位を占めていた（鈴木邦夫編2007: 68-69）。その後の調査では、1945年の満州中央銀行調査があり、主要260社払込資本金合計73億円を基準に、工業40%、準軍需25%、鉱業14%、電気・ガス10%と推計している[15]。

　中国本土については、東亜研究所の1938年末時点での調査が詳細であり、総額は直接投資17.1億円、借款10.2億円、合計27.3億円と推計している（東亜研究所1942: 1048）。その後のストック推計としては、既述の外務省管理局経済課の1945年73.3億円ぐらいしか見当たらない。表3-3で用いた外務省のフローベース推計（中村隆英1983: 364）では、1939〜45年度累計が44.5億円であり、38年末の27.3億円に加算すると71.8億円となるので、73.3億円は妥当な額かと思われる。

　産業別構成をみると、1938年時点で民間実業借款も含めた投

資総額18億円が、工業32%（うち紡績業22%）、金融業27%、商業19%、鉱業7%、交通・通信7%等に配置されていた（東亜研究所1942: 1046の次の表）。その後、北支那開発、中支那振興を通じた投融資活動によってこの構成は大きく変化したと推測されるが、総括的資料は見当たらない。対中国本土投資の主たる対象であった華北では、北支那開発による関係会社への投融資が対華北投資の中心と考えられる。関係会社の払込資本金と北支那開発からの融資額を産業別に集計すると、交通・通信46%、鉱業24%、工業15%、電気9%という割合であった（閉鎖機関整理委員会編1954: 322-324）。

　朝鮮のストック推計では、1941年末の京城商工会議所調査があり、総額73.3億円（国庫投資20.7億円、会社投資39.4億円、その他投資13.2億円）が算出されている（京城商工会議所1944: 39-41）。1941年末の73.3億円に表3-3のフロー累計35.5億円を加算すると108.8億円となり、外務省管理局経済課の124.3億円よりは少ない。

　産業別構成は、『朝鮮総督府統計年報』、朝鮮銀行調査部『朝鮮経済年報』等の会社統計から推測することができる。朝鮮の会社資本金のうち日本人の持ち分はおよそ9割と推定されているが（京城商工会議所1944: 16-18）、ここでは投資額そのものでなく産業別構成を推計する趣旨であるので、統計表の数値をそのまま用いる。『朝鮮経済年報』1948年版によれば、1937年に5317社、払込資本金総額8.5億円（工業22%、電気・ガス16%、鉱業13%、金融業11%等）であったのが、1945年には7188社、31.9億円（工業29%、電気・ガス27%、鉱業16%、運輸業8%等）へと変化しており（『朝鮮経済年報』1948年版Ⅲ: 186-189）、鉱工業関連分野の拡充をうかがわせる。

　台湾への投資は、以上の3地域に比べると金額も少なく、ストックベースの推計もラフなものしか見当たらない。内務省管理局の推計では、1939年18.0億円（国庫投資1.7億円、会社投資16.3億円）であったのが、1943年には21.0億円（国庫投資1.7億円、会社投資19.3億円）に増加したとする[16]。ところが、外務省管理局経済課の1945年推計では、総額26.6億円（国庫投資9.7億円、会社投資16.9億円）であり、会社投資が減少している。一方、大蔵省管理局のフロー累計額推計で

----

*16　山本有造1992: 202。原資料は内務省管理局『朝鮮及び台湾の現況』12「金融機関並ビニ内地ヨリノ投資概況」1944年（近藤釼一編1961: 31）。

は、1944年時点で総額19.4億円（国庫投資3.6億円、会社投資15.8億円）である（大蔵省管理局1950a: 160-161）。

産業別構成に関しては、総督府の会社統計によると、1935年に1087社、払込資本金総額3.3億円、構成は工業（電気・ガスを含む）60%、商業（金融業を含む）19%、鉱業10%、農林水産業7%、交通業3%であったのが、1942年には1883社、総額6.7億円、構成は工業62%、商業22%、農林水産業9%、交通業4%、鉱業3%となり（『台湾商業統計』1942年版）、それほど大きな変化は生じなかった。近年の会社年鑑を資料とした集計を用いれば、1942年に1661社、7.8億円、構成は工業61%であり、その中の製糖業のみで29%を占めていた[17]。製糖業のみで工業全体に半ば近い比率であるが、その傾向は1945年になってもほぼ同様であった（涂照彦1975: 151）。

南方への投資では、帝国圏への編入以前の1939年に4.5億円、日本軍占領下の1944年に35.8億円、そして1945年に41.2億円という推計が残されている[18]。これらはいずれも南方進出企業の投資額集計であり、地域別・業種別構成が示されている。1944年推計は表3-5のとおりであり、地域別上位は蘭印、マレー、フィリピンが占めた。1939年と比較すると、蘭印6.8倍、マレー7.0倍、フィリピン6.9倍へと急増を遂げている。また投資の資金源泉も示されており、1945年推計では、自己資金28%、南方開発金庫借入金38%、一般借入金33%の構成、内外地別では内地39%、外地61%となっていた[19]。

南方については軍事占領下の軍管理委託経営事業のような企業進出形態が多く、会社統計は作成されなかったようであるが[20]、推

----

[17] 須永徳武2011: 116。業種分類未詳の合資会社981社を除く。

[18] 1939年、1944年は大蔵省管理局1950e: 172-173, 233-234、1945年は大蔵省編1984: 567-571、原朗2013a: 103。ただし1945年は海南島を含む。

[19] 原朗2013a: 103。1945年推計は過小評価との指摘がある。詳しくは疋田康行編1995: 334参照。

[20] 疋田康行編1995には、陸軍主担任地域での受命事業会社数280社、通牒数1204件、海軍主担任地域での受命事業会社数102社、受命件数268件の資本系統別・業種別一覧表が掲載されており、件数ベースでの業種別構成を知ることができる（同書: 356-357, 360-361）。それによれば、工業、農

〔表3-5〕対南方投資の地域別・産業別構成（1944年）

（単位：百万円、%）

	農林水産	鉱業	工業	運輸・倉庫	交易	合計
フィリピン	73.6	205.1	181.0	26.5	68.3	554.7 (15.5)
マレー	73.0	351.5	444.4	149.9	38.5	1,057.3 (29.5)
蘭印	233.3	198.9	340.2	262.5	125.1	1,163.8 (32.5)
ビルマ	105.9	16.3	120.0	9.3	52.0	303.5 (8.5)
タイ	0.9	1.8	7.7	11.5	152.9	183.3 (5.1)
仏印	60.6	5.8	16.8	25.0	89.8	202.8 (5.7)
合計	595.9	793.0	1,129.2	514.1	530.6	3,579.9 (100.0)
	[16.7]	[22.2]	[31.5]	[14.3]	[14.8]	[100.0]

出所：大蔵省管理局1950e: 233-234。
注：地域別合計、産業別合計にはその他を含む。

計の示されている1939年と1944年（表3-5）とを比較してみよう[21]。軍事占領前の1939年の構成は、栽培業41%、商工業26%、鉱業20%、林業9%、水産業4%の順であり、栽培業が優勢であった。1944年には、工業32%、鉱業22%、農林水産17%へと転換、分類基準が異なるが工業の上昇がうかがえる。

その他の地域では、樺太への投資額（1945年）が外務省調査に示されている。それによると、総額18.5億円、内訳は国庫投資16.3億円、会社投資2.2億円であって、国庫投資が大半を占めていた[22]。

以上のように、各地域別のデータはそれぞれ定義が異なっており、地域間の比較はそのままでは無理があるが、個々の調査・推計を重ね合わせていくならば、戦時期の対帝国圏投資における総体的方向性を次のように概括することができよう。第一に、全般的に工業投資が高い比率を占めるに至った。表3-4によれば、台湾・朝鮮・南洋群島・樺太といった植民地では50%前後の高い比率に達している。これに比べると、占領地での工業投資は相対的には低位であった。ただし、工業部門の内部構成をさらに究明する必要があ

....

業、交易集荷配給などが上位を占めている。

[21]　1939年は、大蔵省管理局1950e: 172-173。

[22]　前掲外務省管理局経済課「朝鮮、台湾、樺太、中国、満州に対する我が国の経済的投資額」。

り、おそらく満州・朝鮮では軍需に関連した重化学工業部門が伸び
を示していたと考えられる。第二に、占領地では交通、鉱業が比較
的高い比率を占めた。このことは、占領地が帝国圏における資源供
給地と位置づけられ、その開発と輸送にかかわる投資が拡充したた
めと思われる。工業投資中心を植民地型、交通・鉱業投資中心を占
領地型と特徴づければ、満州はその中間に位置づけられよう。

2. 主要投資事業

　以上のマクロ的な検討をふまえ、個別事業の実態究明に入りた
い。項目の構成は前章までと同様とするが、対中国借款と総督府官
業投資は、投資規模の膨脹した戦時期には帝国圏投資全体に占める
意義は低下しているため簡単に扱い、国家資本系企業を重点的に検
討する。

(1) 対中国借款

　日中全面戦争下、国民政府への借款供与は成立せず、占領地の
傀儡政権への借款が実施されている[23]。第一は、華北の中央銀行と
位置づけられた中国連合準備銀行への出資金借款である。1938年2
月に設立された中国連合準備銀行の資本金5000万円（半額払込）は、
中華民国臨時政府（王克敏行政委員長）と中国側民間銀行8行の折半
出資と規定されたが、臨時政府には財源がなく、日本側の特殊銀行
団（興業銀行・朝鮮銀行・正金銀行）が1250万円の借款を供与した。そ
の原資は、金資金特別会計引受の興業債券発行900万円、政府保有
銀の朝鮮銀行への指定預金350万円であった。借款1250万円のう
ち1070万円は現銀で提供される形であったが、実際には日本側で
管理して自由な運用を抑止し、合わせて日本人顧問が派遣された
（桑野仁1965: 14-20、島崎久彌1989: 167-172、岩武照彦1990: 上309-319、柴
田善雅1999: 274-277）。また、興銀を代表とする日本側銀行14行が連
銀に為替決済資金1億円の信用供与枠を設定したが、そのねらいは
「単なる国際的粉飾に止めて、実際に使用させない」というもので
あり、単なる「見せ金」にすぎなかった（桑野仁1965: 20）。
　第二は、汪兆銘政権に対する政治宣伝効果をねらった3億円借

---

*23　詳しくは、柴田善雅1986: 144-158参照。

款である。1941年6月の汪兆銘来日に際して、総額3億円、年間5000万円限度とする大枠が合意された。これに基づき、1942年から44年にかけて、兵器代1億1500万円、紙幣製造費3000万円など、合計1億5330万円が実行された。兵器代といっても内容は中古の小銃、軍用車両、被服などに限られ、他に農機具、放送機材が供与されたが、全体として戦時期の物資逼迫のなか、貧弱な内容にとどまったとみられる。

(2) 総督府官業投資

　朝鮮事業公債法に基づく公債発行は、1936年度末累計額6億9609万円が、1939年度末10億6600万円、1941年度末16億0810万円、1944年度末29億9513万円へと戦時期に急膨脹を遂げていった（大蔵省編1961: 154-155）。1944年度末累計の使途内訳では、鉄道建設・改良73％が最大であり、以下土木費補助7％、土地改良助成66％、港湾修築改良5％などが続いており、鉄道投資への集中が明白であった。

　物価変動を考慮した実質ベースの鉄道投資ストック推計をみると（林采成2005: 51）、1936年度末3億6148万円、1939年度末5億4478万円、1941年度末6億7581万円、1943年度末7億8767万円へと増加しており、1943年度末には1936年度末の2.2倍増を達成していた。その間の建設費と改良費の比率をとると、1938〜39年平均は建設費1対改良費2であったが、1941〜43年平均では1対4へと変動し、改良費に一段と重点が置かれるようになった。これは、戦時経済の進行に対応して輸送効率の強化を目指したことの反映と考えられる。

　朝鮮鉄道の輸送実績について、1936年度と1944年度を比較してみると、貨物輸送の列車キロ数は2.9倍、トンキロ数は4.9倍、旅客輸送の列車キロ数は1.2倍、人キロ数は4.3倍に増加をみており、輸送効率の上昇が明らかである（林采成2005: 43）。貨物輸送量の品目別内訳をとると、1936年度は鉱産物27％、工業品21％、農産物19％であったのが、1944年度では鉱産物34％、軍用品14％、工業品11％、農産物8％へと変動しており、資源と軍用品輸送への傾斜がみられた（同前: 44）。

　また、戦時期における海上輸送の縮小とともに、朝鮮鉄道には大陸物資の朝鮮経由内地への輸送の役割が期待されることになっ

た。主な中継物資は石炭、銑鉄、塩、大豆であり、輸送計画達成率は1942年度83%、1944年度でも78%を記録していた（同前: 107）。

なお、台湾の総督府国庫投資は既述のように朝鮮に比べてはるかに少額であった。1940年度をみると、総督府の歳入全体のなかで公債金は540万円（1.5%）、歳出全体のなかで国債整理基金繰入は653万円（2.5%）、鉄道建設改良費は395万円（1.5%）にすぎなかった（平井廣一1997: 92-95）。

(3) 国家資本系企業

1945年時点における帝国圏内の大手企業（払込資本金3000万円以上）を調べると92社（台湾7社、朝鮮16社、満州43社、中国本土22社、その他4社）に達する（金子文夫1995: 191-193）。それを俯瞰すると、地域的には満州への集中、設立年は1937年以降が大部分、業種は交通・電力、鉱業が多い、資本系統は国家資本が優勢などの特徴を指

〔**表3-6**〕満鉄・満業の資産・負債構成（1938～45年）

（単位：百万円）

	満鉄			満業		
	1938年3月	1941年3月	1944年3月	1938年11月	1941年11月	1945年5月
払込資本金	676	856	1,216	397	450	506
社債	798	1,404	2,167	——	400	2,672
借入金	218	249	332	117	757	1,131
総資産	2,119	3,084	4,460	606	1,798	4,495
事業費	853	1,030	1,298	——	——	——
有価証券	152	258	366	515	1,215	2,033
貸金	625	1,053	1,650	61	514	2,141
利益金	74	77	93	18	27	18
利益率（%）	10.9	9.0	7.6	4.5	6.0	3.6
関係会社数	54	31	21	16 (8)	15 (11)	16 (16)
関係会社資産	711	1,595	2,782	1,459 (450)	3,062 (2,107)	2,876 (2,876)
連結総資産	2,290	3,530	5,227	1,160	2,310	3,197

出所：柴田善雅2017: 333, 355, 357, 381, 391-393, 595, 610, 611, 632, 647, 648。
注1) 利益率は払込資本金利益率。
　2) 関係会社は連結子会社と持分法適用会社。
　3) 連結総資産は親会社と連結子会社の総資産合計から重複を相殺して算出。
　4) 満業の貸金は投資会社勘定をあてた。
　5) 満業の関係会社数、同資産の(　)内は満州の関係会社。
　6) 満業の1945年5月の関係会社数、資産、連結総資産は1943年5月のデータ。

摘できる。以下、戦時期帝国圏投資の中核となった国家資本系企業の実態を検討する。

満鉄・満業[24] 表3-6から満鉄と満業の資産・負債構成を比較する。総資産規模は満鉄が満業を凌駕しており、1945年にようやく満業が肩を並べている。前章で示したように（表2-7）、1932〜36年の対満州投資総額11.6億円のうち60%が満鉄経由（満鉄系企業を含めれば68%）であった。1937〜41年、満州産業開発5カ年計画の実施に合わせて、対満州投資総額は43億円へと膨脹し、新設された満業ルートがその17%を担ったが、満鉄ルートはそれを上回る29%のシェアを保った。1942〜45年、投資総額36億円のうち満鉄ルートは35%へと上昇し、満業ルートは13%へと低下した（山本有造2003: 167）。このように日本からの投資では満鉄が満業を一貫して上回っていたにもかかわらず満業の総資産が1945年に満鉄に追いついたのは、満州現地での資金調達に大きく依存したからである。

満鉄の資金調達は社債が最も多く、株式払込がこれに続いた。満鉄の社債は大部分が内地の社債引受シンジケート団によって引き受けられ、その額は1937〜41年度に10億1000万円（全体の93%、他は簡易保険局7%）に及んだ（安冨歩1997: 212-214、金融／図表篇122）。1937年9月の臨時資金調整法施行を起点とする資本市場の統制のなかでも満鉄社債は内地事業債市場で存在感を示し、発行残高全体に占める比率は1938年度末23.1%をピークにして1941年度末でも20.5%を維持していた（同前: 金融／図表篇124-125）。アジア太平洋戦争期には内地金融市場の制約によって調達先の内地から満州への移行が進んだが、それでも1942〜45年度に9億3500万円（全体の70%）がシンジケート団引受であり、他には満州中央銀行28%、簡易保険局2%であって、なお内地への依存度がまさっていた[25]。

....

[24]　満鉄の研究は豊富にある。最近の経済・経営史的研究として柴田善雅 2017: 第3〜6章、平山勉2019、林采成2021をあげておく。満業研究には原朗2013b: 第二論文、柴田善雅2017: 第9章の他、創業者に焦点をあてた井口治夫2012がある。

[25]　安冨歩1997: 222-225、金融／図表篇122。この理由について興銀史は「内地起債市場に於て多年のなじみであったこと」と記している（日本興業銀行編1957: 548）。

満鉄の株式は、1937〜39年度に1億1600万円が払い込まれ、そのうち8000万円が日本政府、3600万円が民間株主からであった（安冨歩1997: 金融／図表篇123）。満鉄の50％出資者である日本政府は、創立以来、現物または外債の肩代わりによって払込を行ってきており、1937年度に初めて現金払込を行うことになった。1940年度に資本金の8億円から14億円への増資（第三次増資）があったが[*26]、注目すべきは増資割当であり、日本政府50％は従来通りとして、民間50％の中から「満州国」政府8.3％、「満州国」貯金部5％、満鉄社員3.3％が差し引かれ、純粋民間の割合は33.3％に減少した（安冨歩1997: 214）。こうした株主構成のもとで1940〜44年度に払込がなされ、総額6億6400万円が調達されたが、その16.7％は満州現地関係であった（同前: 金融／図表篇123）。なお、民間株主数は1945年には8万人以上に達し、上位には金融機関が並んでいた（閉鎖機関整理委員会編1954: 385）。

満業の資金調達では、払込資本金は1938年1月の設立当初は4億5000万円、1941年6月に6億7500万円に増資したが、満州に移駐した日本産業（日産）と「満州国」政府の折半出資であって、「満州国」政府は満鉄から譲渡された子会社を払込に充当した関係から、資金調達における株金払込の役割はそれほど大きくなかった[*27]。日産の総帥・鮎川義介は米国資本の導入構想を抱いていたが、日米関係の悪化のなかでこれは実現しなかった（井口治夫2012: 第2, 7章）。それゆえ投融資資金の調達は、主に借入金と社債によってまかなわれた。開業した1938年5月期から1941年11月期までは借入金が中心であり、それ以降は社債中心にシフトしている。借入金の大半は満州興業銀行からであり、満州興業銀行からみても半ば以上が満業向けであって、両者の強い結びつきが認められる（安冨歩1997: 154-155, 157-159、金融／図表篇101）。一方、社債（「満州国」政府保証）は内地のシンジケート銀行団引受であったが、内地の起債市場

*26　増資の経緯と内地株主の反応については、平山勉2019: 第7章参照。

*27　満鉄子会社の「満州国」を経由した満業への移転経過については、原朗2013b: 249、柴田善雅2017: 589, 597-601参照。なお、1945年6月時点での株数は約8万人、上位には日本投資信託、戦時金融金庫、野村銀行などが位置した（閉鎖機関整理委員会編1954: 373）。

になじみがないため、預金部資金と簡易生命保険積立金の合計1億円あまりが消化に動員された（柴田善雅2017: 596, 大蔵省編1962: 443, 446）。1941年11月末と1945年5月末を比べると、総資産は27億円近く膨脹し、増加分のうち社債が22億円（84%）と大半を占め、借入金は4億円（14%）、株式払込は5600万円（2%）にすぎなかった。社債の8割ほどは満州興業銀行引受であり、内地引受は大幅に減少していった（安冨歩1997: 171-173, 176-177、金融／図表篇101）。借入金もまた満州興業銀行からとみて間違いあるまい。

　満鉄と満業の資金調達を比較すると、満鉄は社債・株式を通じて主に内地から調達し、株主の一部満州化、社債の満州での発行がみられたものの、基本的に内地依存の特徴に変化はなかった。満業は「満州国」政府の半額出資で出発し、当初は社債発行や傘下内地企業の売却で一定の内地資金を調達したものの、やがて満州興業銀行を通じた社債・借入金への依存度が強まり、全体として満州現地資金に依存する特徴を維持した。

　資金運用面での満鉄と満業の違いをみよう。満鉄の資金運用は社内事業と社外投融資（有価証券・貸金）に大別される。その比率は1938年3月1対0.91、1941年3月1対1.27、1944年3月1対1.55と推移し、次第に社外投融資の割合が増していった。社内事業投資の部門別構成は、1938年3月鉄道38%、鉱工業（主に撫順炭礦）18%、港湾13%、1945年8月鉄道58%、鉱工業31%、港湾9%であり、鉄道優位の特徴に変化はなかった（満鉄会編1986: 563-565）。

　社外投融資では貸金が有価証券を大きく上回っていた。貸金の大半は「満州国」国有鉄道向けであり、満鉄は社内・社外を通じて満州の鉄道を一元的に管理運営していた（高橋泰隆1995: 436-437）。有価証券は満業への子会社譲渡直前の1937年3月の2億0129万円（うち出資比率50%以上の連結子会社47社、資産額5億3381万円）が、譲渡後の1938年3月に1億5201万円（連結子会社41社、資産額2億8951万円）へと減少した[*28]。連結子会社は1944年3月期には14社まで減少、

[*28] 柴田善雅2017: 254, 280-283, 333, 354-355。なお、「満州国」（満業）への子会社株式譲渡額5.5億円に比べて満鉄の有価証券投資残高の減少が少ないのは、譲渡価格が帳簿価格を大幅に上回ったためであろう（原朗2013b: 249）。

うち総資産1億円以上は日満商事、大連工業、大連汽船の3社であった[29]。

　満業は社内事業をもたず、もっぱら社外投融資に資金を向けていった。貸金（投資会社勘定）に比べて有価証券が多く、関係会社数は15〜16社にとどまっていたが、関係会社資産額は満鉄をはるかに上回っていた。満業は規模の大きい特殊・準特殊会社を傘下に擁し、満州の鉱工業開発を主導する位置にあった。1943年5月期の関係会社16社のうち連結子会社は14社、総資産23.9億円にのぼり、そのうち総資産1億円以上は満州炭礦、昭和製鋼所、東辺道開発など8社を数えた[30]。

　満鉄と満業の収益性を比較すると、そこに明白な差異が認められる。満鉄は毎年度7000万円以上の利益金を計上し、払込資本金利益率は1937〜39年度平均で10.7%、増資後の1940〜44年度平均でも8.0%の水準を安定的に確保していた（柴田善雅2017: 333, 381）。その要因はもっぱら鉄道部門の好業績にあり、同部門の利益金は1937年度の8971万円から1943年度の2億2964万円まで、毎年度増益を続けた（高橋泰隆1995: 440-441）。これに対して満業の利益金は2000万円前後に終始し、最高でも1939〜40年度の3000万円であった。払込資本金利益率は、1938〜41年度平均5.8%、増資後の1942〜44年度平均は3.9%と低迷した（柴田善雅2017: 614-615）。その要因は傘下企業の低収益性にあり、最大の投資先の満州炭礦は1940年度上期まではかろうじて若干の利益金を計上したものの、以後はほぼ毎期赤字を続けていた（同前: 614-615）。その他の企業も満業の利益に貢献することは少なかったとみられる[31]。

　北支那開発・中支那振興[32]　表3-7により、北支那開発と中支那振興の資産・負債構成を比較しよう。注意すべきは、戦時末期における激しいインフレによって貸借対照表上の数値が桁違いに急増

----

[29]　柴田善雅2017: 391-392、各社の概要は鈴木邦夫編2007参照。

[30]　柴田善雅2017: 647、各社の概要は鈴木邦夫編2007参照。

[31]　柴田善雅2017: 657では「満業設立後に新規事業として立ち上げた業種で事業が成り立った事例は見当たらない」と指摘している。

[32]　北支那開発・中支那振興について詳しくは柴田善雅2008: 第4〜6, 10章の他、中村隆英1983参照。

〔表3-7〕北支那開発・中支那振興の資産・負債構成（1939～1945年）

（単位：百万円、%）

	北支那開発			中支那振興		
	1939年12月	1942年3月	1945年3月	1939年12月	1942年3月	1945年3月
払込資本金	136	218	312	37	45	111
社債	110	679	2,130	——	100	353
借入金・当座貸越	——	35	16,061	7	21	5,180
総資産	250	971	18,790	59	181	5,695
出資	105	301	908	34	62	144
融資・貸金	122	620	15,127	9	109	4,828
利益金	2	3	31	1	1	2
関係会社数	16	31	53	13	14	19
出資・融資額計	218	760	3,171	38	166	4,268
運輸通信	75	76	49	60	62	58
電力	7	5	9	11	5	11
鉱業	6	13	31	12	25	29

出所：柴田善雅2008: 208, 227, 264, 558-567、閉鎖機関整理委員会編1954: 314-316, 322-327。
注：運輸通信、電力、鉱業は出資・融資額計に占める比率。

　していることである。北支那開発の総資産は1943年3月期の14.6億円が、45年3月期187.9億円、同年9月期780億円へと大膨脹を記録した[33]。中支那振興は1943年3月期2.5億円が45年3月期57.0億円、45年9月期544億円へと同様に膨脹した（柴田善雅2008: 227, 328）。

　　資金調達は、北支那開発では設立当初は払込資本金と社債が主であったが、戦時末期には借入金・当座貸越依存に替わった。当初資本金3.5億円は日本政府・民間折半出資、政府出資分の当初払込は現物出資3059万円、現金払込2498万円、計5557万円、民間払込は現金4375万円（4分の1払込）、合計9932万円であった。政府の現物出資には中国側から接収した鉄道関連施設があてられた（閉鎖機関整理委員会編1954: 319）。民間株主の上位には満鉄（出資割合2.86%）を筆頭として財閥系企業、電力、紡績企業等が並び、総資本で国策

---

[33]　柴田善雅2008: 264, 269, 270。1945年9月期は北京勘定、閉鎖機関整理委員会編1954では国内店舗勘定で508億円としている（同書: 326）。

会社を支える体裁をとった（柴田善雅2008: 205）。中国側は北支那開発には出資せず、傘下の関係会社に出資する形をとった。その後政府は主に現物で追加払込を行い、さらに1942年6月の4億4300万円への増資により、払込額は政府2億5425万円（現物2億2898万円、現金2527万円）、民間5750万円（現物1350万円、現金4400万円）、合計3億1175万円、政府出資比率は公称ベース57%、払込ベース82%に転じた（閉鎖機関整理委員会編1954: 319）。

払込株金は限界があったため、資金調達の主力は社債発行に求められた。社債は興銀を幹事とする銀行15行、信託会社4社からなるシンジケート銀行団によって引き受けられ、発行総額は1939年から45年までに49回、19億9735万円にのぼった。その他華北現地での連銀券による発行が6回、2億3500万円であった（同前: 325-326）。北支那開発の社債は内地起債市場で存在感を高め、1944年には全体の19%を占めた（日本興業銀行編1957: 550）。消化先としての預金部の役割も大きく、1944年度末社債保有額6億3638万円は満鉄、満業、朝鮮殖産銀行等の1億円台と比較しても突出していた（大蔵省編1962: 巻末統計24-25, 28-31）。しかし1944年以降、社債発行は華北のインフレに追いつかず、便宜的な社債前借、長期借入金で当座をしのぎつつ、最終的に正金銀行、朝鮮銀行、中国連合準備銀行等から当座貸越で短期資金を調達するところに追い込まれていった[34]。

中支那振興の資金調達は、設立時資本金1億円（政府・民間折半出資）のうち、政府現物764万円、現金1124万円、民間現金1250万円（4分の1払込）、合計3138万円が払い込まれた。中国側は出資に加わらず関係会社出資に回った。その後、政府現物出資の追加が続き、最終的には払込総額1億1324万円（政府現物8950万円、現金1124万円、民間現金1250万円）に達し、現金払込は政府・民間とも少額であった。政府払込割合は89%と北支那開発以上に高率となり、民間株主の上位には財閥系企業が少額出資で並び、株主は広く分散した。政府現物出資は接収した鉄道、電話事業などが充てられた（閉鎖機関整理委員会編1954: 310-311、柴田善雅2008: 225-226, 323-326）。

中支那振興の資金調達の主力は社債であり、1940年から45年

---

[34]　詳しくは、柴田善雅2008: 265-269参照。

にかけて内地で16回、3億7000万円、華中現地で1回、中央儲備銀行の儲備券建て1億元（日本円1800万円）が発行された。内地発行は北支那開発同様のシンジケート団引受であり、預金部保有は1944年度末で9108万円に達していた[35]。しかし戦時末期の華中インフレのなかで長期資金の調達では間に合わず、北支那開発同様に短期資金依存へと傾斜していく。1944年3月末の社債残高2.3億円（総負債・資本比58%）、借入金残高8600万円（22%）が、1945年3月末に社債残高3.5億円（6%）、借入金残高51.8億円（91%）へと急変した。短期借入金は横浜正金銀行上海支店から調達したとみられる（柴田善雅2008: 227, 328）。

　次に関係会社への投融資状況をみよう。北支那開発の関係会社数と投融資額は1939年3月から45年3月にかけて16社2.2億円から53社31.7億円へと増加した。出資額は8.6倍、融資額は20倍の伸び率であり、全体として急増しているなかで融資額の増加が際立っていた。関係会社投融資額の部門別比率では運輸通信が圧倒的に多く、鉱業、電力などがそれに続いた。最大の関係会社は華北交通であり、1942年3月期をとると、同社のみで出資額の50%、融資額の84%を占めていた。これに続くのは、出資額では華北電業（6%）、華北塩業（6%）、融資額では華北電信電話（7%）、山東鉱業（6%）であった（同前: 558-565）。

　華北交通は満鉄の華北における分身であり、1939年4月、資本金3億円で設立され、当初出資比率は北支那開発50%（現物）、満鉄40%、中華民国臨時政府10%、1942年の4億円への増資により持ち分は58.75%、30%、11.25%へと変更された。北支那開発の現物出資は、日本政府が接収した鉄道関係資産を同社に現物出資し、それを華北交通出資に振り替えたものである。華北交通は傘下に水運、陸運の子会社を擁して華北の運輸業界を支配し、1945年3月期には総資産46億円に達した[36]。華北交通は中華民国臨時政府（後に華北政務委員会）出資の特殊法人であり、同様に中国側出資の特殊法

---

[35]　閉鎖機関整理委員会編1954: 315-316、柴田善雅2008: 225-226, 324-329、大蔵省編1962: 巻末統計28-31。

[36]　華北交通の設立経過については、高橋泰隆1995: 474-496、林采成2016: 21-64、柴田善雅2008: 218-223参照。

人として1938年7月に華北電信電話、1940年2月に華北電業が設立されている（柴田善雅2008: 211-213）。このように北支那開発の設立当初は興中公司の関係会社を継承してインフラ部門が中心になっていたが、戦時末期に政府命令事業が要請され、直営事業に着手するとともに、鉱工業（機械・金属）の関係会社への融資を急増させた（同前: 285-287）。

　中支那振興の関係会社は、1939年3月の13社、投融資額3800万円が1945年3月には19社、42.7億円へと増加した。出資額は3403万円から1.4億円へ、融資額は364万円から41.2億円への増加であり、やはり融資の膨脹が明白であった。部門別構成は運輸通信が中心であり、鉱業、電力が続く点は北支那開発と同様といえる。主な関係会社は、1942年3月期をとると、出資額では華中鉄道（全体の42%）、華中電気通信（10%）、華中水電（10%）、融資額では華中鉄道（53%）、華中鉱業（32%）、上海内河輪船（7%）等であった（同前: 566-567）。中支那振興の関係会社は同社設立以前の日中合弁企業を継承したものが多く、北支那に比べて規模が小さかった。最大の関係会社である華中鉄道は、維新政府20%、中支那振興50%の比率で1939年4月に設立されたが、その資本金5000万円は華北交通の6分の1にすぎなかった。また関係会社の監督権が中国側（汪政権）に移る傾向にあったことも華北との違いであった[37]。

　両社の利益動向をみれば、満州と異なり占領地中国における投資開発事業は採算性が低く、ほとんど利益金を計上できなかった。華北交通（特に鉄道部門）は一定の利益をあげていたが（林采成2016: 175）、出資よりも融資に傾斜し、経営の論理を越えた占領地戦時統制のなかで収益確保の道は閉ざされていた。日本政府からの補給金は1938～1945年度合計で、北支那開発7927万円、中支那振興ははるかに少額の150万円にとどまった（大蔵省編1962: 巻末54-55）。

　東洋拓殖[38]　東洋拓殖は帝国圏全域を事業範囲とした点が他の

---

[37]　柴田善雅2008: 326。なお閉鎖機関整理委員会編1954は、1944年の中支那振興法改正により「関係仔会社も根本的に調整され、各会社の組織、運営、管理の一切が中国法令によって処理され、指揮監督権は名実ともに新国民政府に帰属するようになった」と指摘している（同書: 313）。

[38]　戦時期の東洋拓殖については、柴田善雅2015: 第2, 3章、同2017: 第7章

〔**表3-8**〕東洋拓殖の資産・負債構成（1938〜1944年）

（単位：百万円）

	1938年12月	1941年12月	1944年12月
払込資本金	35.0	62.5	75.0
債券	317.6	511.3	650.2
総資産	424.8	654.5	893.2
貸付金	172.5	289.9	375.7
有価証券	116.7	224.2	297.3
土地山林建物	48.7	55.3	61.4
地域別投融資	439.8	692.0	918.2
朝鮮	228.6	393.7	514.2
満州	100.9	157.1	201.8
中国本土	20.0	40.3	75.0
その他	90.2	100.9	127.1
関係会社数	29 (52)	36 (66)	42 (84)
関係会社投資利益率(%)	2.94	2.33	2.37
関係会社総資産	357.4 (26)	822.9 (30)	886.6 (23)

出所：柴田善雅2015: 146, 150, 152-155, 167-171, 221, 223, 228-233, 242,
244-247。

注1) 関係会社は連結子会社、持分法適用会社の合計。
2) 関係会社数の（　）内は非関係会社を含む出資会社総数。
3) 関係会社総資産の（　）内は集計した関係会社数。
4) 1944年12月の関係会社投資利益率は1944年6月の数値。

国策投資会社と異なるが、戦時期の重点は朝鮮に置かれた。資金調
達の動向では、資本金は1919年に5000万円に増資して以降は変化
がなく、ようやく1941年に1億円に増資し、社債発行限度枠を拡
充した。増資に際して政府は権利を放棄し、政府・皇室関係の出資
比率は設立時の34％に比べるときわめて低率の6％まで低下した
（金早雪2000b: 227-231）。資金調達の主力は社債であり、1938〜45年
に63回、6億2410万円発行（金早雪2000a: 134）、内地金融市場で興
銀を幹事とするシンジケート銀行団によって引き受けられ（一部は預
金部消化）、発行残高は1938年12月3.2億円から44年12月6.5億円
へと倍増した（金早雪2000b: 238、日本興業銀行編1957: 488-490）。しか
し、起債市場の統制によって社債発行に制約が生じ、預金部などか

の他、河合和男・金早雪・羽鳥敬彦・松永達2000参照。

らの短期借入金が増加し、1944年12月借入金残高は1億0192万円に上った（柴田善雅2015: 222）。ただし預金部の東拓支援は朝鮮殖産銀行ほど手厚くなく、1944年度末残高では殖産債券1億9689万円、東拓社債8973万円、殖銀貸付3442万円、東拓貸付424万円であった（大蔵省編1962: 巻末28-31）。

　資金運用をみると有価証券の伸びが目立っており、1936年12月期4942万円が41年12月期2.2億円へと増加し、貸付金に迫っていた。投融資総額の地域別構成では、朝鮮が全体の過半を占め、満州がこれに続いた[39]。東拓の出資会社数は、1938年12月期52社（連結子会社18社、持分法適用会社11社、その他23社）から1944年12月期84社（各26社、16社、42社）へと増加した。関係会社出資金総額は1938年12月期8005万円から44年12月期1億9186万円へと拡大し、関係会社総資産は東拓本体に匹敵する規模に達した。

　関係会社を地域別に分けると、1938年12月期は朝鮮13社、満州7社、その他9社であったのが、1944年12月期では朝鮮17社、満州10社、その他15社となった。朝鮮17社の産業別内訳は鉱業5社、農林水産業5社、工業4社などであった（柴田善雅2015: 152-155, 168-171, 228-233, 244-247, 同2017: 432-433, 448-449）。出資額ベースで地域別・産業別投資割合をみると、1937年では南洋の農林漁業24％、朝鮮の電力業16％、満州の商業・不動産・金融15％などが大きく、1945年では朝鮮の鉱業・燃料（東拓鉱業、朝鮮有煙炭等）23％、南洋の農林漁業（南洋興発等）16％、満州の製造業（満蒙毛織等）15％が主な出資先であった（金早雪2000b: 245、柴田善雅2015: 152-155, 228-233）。1945年に朝鮮の電力企業が姿を消しているのは、1943年に電力国家管理政策のもとで朝鮮電業が設立され、東拓出資の主な電力企業が朝鮮電業に譲渡されたためである[40]。

　なお、朝鮮の工業化における東拓の役割は重要であるとはいえ、資金供給量は朝鮮殖産銀行が東拓を上回っていた[41]。殖産銀行

---

*39　表3-8で地域別投融資総額が総資産を上回っているのは、未払込資本金を控除していないためと思われる（柴田善雅2015: 146, 150, 221, 223）。

*40　柴田善雅2015: 253-255。朝鮮の電力国家管理については、堀和生1995: 217-226参照。

*41　1938〜45年に朝鮮に流入した資金量は殖産債券2億5000万円に対して

は農業金融機関として設立されたが、1939年に鉱工業向け貸出金は農林水産業を上回り、1942年には36%対23%へと差を広げた。同年の関係会社数は24社、うち7社が重化学工業部門、6社が鉱業部門であった（堀和生1983: 177）。

利益動向をみると、東拓の利益率は低迷を続けた（表3-8の関係会社投資利益率は2%台）。それでも7%という安定した配当率を維持できていたのは、土地・建物、農業部門が安定した収益をあげていたからである（金早雪2000b: 228, 239-242）。政府出資比率が低いためか、政府補給金は1934年17.1万円以降交付されなかった（大蔵省編1962: 巻末54-55）。

南洋興発・南洋拓殖・台湾拓殖・樺太開発[*42]　帝国圏の周辺部を事業基盤とした南洋興発、南洋拓殖、台湾拓殖、樺太開発は、いずれも直営事業と関係会社投資を行う事業持株会社であり、戦時期に事業規模を拡大させていった。4社の共通点と相違点を資産・負債構成の面から比較検討しよう（表3-9）。

資金調達について南洋興発からみていく。同社は戦時期以前に設立され、政府出資がなく（東拓出資会社）、社債発行は行わず、主に払込資本金で資金を調達した。資本金は1933年700万円から2000万円へ、1937年4000万円へ、1942年5000万円へと増資を重ね、全額払込となった。1945年閉鎖時の上位株主は東拓49.0%、栗林商船6.7%、戦時金融金庫4.0%であった（閉鎖機関整理委員会編1954: 465-466、柴田善雅2015: 371-381）。

南洋拓殖は1936年設立時の資本金2000万円（政府現物出資1055万円）が1945年まで変わらず、1943年に全額払込となったが、資金調達上は限界があった。1945年閉鎖時の上位株主は政府（南洋庁）52.7%、南洋興発5.3%、三井本社5.0%であった（閉鎖機関整理委員会編1954: 458）。事業資金は当初は借入金で充当し、1939年に債券発行を開始して1945年までに5000万円以上発行した。債券は主に興銀を幹事とするシンジケート銀行団によって引き受けられ、預金部保有は1944年度末でも155万円と少額であった（閉鎖機関整理委員

東拓（貸付・証券等）は2億2900万円であった（金洛年2002: 65）。

[*42]　4社について詳しくは柴田善雅2015: 4〜7章、台湾拓殖は湊照宏・斎藤直・谷ヶ城秀吉2021参照。

〔表3-9〕 南洋興発・南洋拓殖・台湾拓殖・樺太開発の資産・負債構成
（1939〜45年）

（単位：千円）

	南洋興発		南洋拓殖		台湾拓殖		樺太開発	
	1939年3月	1945年3月	1939年12月	1945年6月	1939年3月	1945年3月	1941年12月	1945年5月
払込資本金	25,000	50,000	15,273	20,000	22,500	56,250	24,999	24,999
債券	——	——	10,100	48,952	——	57,200	——	40,000
借入金	——	16,863	2,460	20,317	6,080	36,750	310	21,100
総資産	54,122	121,223	33,917	94,966	33,407	156,095	26,820	99,943
有価証券	7,915	15,615	14,482	44,881	3,630	54,119		15,599
貸付金	4,230	3,433	1,379	4,743	2,516	4,455		1,250
利益金	4,811	3,195	2,051	154	402	1,972	-220	-399
総資産利益率 (%)	8.9	2.5	9.1	0.2	1.2	1.3	-0.8	-0.4
関係会社数	9	20	‥	21	9	23	——	11
関係会社出資額	3,949	14,701	‥	41,150	3,618	47,097	——	16,415

出所：柴田善雅2015: 312-315, 330, 338, 368-369, 374, 386, 410, 422-423, 429, 487, 490-493,
　　　500-501, 559, 568-569、閉鎖機関整理委員会編1954: 460, 469-470。
注1) 南洋興発と南洋拓殖は半期決算のため利益金は前期と合算、
　　利益率の分母となる総資産額は2期の平均。
　2) 南洋興発の貸付金は諸前貸金。
　3) 南洋興発の関係会社数・出資額は1939年3月は1938年6月、1945年3月は1945年9月の数値。
　4) 台湾拓殖の有価証券は投資及び融資。

会編1954: 462、柴田善雅2015: 360-361, 385、日本興業銀行編1957: 488-490、
大蔵省編1962: 巻末28-29）。

　台湾拓殖の資本金は1936年設立時の3000万円（政府現物出資
1500万円）が1942年に6000万円に増資され、払込額は1945年に
5625万円に達した[*43]。上位株主は1943年6月時点で政府（台湾総督
府）50%、明治製糖3.0%、日糖興業2.4%であった（柴田善雅2015:
408-411, 485-486）。社債は1939年〜45年に9回7000万円発行され、
1945年閉鎖時の残高は6680万円となった[*44]。社債はシンジケート銀
行団が引き受けたが、戦時末期には台湾銀行単独引受となっていっ
た。社債の預金部保有は1941年度末に1000万円、1943年度末に

────────────────────

[*43]　湊照宏・斎藤直・谷ヶ城秀吉2021は、台湾拓殖について、資金調達面に
　　　重点を置いて国策会社としての本質究明を試みている。

[*44]　台湾拓殖の社債は資本市場の厳しい評価のため、国家資本とはいえ発行
　　　が困難であった。その事情については斎藤直2021bに詳しい。

1400万円を超え、貸付金も500万円に達していた（閉鎖機関整理委員会編1954: 300、柴田善雅2015: 485-486、日本興業銀行編1957: 488-490、大蔵省編1962: 巻末22-23, 28-31）。

　樺太開発の資本金は5000万円（政府半額出資）であり、設立時に政府（樺太庁）は石炭採掘権250万円、現金999.9万円、民間は現金1250万円、合計2499.9万円を払い込み、その後の追加払込はなされなかった。民間出資の上位は東洋拓殖22％、王子製紙10％、三菱鉱業5％であった（閉鎖機関整理委員会編1954: 304、柴田善雅2015: 552-553）。資金調達は北海道拓殖銀行から借入金を確保し、それを社債に切り替え、社債は1943年12月～45年8月に7回4500万円発行された。引受シンジケート団には北海道拓殖銀行が加わったが、預金部は消化先にならなかった（柴田善雅2015: 558-562）。

　次に資金運用であるが、4社とも直営事業に重点が置かれ、関係会社投融資のウエイトはそれほど大きくなかった。南洋興発は南洋群島における製糖業を基本とし、アルコール製造、燐鉱石採掘などへと多角化を図り、事業地域を日本軍の南方進出に合わせて拡張し、蘭印からニューギニアに至る海軍軍政地域に進出した。関係会社は1938年6月の9社、出資額395万円が1945年9月には20社、1470万円へと増加したが、有価証券と貸付金の合計が総資産に占める比率は1945年でも16％と低水準であった（閉鎖機関整理委員会編1954: 467-470、柴田善雅2015: 312-315）。

　南洋拓殖は南洋群島における燐鉱石採掘を直営事業の基盤とし、南洋興発と競合しつつ鉱業、水産業方面に手を広げていくが、関係会社投資では南洋興発よりはるかに積極的であった。1939年12月期、総資産に占める有価証券と貸付金の比率は47％に達し、1945年6月期には52％まで上昇、その時点の関係会社数は21社、出資額は4115万円に上った。これは南洋興発の3倍近い規模であるが、総資産は南洋興発の方が多かったのであるから、直営事業に相当の差があったといえる（閉鎖機関整理委員会編1954: 460、柴田善雅2015: 332-333）。

　台湾拓殖は台湾における農林業経営を直営事業の基本とし、政府現物出資による土地資産が安定的収益を保証していた。その一方、日本の南進政策の展開に応じて海南島、仏印へと事業基盤を拡

張し、関係会社投資を進めていった[*45]。総資産に占める土地及び干拓・開墾・林業と投資・融資及び貸付金の比率を比較してみると、1939年3月期では46%対18%と差が開いていたが、1942年3月期に逆転が生じ、1945年3月期では32%対42%となり、関係会社数は21社、出資額は4710万円に至った。ただし収益性でみれば、林業を中心とする直営事業収益が関係会社配当金収入をはるかに上回っていた（柴田善雅2015: 410, 487, 490-491、湊照宏2021: 201-204, 210-215）。

　樺太開発は後発かつ地理的制約のある国策会社であり、直営事業の炭礦と林業を基盤としていた。社債発行によって石炭採掘、牧畜、移民、製塩等の事業に着手する一方、関係会社投資も伸ばそうとしたが、開業から敗戦まであまりに短期間であった。1945年5月期の関係会社数は11社、出資額1642万円であり、有価証券・貸付金が総資産に占める比率は17%と南洋興発と同程度の低水準にとどまった（閉鎖機関整理委員会編1954: 306、柴田善雅2015: 568-569）。

　以上の周辺部国策開発投資企業4社を比較すると、いずれも直営事業と関係会社投融資を経営の両輪とする点では共通しており、先発の満鉄、東拓と同タイプであった。南洋興発以外は資本金の半ばを政府が現物出資しており、これは満鉄、北支那開発、中支那振興と同じであった。南洋興発は政府の代わりに東拓が50%以上を出資した。総資産規模は1945年時点では台湾拓殖が最大であり、南洋興発がこれに続き、南洋拓殖と樺太開発は1億円に満たなかった。しかし4社合計4.7億円は東拓1社の9.5億円にも及ばず、周辺部投資の零細性を示していた。関係会社投資をみると、そのウエイトが大きかったのは南洋拓殖、次いで台湾拓殖であり、南洋興発と樺太開発は直営事業中心の経営であった。関係会社の事業分野は農林水産業、鉱業が主であり、インフラ関連や製造業が少ない点は共通していた。

----

*45　台拓の投資事業が国策会社として強いられた性格をもっていた点については、湊照宏・斎藤直・谷ヶ城秀吉2021: 第6〜9章（湊照宏、谷ヶ城秀吉）が実証的に論じている。

（4）民間大資本

財閥資本　戦時期に拡大した帝国圏に財閥資本は多角的に進出していった。しかし、投資件数に比べて、投資規模はそれほど多くなかった。対満州投資について資本系統を集計した満鉄の調査資料によれば、1939年時点での投資残高総計29億円のうち、日本政府、「満州国」政府、満鉄、満業等の国家資本系が14億円（48％）を占め、財閥資本系は4.3億円（15％）にとどまり、しかもその半ば以上は日産が占めていた。関係会社に対する払込額を集計すると、三井7176万円、三菱3463万円、大倉2991万円、住友2218万円などとなっていた（南満州鉄道調査部1939: 12-18）。むろん1939年以降、財閥の投資額は増大したであろうが、1945年時点での払込資本金3000万円以上の大企業リストをみるかぎり、帝国圏全域で財閥資本（日本窒素を除く）が主要株主となっていた企業は、朝鮮の茂山鉄鉱開発（払込資本金5000万円、三菱鉱業50％出資）、三井軽金属（4500万円、三井鉱山36％）、満州の満州住友金属工業（3000万円、扶桑金属54％、住友本社25％）、満州合成燃料（9000万円、三井本社23％、三井鉱山11％）など数社にすぎず、多くは国家資本系関係会社への少額投資

〔表3-10〕三井物産の地域別・業種別投資残高（1945年8月）

（単位：千円、件）

	台湾	朝鮮	満州	中国本土	合計	南方
鉱業	2,093　(1)	4,065　(3)	8,610　(3)	725　(3)	15,493　(10)	3
金属・機械		1,290　(2)	5,650　(4)	2,159　(3)	9,099　(9)	3
化学	190　(2)	21,350　(2)	26,129　(6)	13,850　(10)	61,519　(20)	19
繊維	250　(1)	14,720　(3)	5,325　(4)	2,035　(9)	22,330　(17)	2
食品	3,128　(2)	122　(1)	6,137　(4)	7,880　(9)	17,267　(16)	12
その他工業		1,090　(2)	9,244　(5)	11,691　(9)	22,025　(16)	16
運輸通信電力	650　(5)	2,050　(3)	4,316　(4)	2,546　(6)	9,562　(16)	5
商業	571　(1)	158　(1)	5,000　(2)	8,990　(12)	14,719　(16)	0
その他	3,524　(4)		3,530　(3)	9,218　(6)	16,272　(13)	13
合計	8,163　(16)	43,645　(17)	76,953 (33)	59,169 (67)	187,930 (133)	73

出所：春日豊2010: 410, 428, 474-475, 572-574, 662-665。
注1) 払込額5万円以上の投資を集計。
　2)（　）内は投資会社数、南方は1944年3月末の受命事業件数。
　3) 合計が合わない箇所があるが、出所データのままとした。
　4) 窯業は化学に含めた。
　5) 拓殖、農林水産業はその他とした。

にとどまっていた（金子文夫1995: 191-193、鈴木邦夫編2007: 192-195, 204）。

　とはいえ、財閥資本が帝国圏進出に積極性を発揮していたことは見落としてはなるまい。代表的企業である三井物産の地域別・業種別投資残高を集計した表3-10によれば、全体で133件、1億8793万円に達していた。金額では満州、件数では中国本土が最大になり、業種では化学工業をはじめとする各種製造業が多くを占めていた。注目すべきは投資残高の伸びであり、1941年9月から45年8月までの間に台湾1.5倍、朝鮮3.9倍、満州1.9倍、中国本土3.4倍を記録した。このような対外投資増加の意図は、第一に流通支配力の維持・拡大、第二に軍・官当局の要請に応じ、国家との良好な関係を構築することにあったと考えられる（春日豊2010: 116）。三井物産の対外進出の積極性は店舗網構築にも表れていた。1944年時点での地域別支店数（出張所・事務所等を含む）は、内地42に対して、台湾4、朝鮮10、満州14、中国本土45、南方71などであり、軍事占領地の中国本土、南方への進出が目立っていた。この点は三菱商事も同様であり、内地19に対して、中国本土32、南方30を数えていた（三井物産1978: 685-694、三菱商事1987: 資料編48-51, 56-65）。

　日本窒素　既成財閥に比べて大規模な対外進出を行ったのはいわゆる新興財閥であった。日本産業の満州進出による満州重工業開発の設立と並んで、日本窒素は朝鮮に多額の資金を投じ、電力と化学工業の巨大子会社群を形成した。1945年時点で14大財閥の在外関係会社払込資本金総額21.1億円中、日窒は7.0億円（33%）を保有し、三井（21%）、三菱（20%）を上回っていた（山崎広明1979: 236-237）。この時点で日窒の内地払込額は4.7億円（本社3.5億円、関係会社1.2億円）であり、在外関係会社への投資集中は明白であった。

　日窒の資金調達は払込資本金と社債を両輪とし（大塩武1989: 第7章）、株式は創業者・野口遵が持株比率を維持する意図から株主分散化には消極的であった。社債発行は払込資本金額に枠づけられていたため、資金調達の必要に応じて払込み、増資が繰り返され、それに対応して社債発行が増加した。両者の水準は1936年には6000万円台であったのが1945年には3.5億円台へと増大した。社債は内地金融市場で消化されたが（日本興業銀行編1957: 488-490, 615-617）、戦時末期にはそれも限界に逢着し、借入金の急増を招き、その残高は1943年の8500万円が44年には3.8億円へと膨脹した。借

〔**表3-11**〕日本窒素の主要在外関係会社（1941年）

（単位：千円、%）

企業名	払込資本金	出資比率	総資産
朝鮮窒素肥料	70,000	100	220,758
朝鮮窒素火薬	10,000	100*	22,052
朝鮮人造石油	10,000	100*	68,061
吉林人造石油	80,000	30	102,411
長津江水電	150,000	100	225,563
朝鮮鴨緑江水力発電	50,000	30*	77,495
満州鴨緑江水力発電	50,000	30*	77,495
朝鮮送電	22,500	52.7*	40,738
朝鮮鉱業開発	10,000	100*	49,078
舒蘭炭鉱	30,000	40*	28,080
平北鉄道	10,000	100*	24,594
合計	492,500		936,325

出所：大塩武1989: 116-118, 204-209。

注1) 出資比率の*は関係会社出資を含む。

　2) 1941年4月1日現在払込資本金1000万円以上の在外企業を掲
　　出、総資産は1941年7月22日現在。

入先は興銀、朝鮮銀行、戦時金融金庫等の国策金融機関が中心であ
った（大塩武1989: 333-334）。

　日窒の関係会社は1930年代後半に増加し、41年には48社、払
込資本金合計6.2億円に上った（同前: 116-118）。払込資本金1000万
円以上は14社、そのなかで在外企業は11社、払込資本金合計は4.9
億円（全体の79%）、総資産は9.4億円に達した（表3-11）。関係会社
出資は日窒が直接出資する以外に子会社が一部または全額出資する
形が多く、重層的関係が形成されていった。日窒の純利益は1940
年代前半に半期1000万円台を計上し、その多くは株主配当に充当
された（同前: 318-319）。日窒がいかに在外事業に依存していたか
は、工場利益金内訳、配当金収入内訳の資料からもうかがえる（同
前: 160）。

　在華紡　中国本土に進出した民間大資本である在華紡の動向を
みると、1936年に投資総額3億8164万円であったのが、日中戦争
による損害を受けたにもかかわらず、1939年6月末中国本社企業2
億3774万円、支社企業1億7033万円、合計4億0807万円に達して
いた（東亜研究所1942: 225-231, 249-250）。戦争による直接損害額は、

青島1億1030万円、上海3150万円等、総額1億4700万円と推計された[46]。軍事占領下で中国側企業が接収されて軍管理工場になると、在華紡はその経営を委託され、事業規模を拡大させていった。華北の軍管理14工場は1940年時点で鐘淵紡績、大日本紡績、東洋紡績、上海紡織等の有力資本によって掌握され、華北の中国側紡績設備の7割以上を制するに至った（高村直助1982: 236-238、柴田善雅2008: 164-168）。華中では1939年8月までに53工場が委任経営になり、豊田紡織11、鐘淵紡績10、大日本紡績8、東洋紡績6、上海紡織6など、有力10社が経営権を取得した。その紡錘数合計は華中3省の中国側企業の7割を上回っていた（柴田善雅2008: 172-177、高村直助1982: 251-255）。この結果、華北・華中を合わせて在華紡は自社工場規模の6割以上に及ぶ中国側企業を支配下に収め、特に3大紡系3社のみで軍管理・委任経営工場の紡錘数全体の過半を手中にしたのである（高村直助1982: 255）。

　その後、軍管理・委任工場は、買収、返還、合弁などに対応が分かれていくが、在華紡全体の紡績設備の推移をみると、1940年4

〔**表3-12**〕在華紡の資産構成（1944年）

（単位：千円）

系列	鐘淵紡績	東洋紡績	東洋綿花	——	倉敷紡績	——
在華紡会社名	鐘淵公大	裕豊紡績	上海紡織	内外綿	日華紡績	同興紡績
払込資本金	30,000	15,000	25,000	24,500	20,050	15,000
諸積立金	50,000	51,410	158,700	46,543	34,050	23,950
総資産	171,673	117,623	244,124	154,019	71,081	79,961
固定資産	56,106	25,600	39,463	25,260	14,740	5,550
同系会社勘定	23,684	29,828	——	16,271	——	7,633
有価証券	22,164	22,825	81,954	8,718	20,370	14,271
関係会社数	15	28	2	2	8	5
関係会社払込	14,250[7]	37,573[18]	11,000[2]	6,000[2]	3,750[3]	1,490 [3]
資本金合計		64,300[10]			62,500[3]	26,000[2]

出所：高村直助1982: 307, 柴田善雅2008: 188, 190, 192-193。
注1) 鐘淵公大は1943年10月期、裕豊紡績は44年4月期、その他は44年11月期。
　 2) 関係会社払込資本金合計の上段は円建、下段は現地通貨建の単純合計、
　　 [ ]内は集計した関係会社数。

[46]　東亜研究所1942: 236-239。青島1億2757万円、上海2904万円という推計もある（柴田善雅2008: 152, 154）。

第3章　「大東亜共栄圏」の形成と展開――1937〜1945年

127

月時点では自社工場219万錘、軍管理・委任工場136万錘であったのが、1944年12月には自社工場166万錘、合弁工場30万錘へと減少していった（同前: 212-213）。日中戦争の長期化とともに、原料綿花の調達難、統制の強化、設備供出・時局産業への転換の要請などから、在華紡の経営が制約されていったためであろう。その間、一部の在華紡は関係会社投資を進め、企業集団の規模拡大と多角化を図っていった。表3-12は戦時末期の在華紡中核企業の資産構成と関係会社動向を示したものである。諸積立金が資本金以上に累積しており、高収益経営を反映するとともに、それに見合った固定資産増がなされず、同系会社勘定、有価証券など関係会社投融資へ向けられていたことがうかがわれる。関係会社投資では東洋紡績（裕豊紡績）が突出していたほか、大日本紡績も11社（円建払込9社2080万円、現地通貨建払込2社3500万円）に上った（柴田善雅2008: 192）。なお、在華紡は1930年代から高い収益性を示していたが、1939年後半から42年前半あたりまで占領地支配を好条件として一段と利益率を上昇させ、内地の親会社をはるかに上回る好業績を記録していた。1940年下期在華紡7社平均の払込資本金利益率124%、これは3大紡平均43.8%の3倍近い高率である（高村直助1982: 222-224, 266-270）。戦前日本の対外直接投資のなかで最も収益性が高かった事例とみられる。

　　製糖資本　台湾の大手製糖資本は1940年前後の第三次合同運動を経て、独占体制をより強固にしていった。大日本製糖（1943年に日糖興業に改称）、台湾製糖、明治製糖、塩水港精糖4社合計の分蜜糖生産シェアは90%近くに上昇した（久保文克2016: 24）。台湾の製糖資本は国家資本系が多数を占める帝国圏の主要企業群のなかで数少ない民間資本系の一翼を担い、上位3社の資産構成は表3-13のようであった。この表から3点指摘しておきたい。

　　第一は高い収益性である。純利益は3社とも1936年以降毎年1000万円以上を計上し、1940年の総資産利益率はいずれも9%以上、払込資本利益率は大日本製糖22%、台湾製糖35%、明治製糖30%であった。高利潤の源泉は、単なる独占体制にとどまらない原料採取区域制度という植民地的条件に求められよう。第二に、自己資本比率の高さがあげられる。毎年度の高収益によって内部留保が積み上がり、自己資本の蓄積をもたらした。借入金が少なく、新

〔表3-13〕3大製糖資本の資産構成（1940年）

（単位：千円、％）

	大日本製糖	台湾製糖	明治製糖
払込資本金	66,709	43,080	45,200
自己資本比率	69.8	74.2	72.3
総資産	158,706	158,187	140,906
土地・機械	44,992	55,615	31,978
有価証券	23,604	16,173	32,486
利益金	14,490	15,082	13,577
総資産利益率	9.1	9.5	9.6
関係会社数	12	8	16
同払込資本金計	27,514 [9]	14,461 [6]	26,187 [13]

出所：涂照彦1975: 328-339、利益金は久保文克1997: 187。
注1) 1940年9月末（大日本製糖は10月末）基準。
　 2) 利益金は年間合計額。
　 3) 関係会社は1930年以降1940年代初めまでの出資会社。
　　 ただし共同投資事業を除く（[　]内は集計会社数）。

規投資に慎重であった経営姿勢がうかがえる[*47]。第三は、有価証券保有の大きさであり、特に明治製糖は土地・機械保有額を上回っていた。有価証券保有額は1930年代を通じて増加し、1930年下期から1940年下期への増加率は大日本製糖3.3倍、明治製糖3.7倍、台湾製糖に至っては10.3倍の急増であった（涂照彦1975: 329）。

　1930年以降に出資した関係会社の特徴をみると、台湾外が多いことを指摘できる。大日本製糖は12社中7社、台湾製糖は8社中6社、明治製糖は16社中15社（残り1社は本店所在地不明）であり、台湾内会社への出資はわずかであった（同前: 330）。台湾外では内地が最も多く、満州がこれに続いた。満州では、1935年設立の満州製糖への共同出資があり、台湾製糖13.5％、大日本製糖、明治製糖、塩水港精糖各12.0％、他に台湾の赤司鉱業と後宮信太郎が各10％出資した（鈴木邦夫編2007: 250-251, 596-598）。これは植民地間共同投資の事例として注目される。

....

*47　久保文克1997: 192-193では、特に台湾製糖の安全志向を強調し、他社と異なる「準国策会社」的政策を指摘しているが、自己資本比率の高さは3社共通とみてよいのではないか。

（5）民間中小資本

　戦時期の対帝国圏投資では法人企業数が急増するが、大多数は中小零細企業であった。敗戦時に台湾・満州・中国本土に存在した企業について、会社数、資産額の規模別分布を示したものが表3-14である。この資料では企業規模分類の基準が不明であるが、大企業と中小零細企業に二分すると、各地域とも会社数10％程度の大企業が資産額の80〜90％ほどを占め、会社数90％前後の中小零細企業は資産額の10％程度しか有していなかった。朝鮮については資料を見出していないが、おそらく同様であろう。

〔**表3-14**〕敗戦時企業資産の規模別構成

（単位：社、百万ドル、％）

	台湾		満州		中国本土	
	会社数	資産額	会社数	資産額	会社数	資産額
上位25社	25　(1.4)	691　(65.4)	25　(0.4)	4,389　(60.6)	25　(0.8)	1,933　(50.5)
大企業	175　(9.7)	228　(21.6)	475　(7.5)	2,139　(29.5)	375　(11.9)	1,305　(33.8)
中小企業	400　(22.2)	55　(5.2)	1,500　(23.8)	450　(6.2)	——　(——)	——　(——)
零細企業	1,200　(66.7)	55　(5.2)	4,300　(68.3)	150　(2.1)	2,750　(87.3)	355　(9.2)
合計	1,800 (100.0)	1,055 (100.0)	6,300 (100.0)	7,248 (100.0)	3,150 (100.0)	3,863 (100.0)

出所：大蔵省編1984: 562。
注1) 満州の上位25社には満鉄子会社を一括して含めている。
　2) 資産額の合計にはその他資産を含む。

　企業規模の分類基準が判明する台湾の1942年時点での調査（会社総数2643社、払込資本金総額7億9686万円）に基づき、払込資本金100万円以上を大企業、5万円〜100万円を中小企業、5万円未満を零細企業と区分すると、大企業が会社数の3.3％、払込資本金総額の77.4％、中小企業が会社数の36.7％、資本金の18.8％、零細企業が会社数の60.1％、資本金の3.9％という構成であった。また1942年の満州における企業調査（6520社、54億4577万円）では、大企業は会社数の7.2％、払込資本金総額の82.9％、中小企業は会社数の51.4％、資本金の16.3％、零細企業は会社数の40.3％、資本金の0.7％となっていた[48]。

------

[48]　須永徳武2011: 107-111。なお鈴木邦夫編2007: 272-275にも1942年満州の会社統計があるが、数値が若干異なっている。

　　各地に進出した日本企業は商工会議所を組織して、事業環境の整備を図っていった。こうした経済団体の設立は朝鮮では非常に早く1880年頃から、満州では日露戦争後に開始されているが、急増するのは1930年代になってからである。1930年代から40年代初めまでに設立された商工会議所は台湾11、朝鮮8、満州6、中国本土4、南方5を数えた（柳沢遊・木村健二編2004: 22）。各団体の役員・議員には大企業支店長クラスだけでなく地場の中小企業経営者も多く参加していた。

　　中小資本よりもさらに小規模な零細企業・個人経営の進出については、職業別人口調査が参考になる。中国本土在住の日本人は1937年7月の8万6923人（華北49.6％、華中33.9％、華南16.5％）が、1941年4月には50万6230人（華北67.4％、華中26.3％、華南6.1％）へと約6倍に膨れ上がった（幸野保典2004: 215）。1940年10月の人口調査によれば、有業者20.7万人は商業49.7％、交通業22.9％、公務・自由業12.0％、工業9.7％等に分布していた。商業10.3万人のなかには会社員・店員6.9万人が含まれ、企業進出を反映していたと思われる。工業では土木建築関係が多く、工場労働者は3000人ほどであった。一方、1941年10月の満州在住日本人の調査によれば、有業者56.2万人は、公務・自由業25.1％、工業21.3％、商業15.4％、農林漁業12.5％等の構成であった（金子文夫1995: 178-181）。

第3節　「大東亜共栄圏」の貿易構造

1. 全般的動向

　　戦時期日本の貿易は、アジア太平洋戦争開戦を画期として二つの異なる局面に区分される。表3-15は1937年から44年までの輸移出入の地域別推移を示すが、1942年以降の輸移出入総額の減少、それに伴う帝国圏比率の上昇がうかがえる。日中戦争期の帝国圏の比率は、輸移出では60〜70％前後、輸移入では40〜50％程度であり、そこに格差が認められた。米欧等から軍需品・重工業品を輸入する一方、帝国圏に対しては資本輸出と連動し、さらに現地の物価騰貴を当て込んで、物資が流出する回路が形成されていったからである（原朗2013a: 208-225）。この結果、外貨決済を要する対第三国貿

〔表3-15〕帝国圏貿易の地域別動向（1937〜44年）

（単位：百万円、％）

	輸移出			輸移入		
	1937-38	1939-41	1942-44	1937-38	1939-41	1942-44
台湾	302	367	246	416	436	303
朝鮮	829	1,301	1,083	641	740	807
満州	731	1,170	807	347	435	468
中国本土	246	589	504	153	331	949
南方	328	287	227	306	401	352
小計	2,436	3,716	2,867	1,863	2,343	2,880
総計	4,064	4,963	2,902	4,280	4,267	2,984
比率	59.9	74.9	98.8	43.5	54.9	96.5

出所：東洋経済新報社1980: 上638-639, 642-643。
　台湾の1943, 1944年は大蔵省管理局1950a: 8, 15。
注1) 各2〜3年の平均値。
　2) 南方は香港、タイ、海峡植民地、英領マレー、フィリピン、蘭印、仏印の合計。

易は入超、外貨を獲得しえない対帝国圏貿易は出超となり、両面から日本の外貨不足は深刻化せざるをえなかった。外貨問題が日本・帝国圏を通じて経済統制の強化を必至とするとともに、物資動員計画、生産力拡充計画を厳しく制約したことはいうまでもない[49]。

　アジア太平洋戦争期に入ると第三国貿易は途絶し、帝国圏＝「大東亜共栄圏」のみに貿易対象地域は限定されていった。日本の対外貿易は、対象地域の削減、輸送力の逼迫によって、1940年をピークにして急速に縮小し、ついには崩壊過程に入っていく。こうした局面展開のなかで、帝国圏内諸地域の比率にも一定の変化が生じた。輸移出面では朝鮮、満州中心の傾向が継続した一方、輸移入面では朝鮮に加えて中国本土がウエイトを高めていった。

　各地域の主要貿易品目をみると（金子文夫1994: 426-427）、日本からの主要な輸移出品は機械類が各地域共通の重要品目であり、特に満州と朝鮮は2億円前後に達し、資本輸出と連動した生産力拡充・工業開発政策に基づくものであった。満州・朝鮮からみれば、植民地工業化＝資本主義化の進展を表していた（堀和生2009: 59-61, 125-127）。機械類と並ぶ重要品目は織物類であり、こちらは以前の

[49]　詳しくは、原朗2013a: 第II, IV章参照。

時期の延長といえる。戦時期に日本の産業構造が重化学工業中心に転換したとはいえ、輸出では繊維製品がなお主要な地位を占めていた。

　日本への輸移入品では物動計画に沿った動きとして鉱・金属の伸びが目立った。一方、台湾の米・砂糖、朝鮮の米・穀類、満州の大豆・豆粕、中国本土の繰綿は以前の時期の継続であり、輸移出品同様、戦時期の変化と継続の両面を表していた。

　こうした主要品目の動向と地域別の貿易収支を関連づけて3点指摘しておこう。第一に、朝鮮・満州は日本からみて恒常的な出超地域であった。日本からの大量の資本輸出が機械類の輸出を可能とし、帝国圏における工業開発拠点を形成していった。第二に、台湾と南方は日本にとって基本的に入超地域であった。台湾は農業植民地として日本に食料を供給する役割を果たしてきており、戦時期にもその特徴はほぼ変わらなかった。南方は日本からみて資源供給地と軽工業品市場の両面の位置づけがあるが、戦時期には入超つまり資源供給地の側面がより強く現れていた。戦時期日本は欧米に代わって南方に工業品を供給したわけではなく、ただ資源を収奪し、物資不足、悪性インフレをもたらしたのみであった（岩武照彦1981: 上127-135）。この点に、南方が「大東亜共栄圏」の周辺部に位置する「資源圏」として地域序列の最下位に位置づけられていたことが端的に表れている（山本有造2011: 第8章）。第三に、中国本土は日中戦争期には出超地域であったが、アジア太平洋戦争期には入超地域に転換した。満州に準じる工業開発地域から南方に近い資源収奪地域へと位置づけが変化したといえる。

　以上に概観したように、帝国圏の貿易構造は、日本を中心軸として各地を放射状に結ぶもので、域内相互の交易はそれほど大きなものではなかった。日本がインフレの波及を恐れて、政策的な分断を試みたことも影響していた（原朗2013a: 111）。とはいえ、朝鮮－満州間、満州－華北間などには、歴史的に交易関係が形成されており、満州から朝鮮への雑穀供給、華北から満州への石炭・鉄鉱石供給等は、各地の戦時経済の運営上不可欠の役割を果たしていた。また朝鮮の工業化とともに満州・中国本土向けに工業品輸出が伸びていった事実は重要であり（堀和生2009: 64）、工業化と貿易構成の面でも「大東亜共栄圏」内における朝鮮の地位の高さを見出すことができる。

2. 資源供給の推移

　以上の概観をふまえ、戦略的に重要な物資の対日供給動向を地域別に検討する（表3-16）。鉄鉱石は内地生産が少なく、総供給量に占める輸移入の比率は80％以上であった（金子文夫1994: 428）。最大の供給地マレーからの輸入量は1940年をピークに急減、42年以降はゼロに近くなり、それに代わって中国本土からの供給が増加した[*50]。中国のなかでは華中の鉱山が重要であり、中支那振興傘下の華中鉱業経営の諸鉱山と日本製鉄が確保した大冶鉱山が対日供給拠

〔表3-16〕重要物資の対日供給量（1937～44年）

		1937-38	1939-41	1942-44
鉄鉱石 （千トン）	朝鮮	335	535	483
	中国本土	372	1,496	1,600
	マレー	1,617	1,724	26
	総計	3,263	5,252	2,314
銑鉄 （千トン）	朝鮮	175	174	216
	満州	212	445	435
	インド	306	211	0
	総計	1,101	856	695
石炭 （千トン）	樺太	1,421	2,952	1,552
	満州	1,669	771	611
	中国本土	1,573	3,616	3,178
	総計	6,507	9,157	6,093
石油 （千kl）	米国	3,476	2,158	0
	蘭印	841	786	646
	総計	4,369	3,063	646
米 （万石）	朝鮮	844	313	291
	台湾	491	291	155
	南方	11	573	474
	総計	1,354	1,211	937

出所：東洋経済新報社編1950: 第3巻250, 252, 264, 266, 684, 694 、日本銀行
　　　編1970a: 501-502。
注：各2～3年の平均値。

....

[*50]　中国本土の鉄鉱石の生産と対日供給に関しては、君島和彦1981: 213-
　　　283、白木沢旭児2016: 180-217参照。

点であった。占領下中国全体の鉄鉱石生産の約8割が域外へ搬出され、蒙疆の龍烟鉄鉱から満州へ供給された部分を除き、域外搬出の85％程度は日本へ輸送されたとみられる。しかし1943年以降、輸送力の制約などから対日供給は減少し、現地での小型溶鉱炉計画が打ち出されるが、成果はなかった。また満州の鉄鉱石の対日供給は少なく、銑鉄に加工されてから対日供給される割合が多かった。そのため中国本土を補完したのは朝鮮であったが、朝鮮もまた内部での需要が多く、対日供給は生産の4割以下にとどまった（金子文夫2007: 214）。

　　銑鉄の輸移入依存度は1937～38年30％前後であり、米国、インドからの輸入が多かったが、米国は1939年以降、インドは1941年以降姿を消し、代わって満州の役割が大きくなった[*51]。満州では昭和製鋼所、本渓湖煤鉄公司を拠点に満州産業開発五カ年計画（修正計画、1937～1941年）に基づき銑鉄を増産し、満州での銑鋼一貫、「自給自足」を目指していたが、日本の物資動員計画の一翼に組み込まれるなかで対日供給の割合が増加していった。銑鉄生産実績は計画よりは常に下回ったものの、1938年の85万トンが1942年には162万トンへと倍増した。それに対して対日供給量は生産量の25％から50％程度へと上昇した（金子文夫2007: 214）。満州に次ぐ位置にあった朝鮮では、日本製鉄傘下の兼二浦製鉄所と1942年に稼働を開始した清津製鉄所が銑鉄生産の拠点となったが、製鋼部門が弱体なため日本への移出が多かった。その割合は1940年までは70％に達しており、それ以降移出量は拡大しつつも、生産量の増大により移出比率は50％前後へ低下した（同前: 214）。

　　石炭の輸移入依存度は10％台であり、1940年に輸移入のピークを迎える一方、最大の供給地中国本土からの供給ピークは鉄鉱石と同様に1942年であった。中国のなかでは華北に炭礦が広範に分布しており、北支那開発のもとに三井、三菱、大倉等の財閥資本が進出して炭礦経営にあたった[*52]。華北石炭の生産量は1939年の1387

----

*51　満州の銑鉄生産と対日供給については、君島和彦1986: 596-671、松本俊郎2000: 第1章参照。

*52　中国本土の石炭生産と対日供給については、君島和彦1981: 213-283、白木沢旭児2016: 134-179参照。

万トンが1942年の2511万トンへとほぼ倍増し、以後減少に向かった。華北石炭の供給先は、1942年では日本20%、満州10%、華中8%であった（中村隆英1983: 313）。満州の石炭生産は1938年の1599万トンから1944年の2559万トンまで増産を続けた。ただし日本への供給は1937年以降減少を続け、生産に対する対日供給比率は1938年の9%から1944年の2%まで下落した（金子文夫2007: 207）。朝鮮の石炭生産も1944年がピークとなる点では満州と共通していたが、対日供給比率は1940年の23.6%から1944年の3.5%まで低落した（同前: 214）。各地とも対日供給率が低下する最大の要因は輸送力の縮小にあったといえる。

　次に輸移入依存度90%以上の石油であるが、軍需部分が不明のため、それを除いて表3-16は作成されている。これによれば、日中戦争期は米国への依存度がきわめて高く、それを蘭印が補完していた。アジア太平洋戦争期に米国からの供給が途絶すると蘭印が供給を一手に引き受けたが、米国が抜けた穴を埋めることはかなわず、供給量は減少せざるをえなかった。蘭印のピークは1940年の116万キロリットルであった。ただし、軍需用の南方石油還送実績の数値をみると、1942年149万キロリットル、43年265万キロリットル、44年106万キロリットルと、表3-16を上回る供給量が確保されていた（燃料懇話会編1972: 661-662）。ここに南方「資源圏」の核心的役割を見出すことができるが、これも結局は海上輸送力低落の影響を免れるものではなかった。

　最後に、食料資源の中核に位置する米の供給動向をみよう。米の輸移入依存度は10%台であり、対日供給量には1938年と1942年の二つのピークがあった。1938年は朝鮮の役割が大きく、台湾がこれを補完していた。しかし1939年に朝鮮が激しい凶作に見舞われたため南方への依存度が高まり、1942年には朝鮮、仏印、タイなどに供給地が分散した。その後は輸送力低下のため、日本の米供給における輸移入依存度は10%以下に下がっていった。この過程を朝鮮の側からみると、供出制度の強化・緻密化によって生産量に対する供出量の割合は40%台から60%台へと上昇する一方、対日移出比率は90%台から60%台まで低落した。背景には、労働力・肥料不足による米生産量の絶対的減少とともに、軍用米として満州・中国本土への流出が増加していく事態があったと考えられる（堀和生・木越義則2020: 251、金子文夫2007: 216）。

第 4 章

高度成長期の東アジア進出——1950 〜 1973 年

第1節　アジア再進出政策の形成と展開

1. 1950年代のアジア開発構想

(1) アジア開発構想の浮上

　敗戦国日本の対アジア経済関係は、戦後冷戦構造の形成とともに米国のアジア戦略に沿って構築されていく。1949年10月の中華人民共和国成立、1950年6月の朝鮮戦争勃発を経て、日本の占領終結の方向が探られるなかで、日米協力による東南アジア開発構想が本格的に提起されるようになった。1951年5月、GHQ経済科学局長マーカットが「日米経済協力に関する声明」を発し、日本と東南アジアとの経済的結合の方向性を明らかにした。この声明は、日本側の経済復興に関する対米要求に対処する性格をもっていたが（中村隆英1982: 293）、東南アジア開発に関しては次のように述べていた。

> 「米国は、日本の可能な工業力を東南アジアの原料生産の増加と可能な工業力の増強とに最大限に利用できると考えている。日本は現在軍需生産に従事している平時の仕出国が供給できない資本財及び消費財を東南アジアその他の地域に輸出する好機会に恵まれている。このためには、日本は、全面的な日米経済協力計画に結び付いて諸計画を発展させるため、多方面にわたる米国の経済援助と東南アジアに派遣されている技術顧問団からの援助とを得るように努力すべきである。」（有沢広巳・稲葉秀三編1966: 143-145）。

　その説明では、「東南アジア地域の開発に当っては、東南アジア諸国が原料、日本が資材、技術、労力、アメリカが資金を夫々出資し、三者一体となり、開発を進めることが理想である」と論じていた（総合研究開発機構編1995b: 131）。

　この声明を受ける形で、経済科学局特別補佐官モローを代表とする日米合同使節団が、51年6月に東南アジアに派遣された（中村隆英1982: 294、総合研究開発機構編1995b: 132）。また、51年から52年2

月にかけて、台湾、パキスタン、タイ、インド、インドネシアなどに100人以上の日本人技術者が派遣された（渡辺昭夫1987: 45）。

　日本政府側の対応をみると、51年6月以降の朝鮮戦争停戦交渉に影響された朝鮮特需の減少をにらみつつ、日本経済の自立を目標に日米経済協力と東南アジア経済開発を結びつける方策が追求されていく（大蔵省編1999a: 486-488）。51年11月、経済安定本部は関係省庁委員による「日米経済協力連絡協議会」を発足させた（大海渡桂子2019: 40）。大蔵省作成の52年1月25日付けの文書「経済協力の推進について」では、包括的な日米経済協力の課題を掲げ、経済協力の具体的方策の第三項で「東南アジアの開発」を取り上げ、日本の資材、資金、技術等の提供による開発と、米軍の軍事経済援助資金による日本からの物資の買付の2方式を並べていた（大蔵省編1998: 457-462）。

　占領が解除される52年4月、経済安定本部（貿易局貿易政策課）は「東南アジア開発計画と日本の役割」と題する文書を作成した（総合研究開発機構編1995b: 125-272）。それは、東南アジアを焦点とする米国の日米経済協力構想を前提としつつ、日本の東南アジア開発への関与について、通常輸出、日本が主導する開発計画、米国等の援助を通じた間接的協力の三つの形態に分けて検討したものであり、通常輸出ではアジアに対するプラント輸出と日本輸出入銀行の役割、日本主導の開発計画ではゴアの鉄鉱石開発をはじめとする資源開発プロジェクトの実情、間接的協力では米国、英連邦、国連などによる援助の仕組みと日本との関わりなどが、それぞれの実績を示す形で論述されていた。そこでは、米国への期待をふまえつつも、日本の東南アジア進出には困難な問題が多いとして、慎重な見方を提示していた。

　これに続く52年9月30日付けの経済審議庁（産業課）「東南亜との経済提携に関する措置（案）」は、東南アジアとの「経済提携」の諸方策を列挙し、制度・政策の整備の必要性を主張していた（同前: 273-294）。「経済提携」の方式では、技術協力、設備輸出、融資、投資の4形態をあげ、なかでも資源開発にかかわる投資の重要性を指摘しており、そのために日本輸出入銀行の機能強化、保険・損失補償制度の拡充、その他投資環境全般の整備が必要とし、官民合同の「経済提携審議委員会」の設置を提案していた。

　通産省もまた、早くから米国側の構想への対応策を探ってい

た。すでに 1950 年 1 月の時点で、「昭和 25 年以降における通商産業施策の重点について」と題する文書のなかで、「米国の後進国開発援助方針に即応するアジア地域間の相互開発援助計画の遂行に関連しわが国の参画を図り、特にプラント輸出の促進につとめアジア地域の開発復興に資する」と述べている（通商産業省編 1994: 312）。51年 5 月のマーカット声明にコメントした文書では、稀少物資の確保にかかわって、「東南アジア諸国において鉱物資源を開発する積極策を講ずる必要がある」と論じ（同前: 313）、それに続く 6 月 1 日付けの文書において、東南アジア開発のためのプラント輸出、技術者派遣、政府金融機関の強化などを提唱している（同前: 314-315）。

　一方、経団連は 52 年 8 月、日米経済協力を目指して、「米国等との連携のもとに、極東地域に関する防衛生産の強化に協力し、かつ東南アジアの復興開発に日本の工業力、技術等をもって協力すること」を目的として日米経済協力懇談会を設置すると決定した（経済団体連合会編 1999: 23）。

　政府部内や経済界では様々な発言、議論がなされたが、米国の資金への大きな期待、東南アジア進出の困難性の認識、中国市場へのこだわりなどが入り交じり、マーカット声明の簡明な構図がそのまま受容されたわけではなかった。実際のところ、日米協力による東南アジア開発は、日本側の期待が大きかった割にはその後ほとんど実質的な進展を見せなかった。米国側の資金計画、開発構想が明確でなく（波多野澄雄 1994: 218）、コスト負担を忌避する空気が生じていたことがその理由と考えられるが（清水さゆり 1993: 182）、それに加えて賠償問題未解決という政治的環境が大きな意味をもっていたであろう。

　日本政府部内では、米国任せから脱却した東南アジア経済提携策が模索され[*1]、1953 年 9〜10 月の岡崎外相のフィリピン、インドネシア、ビルマ等歴訪、10 月の池田蔵相とロバートソン米国務次官補との会談を経て、11 月に「アジア諸国に対する経済協力方針」が閣議決定された（大海渡桂子 2019: 47-48）。そこでは、賠償問題の早期解決、賠償求償国でない南アジアとの経済技術協力が打ち出され（波

---

*1　経済安定本部・経済審議庁を中心とする動向については、高橋和宏 2002参照。

多野澄雄1994: 219-220、末廣昭1995: 230-231)、1954年10月のコロンボ・プラン参加、11月のビルマ賠償妥結の2点を画期として、戦後日本のアジア再進出は新たな段階に入っていくことになる。

(2) 東南アジア経済開発構想の進展

　1950年代初頭の日米連携による東南アジア開発構想は、朝鮮戦争休戦以降は米国側の消極的姿勢によってさしたる進展をみなかったが、1956年2月、国際開発顧問団のジョンストン団長が来日し、「アジア開発金融機関構想」を表明すると、米国の政策転換を感じ取った日本側は様々な開発基金構想を打ち出すことになった。ジョンストン構想では、アジアの経済開発のために金融公社を設立し、資本の50%を米国、残りの50%をアジア諸国が拠出し、日本がアジアの開発に指導的役割を果たすことが提起された[*2]。これに対応して日本政府部内では、56年3月、「アジア開発金融機関設立要綱」（資本金1億ドル、うち米国5000万ドル、日本1000万ドル負担）が作成され、4月に一万田蔵相がこれを米国側に示した（大蔵省編1999a: 585-586）。しかし、日米双方に時期尚早論が根強く、構想は具体化のきっかけをつかめなかった。

　アイゼンハワー政権が2期目に入った1957年、米国の対外援助政策に変化が生じ、開発援助基金（DLF）が設置され、またアジア地域経済協力の可能性が検討されることになった（保城広至2008: 126-127）。日本側では岸首相が「東南アジア開発基金構想」を打ち出していった[*3]。岸構想の要点は、①コロンボ・プラン加盟18カ国と台湾が参加する、②資金は米国を中心に、イギリス、カナダ、オーストラリア、ニュージーランド、日本などが拠出し、当初5億ドル、4〜5年後に30億ドル規模とする、③民間ベースの採算に乗らないアジアの開発事業に長期低利融資を行うというもので（大蔵省編1998: 463-467、岸信介1983: 319-320）、岸は、「この構想が実現すると、東南ア

---

*2 『朝日新聞』1956年2月28日夕刊、29日夕刊、『毎日新聞』1956年2月29日。ただし、この構想は現実性に乏しいとも指摘された（『エコノミスト』1956年3月10日: 8-9）。

*3 岸構想をめぐる日米関係の研究は多数あり、岸の対米自主路線の評価が論点となっている。保城広至2008: 第4章参照。

ジアにおける日本の主導権が確立する」（岸信介1983: 320）と考えていた。

　岸首相はこの構想を携えて、57年5〜6月、第1回アジア歴訪（ビルマ、インド、パキスタン、セイロン、タイ、台湾）を行った。しかし、台湾を除いては積極的な反応は得られなかった[4]。これに続く6月の訪米においては構想の検討が約束されたが、結果的には新たな経済協力機関の設立は困難との結論が下された。11〜12月の第2回アジア歴訪（南ベトナム、カンボジア、ラオス、マラヤ、インドネシア、フィリピン、オーストラリア、ニュージーランド）では、日本側の熱意は失われつつあった（保城広至2008: 170-172）。

　アジア各国は岸訪問を歓迎する雰囲気を欠き、反日感情、背後に控える米国への警戒、2国間協力優先の志向などから、開発基金構想に対しては消極的な態度にとどまった（末廣昭1995: 243-245、保城広至2008: 151-158, 170-172）。米国は、多国間協力への関心は表したものの、アジア各国の反応、米国の負担への懸念などを根拠にして賛同の意向を示さなかった。日本側の対米自立志向を警戒したことが直接の理由とは考えがたい（保城広至2008: 175-176）。岸は後に、「東南アジア開発基金構想はその後いろいろの曲折を経たが、現在の東南アジア開発閣僚会議やアジア開発銀行にその精神が生かされている」（岸信介1983: 321）と回想している。

（3）経済再進出体制の整備

　1950年代のアジア開発構想のなかで具体化した最も重要な施策は日本輸出入銀行（輸銀）の設立であった[5]。輸出振興のための政府系金融機関設立構想は1949年頃に浮上し、50年に急速に現実化していった（大蔵省編1983: 3-74）。輸銀設立にあたっては、機関の性格、業務の内容をめぐって様々な制度設計が試みられたが、大蔵省銀行局が50年4月7日付けで作成した「長期輸出金融について（試案）」は、「東南アジア諸国に対するプラント輸出に対する長中期の金融を円滑にし、この種輸出を促進するための機関」と位置づけ、東南アジア向けを明記している点が注目される（日本銀行編1989:

---

[4]　台湾の国民政府の反応については、許珩2019: 89-99参照。

[5]　輸銀設立の経緯については、大海渡桂子2019: 147-151参照。

686、総合研究開発機構編1995a: 832）。

　これに続く6月1日付けの「輸出金融公庫設立要綱（案）」では、備考において、「東南アジア地域に対する米国の援助又は投資が日本経由の上行われることを懇請する」とあり、米・日・東南アジアの連携が意識されていた（日本銀行編1989: 686-687、総合研究開発機構編1995a: 849）。ただし、最終的な制度設計のうえで実権をもったのはGHQ経済顧問のドッジであった。ドッジの意向に沿って法案が作成され、50年12月に「衆参両院おのおの1日という超スピードで審議が行われ」（日本輸出入銀行編1971: 16）、12月15日、輸銀法の公布施行となった。

　正式名称は日本輸出銀行とされ、輸出振興を目的とする全額政府出資（資本金150億円）の金融機関として51年2月に業務を開始した。当初の特色は、①プラント輸出のみを融資対象とする、②国内に対する信用供与を中心とする、③民間金融機関との協調融資ないしは再割引を基本形態とする、というものであった。ただし、発足してすぐに輸入金融を追加する法改正がなされた。この業務は当初から企画されていたが、ドッジやGHQの反対のため見送られていたものである（日本輸出入銀行編1971: 16）。

　52年4月1日、輸銀法が改正公布され、輸入金融を扱うこととなり、機関の名称も日本輸出入銀行と改称された。輸入金融については、輸出振興に結びつく資源を開発輸入するためという限定がつき、輸入品の融資対象品目は鉄鉱石・石炭・マンガン・ボーキサイト等重要10品目に特定された（日本輸出入銀行編1971: 30）。

　それから1年後の53年8月、再度の法改正によって海外投資・海外事業金融業務が追加された。その趣旨は、貿易関連の資本輸出を促進するため、輸出入金融に加えて直接投資への融資を行うことであり、輸銀の資本輸出機関としての性格を一段階進化させる意味をもっていた。ただし、当時の外貨不足の事情から、融資対象は、「①当該事業への投資がわが国の輸出の振興に必要である場合、②当該事業への投資がわが国の輸入市場の国際収支上有利な輸入先への転換のために必要である場合」に限定されていた（日本輸出入銀行編1963: 45）。この法改正は同時に輸出金融業務の拡充を意図しており、対象品目の範囲拡大、融資期限の延長、協調融資原則の緩和などの項目が盛り込まれた（日本輸出入銀行編1971: 408）。

　一方、岸構想などの多国間基金構想は直ちに実現したわけでは

ないが、アジア再進出体制は次の五つの方面で実質的に整備されていった。

　第一に、賠償協定が相次いで成立し、それを梃子とする貿易・資本輸出拡大のルートが創出された[*6]。まず1954年11月、賠償2億ドル、経済協力5000万ドル（うち政府借款2000万ドル）のビルマ賠償が成立し、次いで56年5月にフィリピン（賠償5.5億ドル、経済借款2.5億ドル）[*7]、58年1月にインドネシア（賠償4億ドル、経済借款4億ドル）、59年5月に南ベトナム（賠償3900万ドル、政府借款750万ドル、経済借款910万ドル）との協定が成立をみた。この他、賠償に準じる経済協力として、58年10月にラオスと10億円無償援助の協定、59年3月にカンボジアと15億円無償援助の協定が成立し、また55年4月にタイ特別円処理の合意（54億円支払い、96億円借款）、57年3月に仏印特別円処理の合意（15億円、48万ドル支払い）がなされた。それ以外の国・地域への準賠償は1960年代に引き継がれていくが、賠償問題の大筋は50年代後半に解決されたといえる。

　賠償の経済的役割は二点にまとめられる。一つは、賠償が日本の重工業品輸出を促進する意味をもったことである。講和条約では賠償は役務での支払いが基本とされていたが、個別交渉の過程で資本財中心の構成に切り替えられていった。これは求償国側が経済開発の効果を期待したからであるが、日本側からみれば重工業品の市場開拓の意味をもった。外務省の文書はこう述べている。

　　　「賠償に通常輸出のための途を開くことが暗に期待されており、このため賠償協定中に「賠償が通常貿易を阻害してはならない」と規定される一方、賠償の中味を資本財中心のものとする配慮を行った」（菊地清明編1978: 369）。

　もう一つは、賠償が経済協力の一環と位置づけられたことである。多くの場合、賠償には経済借款が付随していた。無償の賠償と有償の借款とが一体となって、経済協力のシステムが形成されてい

[*6]　賠償に関する研究蓄積は豊富である。さしあたり、原朗1993、平川均2006をあげておく。

[*7]　フィリピン賠償交渉の経緯は、吉川洋子1991に詳しい。

った。フィリピンとインドネシアではその後、賠償を担保とする借款も成立している。また各国とも賠償終了後は、無償援助・借款・技術協力が組み合わさったODA（政府開発援助）の枠組に引き継がれている[8]。

　第二に、直接投資促進の諸方策が整えられていった。1955年頃から経済界では対外投資への関心が高まり、56年1月、経済企画庁の海外投資機関設立構想が浮上してくる（『日本経済新聞』1956年1月4日）。この構想をめぐり、政府各省、経済界、自民党で様々な検討がなされ、全額政府出資とする点は共通するが、事業内容については、直接投資も含めるとする自民党・経済企画庁案と日本企業への融資にとどめるとする通産省・経済界案、対象地域を東南アジアに限定する外務省・自民党案と全地域とする通産省・企画庁案などの違いが生じ、また大蔵省には新機関設立でなく日本輸出入銀行の強化論が根強く[9]、最終的には57年5月の輸銀法改正に帰着した。

　輸銀強化に向けて経団連が57年1月にとりまとめた「日本輸出入銀行法ならびにその運用の改正に関する要望意見」の多くは法改正に取り入れられた（経済団体連合会編1963: 876-877、同1978: 235-237）。法改正の内容は多岐にわたり、全体として日本の対外経済進出における輸銀の機能を大幅に拡充強化するものであった[10]。重要な改正点は、海外投資金融の拡充、技術提供事業への融資の拡大、外国政府の開発事業向け直接貸付の新設などであり、海外投資金融については、設備輸出に直結しない直接投資への貸付、合弁相手に貸し付ける資金の国内業者への貸付等が可能となった。

　その他の直接投資促進策として、海外投資保険の創設（1956年4月）、海外投資保険の改正と海外投資利益保険の創設（57年5月）があり（通商産業省編1990b: 308-309）、また大規模投資プロジェクトの閣

*8　金子文夫2006: 58-60。賠償が日本のODAの原型となった点については、大海渡桂子2019: 117-121参照。
*9　『日本経済新聞』1956年3月15日、22日、4月22日、5月15日、19日、31日、6月6日、日本輸出入銀行編1971: 67、経済団体連合会編1978: 234-235。
*10　日本輸出入銀行編1963: 79-80、同1971: 67-72、国際協力銀行編2003a: 49-51。

議了解（56年2月、アラスカ・パルプ、57年4月、ミナス製鉄所、57年6月、アラビア石油）も、直接投資を政府として保証、支援する意味をもった（日本輸出入銀行編1971: 238-252）。一連の措置が1956〜57年に集中している点に注目しておきたい。

　第三に、輸出信用の拡充である（日本輸出入銀行編1971: 70-71）。1957年の輸銀法改正は長期信用供与を拡充する目的ももっていた。長期輸出信用の供与は輸銀の中心的業務であり、輸銀（および民間銀行）から輸出企業への長期貸付が行われていたが、輸入国側への貸付は対象外であった。輸銀法改正によって、資源の開発輸入に結び付く場合、並びに日本からの設備等の輸出に直結する場合には、外国政府・政府機関等に直接に貸付することが可能になった。1958年に調印されたインドへの直接借款（円借款）供与は、その第一号であった。また、輸銀貸付金の償還期限の延長、輸銀借入金の限度拡大（自己資本の2倍まで）など、輸出信用の拡充を目的とする制度改革がなされた。

　第四に、東南アジア開発協力基金の設置である。岸首相の東南アジア開発基金構想は、アジア諸国および米国の消極姿勢によりすぐには実現の運びに至らなかったが、たまたま発生した56年度一般会計剰余金について、歳出抑制方針に基づき財源への繰入を留保し、その一部50億円を58年に東南アジア開発協力基金として輸銀内にプールすることになった（日本輸出入銀行編1971: 60-61）。この基金は将来国際開発機関が設立される場合にはそこに拠出される取り決めであったが、結局1961年3月設立の海外経済協力基金に継承されていく。政府全額出資（当初資本54.4億円）で発足した海外経済協力基金は貸付、出資、調査を3大業務とした（海外経済協力基金編1982: 16-28）。出資を行う点に輸銀との違いが認められる。

　第五に、海外進出を支援する様々な組織、団体の設立が1950年代後半に相次いだ。51年に大阪に設立された海外市場調査会（JETRO）は、53年に海外貿易振興会（JETRO）に改組され、さらに58年に特殊法人日本貿易振興会（JETRO）へと拡充強化された（通商産業省編1990b: 294-300）。54年に設立されたアジア協会は、調査・出版と技術研修生受入れ事業を行っていたが、調査・出版事業は58年設立のアジア経済研究所（60年、特殊法人に改組）に、技術研修生受入れ事業は民間ベースが59年設立の海外技術者研修協会に、政府ベースが62年設立の海外技術協力事業団に継承された（末廣昭1995:

226-232, 245）。その他に、1955年に日本輸出プラント技術協会（57年、日本プラント協会に改称）、同年海外建設協力会（77年、海外建設協会に改称）、56年に国際建設技術協会が設立されている[11]。

2. 対アジア経済外交の積極化

（1）国際的背景

1960年代初頭に日本輸出入銀行、海外経済協力基金、海外技術協力事業団という国際協力関係機構が整備され、それをふまえて60年代半ばに対アジア経済外交が積極化していった。その国際的背景として二点あげることができる。

第一に、米国によるアジア戦略補完の要請である。1961年6月、池田首相訪米時に出された日米共同声明では開発援助の重要性が指摘され、日本側が「東アジアに対する開発援助に特別の関心を表明した」との文言が記載された（細谷千博・有賀貞・石井修・佐々木卓也編1999: 521）。しかし、1964年までは米国の圧力は日本のアジア政策全般を積極化させるほどのインパクトをもつものではなかった。日本による経済協力は、賠償の実施以外では財政上および国際収支上の制約から、低調な水準にとどまっていた（高橋和宏2004: 96-101）。

1964年11月、佐藤政権が発足し、日米関係は新たな局面に入る。65年1月、佐藤・ジョンソン会談が行われ、共同声明のアジア関係事項では、中国問題、ベトナム情勢、アジア開発援助が取り上げられ、「総理大臣は、アジアに対する開発及び技術援助において占める日本の役割を増大させることについて、特に強い関心を表明した」と記載された（細谷千博・有賀貞・石井修・佐々木卓也編1999: 623-624）。この直後の65年2月、米国は北ベトナム空爆に踏み切り、4月にはジョンソン大統領が東南アジア開発のために経済支援を進めるというボルチモア演説を行った。「征服によらない平和」と題したこの演説において、ジョンソンは南ベトナムへの軍事援助の必要性に加えて東南アジア開発のための地域協力に対して米国は10億ド

---

[11]　通商産業省編1990b: 300-304、『海外経済協力便覧』1992年版: 150, 156, 159。

ルの経済援助を行うことを表明した（菅英輝1997: 77、高橋和宏2004: 110）。ジョンソン演説が直接の契機となり、日本がアジア開発銀行設立、東南アジア開発閣僚会議開催を主導していく流れがつくられていった。

国際的背景の第二として、OECD加盟による日本の国際的地位の向上、国際的責任の明確化の要請があげられる。1964年4月、日本はIMF8条国への移行、OECD正式加盟を果たし、先進国の一員として南北問題への取り組み、とりわけアジアの経済開発への寄与を求められる立場となった。OECDのDAC（開発援助委員会）は開発援助水準の引き上げを推進する機構であり、日本はこれに1961年に加入していたが、64年3月から6月にかけて開催された第1回UNCTAD（国連貿易開発会議）総会が、日本への圧力を強めた。この会議では、南北間の不均衡と格差の是正を求める途上国側の強い要求に対して日本政府は適切な対応ができず、アジア・アフリカ諸国の不信と失望を招いていた（高橋和宏2004: 101-108）。

1964年には東京オリンピック開催、東海道新幹線開通など、日本の高度成長、先進国化を象徴するイベントがあり、OECDとUNCTADという二つの国際機構において、日本は先進国としての責任を果たすことが求められた。これに先行して63年末に経団連の経済協力委員会は「対外経済協力の促進にかんする要望意見」を建議し、従来の対外経済協力が民間投融資を主力としていた状況を改め、円借款等の「政府援助を国策として強力に推進する」ことを要請していた（経済団体連合会編1978: 353-354）。1965年、経常収支の黒字化、先進国責任論の台頭を背景とし、ベトナム戦争の本格化を直接の契機として、日本の対アジア政策は積極化し、それに照応してアジアへの資本輸出が拡大することになる。

（2）多国間開発機構の形成

対アジア政策の積極化は、2国間関係と多国間機構の二つの領域で生じており、ともに1965年に同時に起こってはいるが、その経緯はそれぞれ異なる。2国間関係では、台湾円借款供与、日韓条約の締結、インドネシア政変と債権国会議の主催などが重要である

が、ここでは割愛し*12、以下では二つの多国間機構の形成について検討しよう。

東南アジア開発閣僚会議　1966年4月、日本政府は東南アジア6カ国（タイ、マレーシア、シンガポール、フィリピン、南ベトナム、ラオス）の開発担当閣僚を東京に招き、東南アジア開発閣僚会議を開催した。インドネシアとカンボジアはオブザーバー参加、ビルマは不参加であったが、いずれも後に正式参加している。この会議は、戦後日本が主導権をもって開いた最初の国際会議であったため、対アジア政策積極化の画期をなすものとして、研究史上多くの関心を集めている*13。

　この会議の発端は1年前、1965年4月7日のジョンソン大統領による東南アジア開発10億ドル構想の提起であった。東南アジアの地域協力を促すこの提起では、日本の役割が強く期待されていた。日本政府は素早い反応を示し、4月21日、外務省は日米合同出資の多国間枠組みとして「アジア平和計画」を策定した（保城広至2008: 258-264）。そこには、米国10億ドル、日本5億ドル、域外国5億ドル、域内国2億ドル、計22億ドルの拠出計画が盛り込まれていた（同前: 261）。この計画が資金規模過大を理由に佐藤首相から否定されると、それに代わる閣僚会議構想が6月に外務省内に浮上した。これをもとに7月に椎名外相が方針を発表して参加国に打診を進め、9月の閣議決定を経て66年4月の開催へと漕ぎつけていく（保城広至2008: 270-293、高橋和宏2004: 117-119、外務省百年史編纂委員会編1969: 1139, 1144）。

　東南アジア開発閣僚会議は1966年第1回会議から75年第10回（開催されず）まで10年間継続した*14。参加国は日本を含めて当初は7カ国であったが、第1回直後にインドネシア、第6回からカンボジア、第8回からビルマ、オーストラリア、ニュージーランドが加わり、12カ国まで拡大している。70年代に入り、ベトナム戦争が終結し、ASEANが発展することで、会議は歴史的役割を終えたといえる。

　注目すべきは、関連する会議がいくつも開かれ、取り組む分野

---

*12　金子文夫2012: 343-348参照。

*13　研究動向については、保城広至2008: 249-252参照。

*14　10年間の概略については、金子文夫2012: 350参照。

が広がったことである。農業開発、漁業開発をはじめとして、運輸通信、経済分析、家族・人口計画、医療機構、租税行政など、多様な分野をテーマとした会議が重ねられた。その結果、1967年に東南アジア漁業開発センター（事務局バンコク）、72年に東南アジア貿易・投資・観光促進センター（事務局東京）が設立されるなど、組織形成がなされたものもある（外務省『わが外交の近況』1977年版：51-53）。この会議は日本が主導して東アジア経済圏を形成していくプロセスの一つであり、60年代後半に国家資本輸出、さらに民間資本輸出の拡大を促進する役割を果たしたと考えられる[*15]。

　　アジア開発銀行　アジア開発銀行の設立時期は東南アジア開発閣僚会議の開催と重なるとはいえ、準備期間の長さ、参加国の多様性を考慮するならばより広い文脈で捉えるべき多国間機構である[*16]。日本政府内では外務省とともに大蔵省が強く関与したことも特徴といえる。

　　その設立過程は3期に分けられる[*17]。第1期は1960年から63年までで、国連アジア極東経済委員会（ECAFE）事務局長の委嘱を受けた専門家3人委員会（インド、タイ、日本）が地域経済協力策について検討した際、地域開発銀行の可能性を議論している（大来三郎他1962: 21、大来三郎1966: 10-11）。第2期は63年から64年であり、アジア経済協力閣僚会議の開催、それに向けた専門家7人委員会の結成と報告書作成、さらに専門家会議（10人委員会）による開発金融機関の基本構想取りまとめの時期である。

　　1964年に第1回UNCTADが開催され、また59年設立の米州開発銀行に続いて64年にアフリカ開発銀行が設立されるなど開発協力への気運が高まるなかで、アジア開発銀行もようやく具体的な設立プロセスに入っていく。それが65年から66年に至る第3期であり、9カ国政府代表による諮問委員会、それに続く設立準備委員会によって設立協定が成立し、31カ国の出資（授権資本11億ドル）により開

----

*15　会議に付随してもたれる2国間会談を円借款供与の意図表明の場とする演出もなされた（日本輸出入銀行編1971: 307, 309）。

*16　アジア開発銀行設立までの経緯については、鄭敬娥2002、松下健一1981、渡辺武1973等参照。

*17　アジア開発銀行の設立経過の概略は、金子文夫2012: 352参照。

業に至った。

　アジア開銀設立にあたって日本は、構想をまとめる議論をリードし、米国と並んで第1位出資国となり、総裁を派遣するなど、主導的な役割を果たした。しかし、日本の意図がすべて実現したわけではない。銀行の「アジア的性格」を強調するECAFEのウ・ニュン事務局長やアジア諸国との間で、軋轢、妥協、外交的敗北も経験している。参加国の範囲では、先行した米州開発銀行とアフリカ開発銀行は域内国のみで成立している。これについて日本は、資金確保の観点から域外国の参加を強く主張し、それが認められた[18]。

　しかし、銀行運営への発言権を確保したいアジア諸国との間で、投票権をめぐる対立が生じ、日本の発言権強化をねらった投票権配分案は参加国の同意を得られず、妥協せざるをえなかった[19]。また、銀行の本部の東京設置は日本政府が最も強く追求した課題であったが、投票の結果は1票差でマニラに決まり、「マニラ・ショック」といわれたほど日本側の落胆は大きかった（鄭敬娥2002: 70-75、渡辺武1973: 27-29、保城広至2008: 289）。

　なお、国会では、ベトナム戦争の激化のなかで65年4月ジョンソン大統領の10億ドル援助構想が表明され、その直後にアジア開銀設立が急速に具体化したため、米国の軍事目的に利用されるのではないかと野党議員から追及されたが[20]、開業後の運営をみるとそうした融資は現れなかった。68、69年の国別融資額では、韓国が1位、台湾が2位と、日本の関与の強い地域に集中する傾向がみられた（安藤実1972: 42）。

*18　外務省経済協力局政策課「アジア開発銀行設立構想の経緯と問題点」1964年7月22日（外務省記録「アジア開発銀行関係　設立関係」第1巻、B'-6-3-0-41-1）、大蔵省国際金融局投資第一課「アジア開銀構想の進捗状況」1965年7月1日（大蔵省編1998: 473-475）。

*19　外務省国連局経済課「アジア開発銀行諮問委員会第2回会合について」1965年8月17日（外務省記録「アジア開発銀行関係　設立関係」第5巻、B'-6-3-0-41-1）。

*20　『第51回国会衆議院外務委員会会議録』第15号、1966年5月11日: 2-7、戸叶里子議員の発言等。

3. 対外投資政策の展開

(1) 経済協力政策

　1960年代初頭に、経済協力を担当する三つの機構、日本輸出入銀行、海外経済協力基金、海外技術協力事業団が出揃ったが、関係する省庁が外務省・大蔵省・通産省・経済企画庁等にまたがり、統一した経済協力政策を推進する態勢は十分ではなかった。1961年に首相の諮問機関として対外経済協力審議会が設置されたが、62年には休眠状態になった（通商産業省編1989: 180）。1964年の臨時行政調査会答申において、経済協力行政の統合、対外経済協力審議会の改組が提起され、後者は民間人主体の組織へと改革をみたが、前者はその後も課題として残った（同前: 182-185）。

　1960年代半ばまでは経済協力の拡大は国際収支と財政の両面で制約があるとみられていたが、次第にその認識は転換していく。1965年に作成された大蔵省の部内文書（未定稿）には、「わが国援助の極めて多くがタイド援助であるかぎり、援助に伴う国際収支上の外貨負担は大きくなく、国際収支が決定的な制約要因とはいい難い」と記され、援助拡大の可能性を示唆していた[21]。

　1960年代後半、日本の国際収支の黒字基調への転換が明確化し、資本自由化が日程に上るなかで、国際的な援助拡大の要請が一段と高まっていく。1964年の第1回UNCTAD総会で、先進国の援助量（民間ベースを含む途上国への資金フロー総額）を国民所得の1％とする目標が採択され、1968年の第2回総会ではGNP比1％に改訂された。また、OECD開発援助委員会（DAC）においても、ODA概念の明確化、贈与的要素の拡大、ひもつき援助の撤廃など、質的条件の向上が提起されていった。

　こうした動きを受け、1970年5月の閣議決定「新経済社会発展計画」には、経済協力の拡充・強化が盛り込まれた。対外経済協力審議会は、援助の態様・量・条件、技術協力の進め方、貿易・民間投資・援助の関係づけ等についての諮問を受け、70年から71年に

----

[21]　大蔵省国際金融局投資第一課「わが国の低開発国援助と国際収支、財政資金との関係メモ（未定稿）」1965年6月28日（大蔵省編1998: 475-477）。

かけて援助量、技術援助、ひもつき援助等の問題について中間答申・意見具申を行い、71年10月に最終答申を提出した。また、71年8月のニクソンショックへの対応策（円対策8項目）のなかにも、第6項目として経済協力の拡充が組み込まれた。これらを通じて、援助量のGNP比1％、ODAのGNP比0.7％目標を1975年に達成するとの方針が打ち出された（通商産業省編1989: 180-181, 189-209, 234-238）。1969年のODAの対GNP比は0.26％であったから、75年0.7％は実現不可能と見込まれる目標であるが、それを打ち出さざるをえない状況であったと思われる。実際、73年のオイルショックを考慮するとしても、75年の実績は0.23％という低水準であった（同1993: 368-369）。

　以上のような60年代を通じた国際協力政策の展開に対応して、実施機構である海外経済協力基金（基金）と日本輸出入銀行（輸銀）は法改正と業務拡充を実施していった。1961年に業務を開始した基金は62年の法改正で融資対象を拡大したものの、融資案件の先議権を輸銀が有したこともあり、融資事業は低調であった。1965年、日韓条約締結に伴い韓国への有償借款2億ドル供与が決定し、担当する基金の法改正がなされた。要点は資金調達手段の拡充であり、従来の一般会計出資に加えて資金運用部からの借入と債券発行が認められることになった。ただし、両者の合計額は資本金と積立金の合計額を超えてはならないという限度額の設定がなされた。その後、インドネシアの債務救済のために商品借款を供与する必要が生じ、1968年の基金法改正により商品借款業務が追加され、基金の事業の幅が広がっていく（国際協力銀行編2003b: 34-36）。この間、基金の資本金は毎年のように増加し、当初の54億円から62年169億円、67年344億円、70年918億円、73年2228億円へと拡大した（同前: 406）。

　一方、輸銀もまた融資拡大のために資金基盤の充実を図っていく。62年の法改正により資本金の増額とともに借入金限度額が自己資本の2倍から3倍へと引き上げられた。融資面では、64年の法改正により債務国に債務決済資金を別途融資するリファイナンス業務が追加された。また、この頃から政府ベース借款以外に、途上国の開発金融機関向け借款（輸銀ベース借款）を手がけるようになり、借款供与額が増加した（国際協力銀行編2003a: 52, 70-71）。1971年には、インドネシアの債務救済のために輸銀の債権繰延べを拡充する

特例法が制定された。さらに72年、総合経済対策の一環として、輸入金融の拡充、海外投資金融の拡充、アンタイドローンの新設などを内容とする輸銀法の改正がなされた（同前: 104-107）。この間、資本金は毎年増加し、1960年583億円から65年1758億円、70年4483億円、73年6393億円へと拡大した（同前: 447-448）。

　こうしたなかで基金と輸銀の業務分野が重複するため、これをいかに調整するかという問題が生じた[*22]。62年5月の基金法改正を経て、63年5月に輸銀・基金業務調整の合意がひとまず成立したが、全体としてあいまいな合意にとどまった。1965年以降、対アジア政策の積極化とともに、いわゆる「政策もの」は基金、民間ベースは輸銀というように分担を定める方向が改めて打ち出され、輸銀は輸出・対外直接投資を支援する役割を明確にしていった。基金は65年から途上国政府向けの直接借款（円借款）を担当することになり、それまで輸銀が担当していた円借款は基金に移されていった。政府開発援助は基金、その他政府資金は輸銀という方向性が一応明確になり、基金の扱う借款は民間向けの一般案件よりも政府向けの円借款が多くなった。とはいえ、輸銀はなお政府借款を手がけ、基金も一般案件を扱う状態が続いたため、1970年頃から業務調整問題が再燃し、1975年6月の分野調整合意によって政府借款（ODA）は基金、一般案件は輸銀とする基準が再確認され、長年の懸案がようやく決着することになった（海外経済協力基金編1982: 118-121、大蔵省編1992: 319-322, 519-524）。なお、技術協力を担当する海外技術協力事業団は、1974年8月に海外移住事業団を統合し、海外貿易開発協会の一部を加えて、国際協力事業団（JICA）に改組されている（国際協力事業団編1999: 50）。

(2) 直接投資促進政策

　1964年のOECD加盟以降、日本は資本自由化（対内、対外）の課題に取り組むことになった。対内直接投資の自由化については、1967年の第一次自由化から1969年の第二次自由化、1970年の第三次自由化、1971年の第四次自由化へと段階的に進行し、日本市場

---

*22　調整問題の経緯については、日本輸出入銀行編1973: 115-117、海外経済協力基金編1982: 49-52, 222-223、通商産業省編1989: 185-189参照。

への外資進出の条件が整備された（大蔵省編1992: 216-278）。これに
やや遅れる形で対外直接投資の自由化も段階的に進展した。その背
景には1960年代後半における経常収支の黒字基調への転換、米国
からの円切上げ圧力があったと思われる。

　1967年12月、OECDは日本政府に対外直接投資の自由化を勧
告した（通商産業省編1989: 245）。これに先立って、大蔵省内では直
接投資自由化に向けた対応を検討していた。1966年12月付けの大
蔵省国際金融局投資第三課の文書「海外投資政策の進め方」では、
「国民経済的メリットと国際収支への負担を比較考量しつつ、民間海
外投資に対する許可制度については許可制度そのものは当分の間存
続するが、その運用ないし審査態度はできるだけ緩和する方向で検
討することとしたい」として、投資自由化に向けた姿勢を示してい
た（大蔵省編1998: 482-484）。

　実際の許可制度の変更は1969年2月の外資審議会における対
外直接投資自由化の意見書提出をもって開始された（通商産業省編
1993: 299-303、同1989: 245-246）。1969年10月の第一次自由化では、
投融資額20万ドル以下、かつ外国法人に対する本邦資本の比率が
25%以上、常勤役員1名以上派遣の条件を満たすものが自動許可と
なった。1970年9月の第二次自由化では、限度額が100万ドル以下
に引き上げられ、本邦資本による経営参加の条件が変更された。
1971年7月の第三次自由化では、金額制限は撤廃され、経営参加の
支配条件も緩和された。1972年6月の第四次自由化では、経営参加
の条件がさらに緩和された。また第三次自由化に合わせて、証券投
資、不動産投資の自由化も実施された（大蔵省編1998: 491-493）。

　対外投資の自由化に合わせて、投資保護・促進制度も整備され
ていった（通商産業省編1993: 311-325）。第一に、税制面ではすでに
1964年に海外投資損失準備金制度が設けられ、税制上の優遇措置
が講じられていたが、1970年に石油開発投資損失準備金制度、71
年にそれを拡張した資源開発投資損失準備金制度が新設され、73
年には既存の制度と統合されて海外投資等損失準備金制度となっ
た。また国際的二重課税を排除するための外国税額控除制度の整
備、2国間租税条約の締結が進展した。

　第二に、金融面では外国為替公認銀行の充実が図られ、また
69年から71年にかけて都市銀行と証券会社の共同出資により、欧
州東京銀行の改組（興銀、長銀、不動銀、協和、神戸、埼玉銀行の参加）、

国際合同銀行（三和、勧銀、三井、第一銀行、野村証券の共同出資）、日本国際投資銀行（富士、三菱、住友、東海銀行、山一、日興、大和証券の共同出資）の設立がなされた（大蔵省編1992: 321-325）。政策金融を担当する日本輸出入銀行が海外投資金融業務を拡大させていったことはいうまでもない。なお1971年8月のニクソンショック以降、円切上げ対策として対外投資促進のための外貨貸構想が提起され、72年8月に「対居住者外貨貸付制度」が創設された。これは為替変動のリスクを回避させ、対外投資を促す狙いをもっていたが、期待したほどの効果はなかったようである（伊藤正直2009: 325-329, 336-343）。

　　第三に、保険・保証関係では、輸銀の債務保証の充実に加えて、1950年代に設けられていた海外投資元本保険、海外投資利益保険を一本化し、1970年に新たな海外投資保険制度が整備された。72年には海外鉱物資源の開発輸入に対する融資もこの保険でカバーされることになった。

　　第四に、投資情報サービスでは、アジア経済研究所の投資資料調査室、日本輸出入銀行・海外経済協力基金の海外投資相談室、日本商工会議所の中小企業海外投資斡旋事業、日本貿易振興会（ジェトロ）の投資情報提供事業など、それぞれで取り組みが強化されていった。

　　このように投資促進政策を展開する一方、対外投資企業の行動規範を定める動きが開始されている（通商産業省編1993: 325-328）。世界的に多国籍企業の影響力が大きくなっていくなかで、国連、OECDなどは多国籍企業行動指針の制定を進めていく。これに対応して日本では、1971年5月の産業構造審議会中間答申が企業の海外投資行動において留意すべき規準を示した（同前1989: 246-247）。これをもとに通産省は総合的な投資行動指針の作成を促し、1973年6月に「発展途上国に対する投資行動の指針」が、経団連、日本商工会議所、経済同友会、日経連、日本貿易会の5団体連名で発表された。その要点は、投資受入れ国との「共存共栄」を図るべく、雇用推進、権限移譲、教育・訓練、地場産業育成、再投資促進などに努めることとされた。全体として抽象的でゆるやかな指針ではあるが、日本企業の海外進出が本格化する時期に合わせて作成されている点に注目すべきであろう。

第2節 対外投資の増大

1. 国際収支構造の転換

(1) 国際収支の推移

　1960年代に日本の国際収支構造は大きく転換した。表4-1によって、まず経常収支の動向をうかがうと、貿易収支は早くも1950年代後半（1958年）に黒字基調に転換したとみることができる（1961、63年は例外的に赤字を記録した）。しかし、貿易外収支と移転収支の赤字が加算されるため、60年代前半の経常収支は赤字が継続した。64年から65年にかけて輸出が増加した半面、輸入増は若干にとどまったため貿易収支黒字は急増し、貿易外収支、移転収支の赤字を差引いた経常収支は黒字に転じた。以後、67年の小幅な赤字を除いて経常収支は黒字を継続し1970年代初頭には大幅黒字を記録することになった。

〔**表4-1**〕国際収支の推移（1946〜73年）

（単位：百万ドル）

	1946-50	1951-55	1956-60	1961-65	1966-70	1971-73
経常収支	145	105	23	-272	1,240	4,095
貿易収支	-188	-393	93	391	2,725	6,815
輸出	395	1,507	3,120	5,887	13,454	29,287
輸入	583	1,900	3,027	5,497	10,729	22,472
貿易外収支	-68	442	-21	-608	-1,310	-2,377
移転収支	401	55	-50	-55	-175	-343
長期資本収支	-16	-36	-22	64	-721	-5,106
資産（本邦資本）	-20	-73	-148	-364	-1,243	-5,240
負債（外国資本）	4	37	126	428	522	133
外貨準備高	‥	827	1,094	1,862	2,973	15,282

出所：大蔵省編1978: 126、同1999b: 523-524, 543。
注1) 各3〜5年平均値。
　2) 外貨準備高は年末残高。

　経常収支黒字を実現した基本的要因は輸出の急速な拡大であった。輸出品構成において、1963年に重化学工業品比率が50%を突

破し、65年には62%に達したことが大きな意味をもった（通商産業省監1967: 38-39）。最大の貿易相手国である米国に対して戦後初めて輸出超過になったのも65年のことであった（同前: 385）。

次に長期資本収支の推移をみると、1950年代後半は資産、負債とも小規模であり、1960年代前半は流入が流出を上回る基調であった。1965年に流出超過に転じ、以後は変動を含みながら流出額が増加していく。本邦資本の資本輸出が64年から65年にかけて4.5億ドル前後で同一水準であった半面、外国資本の資本輸入が激減したため、流出超過が生じることになった。その後は、資本輸出が年々増大する一方、資本輸入は増減を繰り返し、流出超過幅は60年代末に一時的に縮小したものの、70年代には一段と拡大していった。

外貨準備については、1960年代半ばまでは「20億ドルの天井」といわれ[23]、景気拡大にブレーキをかける作用を果たしていたが、1968年を画期に20億ドルを上回る規模に拡大していった。

（2）長期資本輸出の増加

表4-2によれば、1960年代前半の長期資本輸出は、船舶・プラント輸出にかかわる延払信用（輸出信用）が主な形態であり、直接投資、借款は年平均1億ドルにも満たない低水準にとどまっていた。

〔**表4-2**〕対外投資の推移（1961〜73年）
（単位：百万ドル）

	1961-65	1966-70	1971-73
直接投資	85	202	996
延払信用	210	586	745
借款	53	314	1,772
証券投資	0	14	1,057
その他	15	127	670
国際機関出資	8	55	114
合計	363	1,243	5,240

出所：大蔵省編1999b: 547。
注：各3〜5年平均値。

*23　外貨準備をめぐる議論については、伊藤正直2009: 190-191参照。

〔**表4-3**〕長期資産残高の推移（1960〜73年）

（単位：百万ドル）

	1960	1965	1970	1973
直接投資	222	688	1,647	4,546
延払信用	272	1,291	4,270	6,461
借款	24	287	1,859	7,843
証券投資	──	──	69	3,898
国際機関出資	77	117	371	‥
その他	130	125	529	1,985
合計	725	2,508	8,745	24,733

出所：大蔵省編1992: 7, 185、1999b: 550-551。
注：1973年のその他は国際機関出資を含むと推計される。

証券投資は皆無に近く、国際機関出資もきわめて少額であった。

　60年代後半に入ると、延払信用が引き続き増加する一方、借款、直接投資、その他もそれぞれ増大したため、延払信用のウエイトは相対的に低下した。総じて、この時期に長期資本輸出は拡大しつつ多角化していった。70年代に入るとその傾向はさらに進展し、証券投資も新たに加わり、合計額は73年には80億ドルを超えるに至った。

　このような長期資本輸出の増大の結果として長期資産残高が積み上がっていく。表4-3によれば、合計額は1960年から65年にかけて3倍、さらに70年にかけて3倍以上に増加し、73年には250億ドル近くに達した。内訳をみると、延払信用が70年までは最大であったが、73年には借款が上回り、直接投資、証券投資もそれぞれ

〔**表4-4**〕投資収益の推移（1952〜73年）

（単位：百万ドル）

	1952-55	1956-60	1961-65	1966-70	1971-73
直接投資	0.3	4.8	12.8	42.8	169.0
延払利子	‥	‥	31.8	119.6	271.3
借款利子	‥	‥	5.4	36.0	143.3
合計	10.0	43.2	132.2	410.8	1,752.3

出所：大蔵省編1999b: 540-542, 545。
注1) 各3〜5年平均値。
　2) 合計には為銀利子が含まれると推測されるが詳細は不明。

急増を記録していた。1973年残高の比率をとれば、借款31.7%、延払信用26.1%、直接投資18.4%、証券投資15.8%という構成であった。

　これらの長期資本輸出の果実として、投資収益も徐々に増大した。表4-4によれば、1950年代後半はほとんど収益を得ていなかったが、60年代に入ると延払利子が増加に向かい、直接投資収益、借款利子もこれに続いた[24]。73年の長期資産残高と投資収益を対比してみると、直接投資は4.9%、延払信用は4.6%、借款は2.5%という収益率が算出される。借款は政府ベースが多く低利であったため、収益率が低く現れていたと考えられる。

　長期資本輸出の向かう先は先進国と開発途上国の双方であるが、全体的にみて途上国がかなり大きな割合を占めていたのではないかと思われる。そのことは表4-5の途上国に対する資本輸出の動向を、表4-2と対比してみても見当がつく。二つの表は集計基準に異なるところがあり、表4-5では無償資金など移転収支にかかわる項目が含まれているとはいえ、総計を比較するとほぼ対応した動きを示していることがうかがわれる[25]。

....

[24]　投資収益の細目データは乏しい。通商産業省編『経済協力の現状と問題点』1961年版: 360-361に、1956〜60年度における業種別の給料・ロイヤリティ・配当額が掲載されており、5年間合計で給料269万ドル（主に建設業、水産業）、ロイヤリティ670万ドル（主に鉱業、水産業）、配当50万ドル（主に水産業、繊維工業）と集計されている。

[25]　表4-5は開発途上国に対する資金の流れを集計するOECD基準の様式で作成されており、政府開発援助（ODA）、その他政府資金（OOF）、民間資金（PF）の3分法を用いている。その他政府資金は、原資は政府ベースであってもグラントエレメント25%未満の商業ベースに近い資金を計上している。また表示は省略したが、その他政府資金計には国際機関に対する融資等、民間資金計には国際機関に対する融資等、非営利団体による贈与が含まれる。ここで注意すべきは、この3分法は1966年以降に適用され、1965年以前は政府ベースと民間ベースの2分法になっていることである。1969年にOECDは政府ベース資金をODAとOOFに分ける様式を採用しており、これを1966年まで遡及して表4-5は作成されている。それゆえ、この表では1961〜65年のその他政府資金は民間資金の中に組み入れて処理している（大蔵省編1999b: 571, 注1）。

〔**表4-5**〕開発途上国に対する資本輸出（1961〜73年）
（単位：百万ドル）

	1961-65	1966-70	1971-73
政府開発援助計	138	384	711
無償資金	69	106	132
賠償	63	49	41
技術協力	5	15	40
直接借款	53	198	386
国際機関	11	66	153
その他政府資金計	——	376	895
輸出信用	——	275	264
直接投資金融	——	59	324
民間資金計	253	372	1,964
輸出信用	179	243	375
直接投資	74	124	1,424
総計	391	1,132	3,570

出所：大蔵省編1999b: 571、『経済協力の現状と問題点』各年版。
注1) 各3〜5年平均値。
　　2) その他政府資金計には国際機関に対する融資等、民間資金
　　　計には国際機関に対する融資等、非営利団体による贈与を
　　　含む。
　　3) 1961〜65年のその他政府資金（輸出信用・直接投資金融）は
　　　民間資金に合算してある。

　表4-5から、国家資本と民間資本の地位の変化を検討してみよう。政府開発援助（ODA）は純然たる国家資本、民間資金は民間資本そのものであるが、その他政府資金（OOF）は、資金源は政府ベースでありながら、資本輸出の主体あるいは条件が民間ベースという意味で、両者の中間に位置する。1965年以前のOOFを民間資金に組み入れて集計している点にも、この資金の民間資本的性格が表現されている。1966年以降における3カテゴリーの資金量の順位をみると、60年代後半はほとんど差がないとはいえODA、OOF、民間資金の順であったのが、70年代初頭には民間資金が急伸し、OOF、ODAに大きく差をつけた。70年代には長期資本輸出の主力が国家資本から民間資本に転換していったとみることができる。これは開発途上国（主にアジア）向けの流れであって、先進国向けでは当初から民間資本の主導性が強かったことはいうまでもない。

2. 政府開発援助（ODA）の推進

　表4-5によれば、政府開発援助の代表的形態は、1960年代前半では無償資金（主に賠償）であったが、1960年代後半以降は直接借款（政府借款、主に円借款）が中心になったことがわかる。直接借款は1958年から日本輸出入銀行（以下、輸銀）が担当し、1966年からは海外経済協力基金（以下、基金）がこれに加わり、やがてODAは基金、その他政府資金は輸銀と業務分担がなされていくが、実際には両機関ともウエイトの差を設けながら2カテゴリーの資金供給を担っていった。

〔**表4-6**〕日本輸出入銀行の融資動向（1950～73年度）

（単位：億円、件）

	1950-55	1956-60	1961-65	1966-70	1971-73
輸出金融	222 (76)	564 (139)	1,328 (397)	2,765 (694)	3,236 (382)
船舶	148 (25)	369 (47)	839 (85)	1,645 (193)	1,862 (148)
プラント	75 (51)	195 (92)	480 (311)	1,112 (500)	1,374 (234)
輸入金融	0 (0)	6 (2)	13 (3)	120 (10)	1,073 (21)
海外投資金融	2 (2)	52 (10)	90 (44)	287 (71)	1,207 (293)
一般	2 (1)	14 (7)	40 (32)	68 (58)	392 (228)
アジア	0 (0)	2 (2)	13 (18)	45 (42)	165 (118)
中南米	2 (1)	12 (5)	23 (8)	11 (8)	122 (58)
資源	0 (1)	38 (3)	50 (12)	220 (12)	816 (65)
政府借款	——	39 (20)	303 (13)	403 (15)	558 (19)
一般借款	——	——	——	45 (4)	396 (10)
合計	225 (78)	661 (171)	1,733 (458)	3,620 (794)	6,472 (726)

出所：国際協力銀行編2003a: 344-346, 396-397。

注1) 承諾額・件数の各期間平均。

　2)（　）内は件数。

　3) 輸出金融は技術提供を含む。

　表4-6は輸銀、表4-7は基金の資金供給動向を業務種類別・年次別に集計したものである。輸銀の政府借款がおおむねODAに相当し、それ以外はその他政府資金に該当する。基金は円借款がODAにあたり、その他の海外投融資はその他政府資金に相当すると考えられる。輸銀の政府借款は1966～70年度は合計77件、2013億円に上り、基金の円借款81件、1518億円より金額は多かったが、1971～73年度では輸銀57件、1675億円、基金145件、3606億円となり、基金の優位が確立した。

〔表4-7〕海外経済協力基金の投融資動向（1961〜73年度）

（単位：億円、件）

		1961-65	1966-70	1971-73
円借款計		——	1,518 (81)	3,606 (145)
地域別	アジア	——	1,518 (81)	3,292 (136)
	中南米	——	——	93 (2)
	アフリカ	——	——	104 (4)
部門別	電力・ガス	——	398 (37)	513 (23)
	運輸・通信	——	249 (23)	647 (37)
	鉱工業	——	190 (10)	1,106 (57)
	商品借款	——	630 (3)	1,171 (11)
海外投融資計		206 (40)	431 (129)	544 (159)
地域別	アジア	101 (19)	182 (77)	311 (98)
	中南米	79 (11)	156 (30)	88 (25)
	アフリカ	18 (6)	80 (16)	74 (22)
部門別	運輸・通信	16 (4)	70 (11)	75 (7)
	農林水産	78 (14)	91 (55)	175 (52)
	鉱工業	80 (18)	221 (54)	258 (94)
合計		206 (40)	1,949 (210)	4,150 (304)

出所：国際協力銀行編2003b: 370-371, 381-382, 387-389, 398-399。

注1) 承諾額・件数の5年または3年累計。

2) (　) 内は件数。

3) 地域・部門とも主要項目のみ掲出。

　次に、1958年度から73年度までの直接借款の動向をみると[26]、国別ではインドネシアが最多、条件は期間20年（7年据置）、金利3.0〜3.5％が標準、実施機関は基金を基本として一部に輸銀・市銀参加、使途はプロジェクトと商品などの特徴を指摘できる。インドネシアについては、債務危機のために救済が必要となり、それまで基金はプロジェクト借款のみを扱っていたのに対して、1968年5月に基金法の改正を行い、商品借款も扱えるようにした経緯がある（海外経済協力基金編1982: 74-75）。日本にとってインドネシアがいかに重要かを示す措置であった。

---

[26]　借款一覧は海外経済協力基金編1982: 608-615に掲載されている。

ここで日本のODAの特徴についてまとめておくと[27]、第一に借款の割合が大きいことである。1970〜72年度を平均すると、DAC加盟国平均が2国間贈与（技術協力を含む）49％、2国間借款33％、国際機関拠出18％であったのに対して、日本は2国間贈与26％、2国間借款55％、国際機関拠出19％であり（『経済協力の現状と問題点』1972年版：96-99）、贈与が少なく借款が多いという特徴を示していた。贈与比率が低いという日本の特徴はこの後も変わらないが、これは財源にかぎりがあるなかでODA規模を拡大させるために、元利金償還が見込める借款を増やす方法を選択したからであると思われる。

　第二の特徴は、2国間供与の対象地域がアジアに集中したことである。途上国に対する資本輸出の地理的配分について1972年度をみると、直接投資はアジア46％、中南米30％、輸出信用はアジア56％、中南米37％、ODA（贈与・借款）はアジア98％、中南米0％であって（『経済協力の現状と問題点』1972年版：105-108）、民間資本の判断でなく政府の方針で決定されるODAではアジア優先が歴然としていた。これは賠償を継承したという歴史的事情とともに、アジアへの政治的経済的影響力を強めたいとする政策判断によるものと考えられる。

　第三の特徴は、2国間供与の対象分野の重点が経済インフラ、

〔表4-8〕アジア6カ国への経済協力累計（1973年現在）

（単位：百万ドル）

	韓国	インドネシア	フィリピン	タイ	ビルマ	インド
無償資金	252	253	404	28	214	7
技術協力	8	22	12	24	5	11
政府借款	505	644	159	55	64	501
ODA計	764	918	574	107	282	520
直接投資	436	765	101	137	0	14
輸出信用	462	136	323	77	45	83
総額	1,663	1,820	998	322	327	617

出所：菊池清明編1978: 528, 534, 546, 552, 559, 565。
注1) 支出純額ベース。
　2) 1960〜73年累計。

[27]　金子文夫2006参照。

工業基盤整備に置かれたことである。1971，72年度平均でみると、2国間ODA（約束額ベース）の形態別配分は、プロジェクト援助43%、ノン・プロジェクト援助42%（うち食糧援助13%）、技術協力5%、債務救済10%などとなっていた。このうちプロジェクト援助の内訳は、農林水産部門7%、運輸通信部門26%、エネルギー資源開発部門16%、工業部門43%、社会インフラ6%などであって（『経済協力の現状と問題点』1972年版：105-109）、経済インフラ、工業基盤整備に重点的に供与されていた。

　第四の特徴として、供与にあたって日本商品の調達を義務づけるタイド（ひも付き）条件がつけられたことである。これはその後徐々に変化していくが、60年代から70年代前半はほぼすべてタイドが条件であった[28]。

　以上の特徴を総合すると、日本のODAはアジアとの経済関係を強化し、貿易や直接投資などを通じた民間資本のアジア進出を支える役割を果たしていたことが明らかであろう。日本の経済進出の対象となったアジア6カ国の動向をみると（表4-8）、ODAの多いインドネシア、韓国、フィリピン、インドのうち、インドネシアと韓国は直接投資も多く、また韓国とフィリピンは輸出信用も多くなっていた。

3．直接投資の進展

　表4-9は、1951年度から73年度までの対外直接投資の動向について、地域・国別、業種別に3期に区分して集計したものである（許可ベース）[29]。1951〜65年度は直接投資の萌芽期であり、地域別の累計金額は中南米、北米、アジアの順、アジアのなかではインドネシア、タイ、業種別の累計金額では製造業（繊維、鉄・非鉄）、鉱業が多くなっていた。この時期の対外投資の特徴としては、商社の米国現地法人・支店設立、アジア（インド、フィリピン、マレーシア）の鉱業資

---

*28　海外経済協力基金編1982：608-625掲載の直接借款一覧表をみると、1960年代はすべてタイド、70年代前半に一般アンタイド、LDCアンタイドが一部に現れ、70年代後半にアンタイドが主流になっていった。

*29　この時期の直接投資の概況については、日本輸出入銀行『海外投資研究所報』1976年7月「戦後日本の海外投資の発展過程」参照。

源開発投資、中南米への製造業投資[30]、いわゆる四大プロジェクトの推進などが指摘されている[31]。

四大プロジェクトとは、北米のアラスカ・パルプ（1953年アラスカ・パルプ社設立）、ブラジルのウジミナス製鉄（1957年日本ウジミナス社設立）、中東のアラビア石油（1958年アラビア石油社設立）、インドネシアの北スマトラ石油（1960年北スマトラ石油開発社設立）の4件であり、投資規模の大きさ、政府間交渉と閣議了解の存在、日本側業界各社の共同出資などの点で、ナショナル・プロジェクトというべき投資事業であった。これらのうち北スマトラ石油には61年、ウジミナス製鉄には67年に海外経済協力基金が出資を行い、北スマトラ石油を除く3件には輸銀が海外投資金融を集中的に投入した。1957〜61年度の輸銀の投資金融の84%がこの3件に注入された[32]。

国策事業ともいえる四大プロジェクトを別格とすれば、この時期の対外投資は全般的に低水準であった[33]。その要因としては、資本の側の国内投資優先志向、国際収支の制約による対外投資抑制政策、途上国側の外資受入れ基盤の未整備、アジア諸国の対日警戒感などがあげられる。

1965年を画期とする日本の対アジア政策積極化とともに、対外投資は増加基調に入っていく。1966〜70年度の地域別の累計金額では、北米、欧州、アジアの順になった。前の時期に比べて欧州の

----

*30　中南米への繊維資本の進出については、田中高1997参照。

*31　『海外投資研究所報』1976年7月号: 3-4.

*32　日本輸出入銀行編1971: 238-255、国際協力銀行編2003a: 71-80、海外経済協力基金編1982: 427-430。

*33　この時期の対外投資事業の収益動向をうかがう資料は乏しい。日銀調査による1961〜63年度における大口投資20社の出資額・利益・売上高のデータをみると、出資額上位は石川島播磨（ブラジル）880万ドル、トヨタ自動車（ブラジル）840万ドル、東洋紡（ブラジル）512万ドル、純益3年平均上位は呉羽紡・伊藤忠（エルサルバドル）29万ドル、東洋紡（ブラジル）6.4万ドル、小野田セメント・三井物産（シンガポール）5.6万ドル、売上高3年平均上位は日本冷蔵（米国）1098万ドル、呉羽紡・伊藤忠（エルサルバドル）371万ドル、石川島播磨（ブラジル）305万ドルなどであった（大蔵省編1999a: 589）。3年間の純益が確認できる13社のうち、毎年黒字を計上できたのは6社にとどまり、概して収益性は低かったと考えられる。

〔表4-9〕対外直接投資の地域・国別、業種別推移（1951〜73年度）

（単位：百万ドル、件）

	1951-65		1966-70		1971-73	
	金額	件数	金額	件数	金額	件数
アジア	188	523	563	1,019	1,637	2,151
韓国	──	──	33	108	385	607
台湾	10	66	77	353	56	178
香港	11	113	18	147	193	318
シンガポール	17	50	16	54	138	131
マレーシア	18	52	31	65	151	179
タイ	39	115	52	121	73	172
インドネシア	51	11	192	67	572	252
フィリピン	24	17	49	55	58	114
北米	241	383	672	529	1,549	2,065
中南米	281	370	285	215	1,244	549
欧州	26	171	614	228	1,356	581
世界合計	949	1,554	2,628	2,178	6,690	5,775
製造業	337	402	603	895	2,317	1,840
繊維	63	87	127	156	554	302
化学	10	61	49	106	477	154
鉄・非鉄	60	35	77	60	348	174
電機	11	55	63	151	255	331
鉱業	308	78	825	113	1,652	124
商業	94	443	288	636	815	1,462
金融・保険	70	49	250	56	535	208

出所：『大蔵省国際金融局年報』1977年版：396-401。

注：各年度許可額・件数の集計数値。

増加が目立つが、実質的には中東石油開発投資と思われる[34]。アジアのなかではインドネシアが多く、また業種別では鉱業、製造業（繊維）が多かった。

　この時期の対外投資の特徴をまとめると、全体として投資規模が拡大するなかで、地域ではアジア、業種では鉱業の割合が増加したことである。アジアへの鉱業投資では、ブルネイのLNG、インド

[34]　『財政金融統計月報』258号、1973年9月：6。

ネシアの石油など、エネルギー資源関連の投資が目立っていた。

　こうした動向の要因として、3点指摘しておこう。第一に、日本の国際収支構造が転換し、直接投資の自由化が進んだことである。1968年には商社の現地法人の増資制限が緩和され、69年から投資額の自動認可限度の引き上げが開始されたことが大きな意味をもった。第二に、重化学工業の拡大のなかで資源確保の要請が強まった点が考えられる。第三に、東南アジアの輸入代替工業化、外資受入環境の整備が進んだことである。繊維、電機などは輸出から現地生産への移行を進めていったと考えられる。

　1970年代に入ると、対外直接投資は急激な増加を遂げた。金額ベースではアジア、北米、欧州、中南米の順となり、アジアが初めて先頭に立った。アジアのなかではインドネシア、韓国が上位につけた。業種別では、製造業（繊維、化学）、鉱業が多くを占めた。

　投資急増の背景として、日本国内の賃金高騰、公害問題の発生による事業所立地難といった事情が加わってくるが、直接的には1971年のニクソンショック、円切上げの影響がきわめて大きかった[*35]。71年から73年にかけて、国際収支ベースで5.3倍、許可ベースで4.1倍という異様な増え方は、ニクソンショックを契機とする対外投資ブームの現れであった。この時期、外貨準備は71年7月末の79億ドルが8月末には125億ドルに急増したが（大蔵省編1999b: 523-524）、これは政府が円高回避のため円売りドル買いに固執したためであろう。外貨準備は73年2月末には191億ドルまで積み上がった。

　円切上げ圧力に対処すべく、71年度税制改正による海外投資等損失準備金制度の拡充、72年1月の海外投資保険制度の拡充、6月の第4次海外投資自由化（全面自由化）、8月の対居住者外貨貸付制度の創設、11月の輸銀の海外投資金融貸付利率引下げと、矢継ぎ早の対外投資促進政策が打ち出され、73年の対外投資ブームをもたらしたと考えられる（『海外投資研究所報』1976年7月号: 11-12）。

　ここで、1951年度から73年度までの累計金額・件数を表4-10にまとめておこう。金額ベースではアジア・中南米の製造業、欧

<hr>

*35　ニクソンショックと円切上げの経緯については、伊藤正直2009: 第3章参照。

州・アジアの鉱業、北米の商業が主なものである。件数ベースでは
アジアの製造業、北米の商業に集中している。アジアの製造業では
金額で繊維、件数で電機・繊維が中心であった。

　製造業企業の開発途上国に対する投資戦略について、輸出から

〔**表4-10**〕対外直接投資の地域別・業種別累計（1973年度末）

（単位：百万ドル、件）

	アジア	北米	中南米	欧州	合計
製造業計	1,208 (2,148)	575　(280)	1,055　(381)	154 (112)	3,242 (3,098)
繊維	482　(372)	38　(31)	183　(82)	6　(12)	852　(541)
化学	74　(193)	20　(23)	343　(41)	37　(19)	526　(313)
鉄・非鉄	98　(189)	152　(14)	159　(42)	28　(6)	484　(266)
電機	184　(417)	60　(41)	69　(52)	7　(12)	328　(535)
鉱業	605　(101)	254　(67)	188　(50)	827　(7)	2,415　(312)
商業	72　(479)	822 (1,185)	120　(187)	141 (488)	1,191 (2,481)
金融・保険	125　(84)	250　(42)	208　(53)	235　(66)	846　(280)
合計	2,387 (3,693)	2,462 (2,977)	1,811 (1,134)	1,995 (980)	10,268 (9,507)

出所：大蔵省『財政金融統計月報』305号、1977年9月：48-55。
注1) 許可ベースの累計。
　2)（　）内は件数。
　3) 製造業計にはその他製造業、合計にはその他業種、その他地域を含む。

〔**表4-11**〕民生用電子機器企業の対外投資パターンの推移

（単位：件）

	1960年代前半	1960年代後半	1970-73	合計
セットメーカー計	15	39	47	101
現地市場	10	25	20	55
現地・輸出	4	3	6	13
輸出	1	11	21	33
部品メーカー計	22	49	119	190
現地市場	11	8	5	24
輸出セットメーカー	7	18	35	60
輸出	4	23	79	106

出所：関谷裕之1976: 45, 58-59。
注1) 各期間の累計件数。
　2) セットメーカーは開発途上国向け投資、部品メーカーは個別品目別の件数であ
　　り、いずれも対外投資全体をカバーするものではない。

現地生産に転換する〈現地市場型〉、低賃金労働力を狙った〈労働力指向型〉、最適生産拠点をグローバルに編成する〈多国籍戦略型〉の3類型に区分するとすれば[*36]、繊維産業では、1950年代後半における中南米への綿紡織、60年代の東南アジアへの合繊紡織などは〈現地市場型〉が主流であった。60年代後半から、中小企業のメリヤス、縫製等の〈労働力指向型〉が増える一方、東レ、帝人等の大手化合繊メーカーが〈多国籍戦略型〉への展開を進めるようになった。

　繊維とともにアジア進出の多い電機産業について、民生用電子機器企業をセットメーカーと部品メーカーに区分して投資戦略別に集計すると表4-11のようになる。ここでも〈現地市場型〉から〈労働力指向型〉へ、そして松下電器産業に代表されるセットメーカーの〈多国籍戦略型〉への展開をうかがうことができる。

第3節　アジア貿易の発展

1. 輸出入の推移

(1) 全般的動向

　高度成長期に日本の貿易は急速に規模が拡大するとともに、品目構成が変化していった。1955年に20億ドル台だった輸出入額は67年には100億ドルを超え、73年400億ドルに迫る水準に達した。輸出先はアジアと北米が多く、輸入は北米が最多地域であった[*37]。

　輸出品目の構成比をみると、1955年には繊維品37％、重化学工業品38％とほぼ拮抗していたが、63年に繊維品が23％に低落する一方、重化学工業品は54％と初めて過半を占めることになり、73年には繊維品9％、重化学工業品79％と対照的な動きを示した（大蔵省編1999b: 504-505）。

　輸入品目の構成比では、1955年は食料品25％、繊維原料24％、

[*36]　類型区分については、金子文夫1978: 56参照。

[*37]　通産省監1967: 41, 50-51、『通商白書』各年版。

鉱物性燃料12%、金属原料8%などが主であったのが、73年には鉱物性燃料22%、食料品16%、金属原料11%、機械機器9%などが上位品目になった。55年と比較すると繊維原料が6%に減少する一方、鉱物性燃料、金属原料が比率を上げ、さらに機械機器が登場するなど、全体として産業構造の重化学工業化を反映した品目構成に変化していったと考えられる（同前: 508-509）。

　主要な貿易品について、地域別構成をみよう。輸出品の首位であった繊維品は、1955年にはアジア36%、北米25%であったが、65年には北米29%、アジア27%と逆転した（通商産業省監1967: 84）。これは、アジアの輸入代替工業化が進展した一方、北米向け衣類輸出が増加したためと思われる。1972年、繊維品のウエイトが低下するなかで、輸出先はアジア33%、北米25%となった（『通商白書』1973年版各論: 付表）。重化学工業品の中軸である機械機器では、1963年はアジア32%、北米23%であったのが、1972年には北米37%、アジア17%となり、大きく差が開いた。ただし、北米が多いのは輸送機械と電気機械であって、一般機械はアジアが北米を上回っていた。なかでも繊維機械は56%がアジア向け（韓国、インドネシア、タイ、台湾、北朝鮮等）であり、その他、アジアの割合が高いのは加熱・冷却用機器46%、荷役機械、重電機器43%、鉱山機械33%、金属加工機械、農業機械28%などであった（同前: 付表）。

　輸入については原料・資源の立地条件に規定され、時期による地域割合の変動はあまり大きくなかった。1972年の品目別・地域別構成をみると、食料品は北米30%、アジア20%、繊維原料は大洋州31%、中南米21%、金属原料は大洋州32%、アジア21%、鉱物性燃料は中東57%、アジア18%となっていた（同前: 付表）。

(2) アジア貿易

　日本の対アジア貿易について、1962年から72年への変化を国別に検討しよう[38]。第一に、日本からみた貿易収支は輸出超過（アジア側の輸入超過）が多かった。特に、香港とシンガポールは中継貿易地であるため、日本が一方的に輸出して不均衡が際立っていた。日

---

[38]　通商産業省監1967: 295-318、『通商白書』1973年版各論: 350-394による。

本が入超を記録したのは、1962年のフィリピン（72年はほぼ均衡）、72年のインドネシアであり、いずれも資源輸入額が大きかったためと思われる。

　第二に、日本からアジアへの輸出では、1962年から72年にかけて上位国の交代が認められる。輸出総額では、62年は香港、タイが上位に位置していたが、72年には台湾、韓国がこれに代わっている。主要品目をみると、繊維品は一貫して香港が首位、重化学工業品は韓国、台湾が継続して上位を占めていた。日本の輸出品の中心が繊維品から重化学工業品に移行するなかで、韓国、台湾が地位を上げたことになる。1960年代は韓国、台湾は新興工業地域としての発展の基盤を築く時期に相当していた。72年の韓国への輸出品の中心は機械機器であり、一般機械（繊維機械、金属加工機械等）、次いで電気機械（重電機器、通信機器等）が主な内容であった。また台湾への輸出品の中心も機械機器であり、こちらは一般機械よりも電気機械が多く、通信機器（部品、テレビ等）が主軸であった。72年のテレビ輸出は台湾3161万ドル、韓国368万ドルと大きく差が開いていたことは興味深い。

　第三に、日本のアジアからの輸入では、総額はフィリピンとインドネシアが継続して上位を占めていた。食料品では、台湾が首位、タイがこれに続く状況が続いた。原料品では62年はフィリピン、タイ、72年はフィリピン、インドネシアが上位を占めた。72年の台湾からの食料品輸入の主要品目はバナナ、魚介類等、タイからはとうもろこし、冷凍えび等、フィリピンからの原料品輸入の主要品目は木材、銅鉱等、インドネシアからの輸入は鉱物性燃料（原油）が最重要品目であり、原料品では木材が大半を占めていた。

　以上のようなアジア諸国との貿易構造を総括するならば、重化学工業品輸出、食料品輸入、輸出超過の台湾と韓国、そして重化学工業品輸出、原料品・鉱物性燃料輸入、輸入超過のフィリピンとインドネシアという二つの類型を見出すことができる。いずれにせよ、重化学工業品輸出、原料・資源輸入という先進国－途上国関係の構図は共通していた。

　次に、表4-12によってアジア諸国の輸出入における日本の存在感、対日依存度の動向をうかがってみよう。1962年から72年にかけて、輸入における日本の地位はいずれの国（地域）でも上昇ないし横ばいを記録し、72年にはすべての国で国別順位首位となった。

〔**表4-12**〕アジア諸国の対日貿易依存度（1962, 1972年）

（単位：％）

	対日輸入シェア		対日輸出シェア	
	1962	1972	1962	1972
韓国	② 22.2	① 40.9	① 46.9	② 25.1
台湾	② 31.3	① 40.1	② 22.4	② 12.3
香港	② 8.4	① 23.0	④ 5.0	④ 6.8
タイ	① 29.3	① 36.7	① 14.2	① 21.0
シンガポール	④ 9.0	① 19.6	⑤ 4.7	③ 6.4
フィリピン	② 15.1	① 30.2	② 24.9	② 33.8
インドネシア	① 18.2	① 32.0	⑤ 6.0	① 50.7

出所：高中公男2000。

注：マル数字は国別順位を表す。

日本のシェアもすべて上昇しており、香港、シンガポールを除く5
カ国で30％以上の高率となった。これは輸入総額に占める日本の
比率であるが、工業製品輸入に限定すると日本のシェアはさらに高
まる。1970年の各国工業製品輸入における日本の割合は、台湾67
％、韓国59％、タイ43％、フィリピン41％、インドネシア37％、香
港32％、シンガポール30％であった（高中公男2000: 524-525）。統計
作成上のバイアスがあり、実態より高めに算出されていると思われ
るが、それにしても台湾と韓国の高い対日依存度を確認できよ
う[39]。

　これに比べると各国の輸出における日本の地位はそこまで高く
ない。1962年から72年にかけて順位の上昇はインドネシア、シンガ
ポール、横ばいが台湾、香港、タイ、フィリピン、下降が韓国、ま
た比率の下降が韓国、台湾、上昇がその他5カ国であり、共通した
方向性は見出しがたい。72年における日本の順位は1位がインドネ
シアとフィリピンの2カ国のみ、シェアも30％以上はこの2カ国だけ
であった。

　総じて、輸入面では対日依存度が上昇するなかで、輸出面では

---

[39]　韓国の工業用原材料輸入に占める日本の割合は特に高く、1972年では繊
　　維原料95％、鉄鋼87％、プラスチック製品79％、紙・板紙74％、ゴム製品
　　68％等であった（『経済協力の現状と問題点』1974年版: 176-177）。

各国の違いが浮き彫りにされたといえる。これをタイプ分けすると、日本から工業製品を輸入して日本以外（主に米国）へ輸出する対日入超の韓国・台湾型、日本から工業製品を輸入して日本に原料・資源を輸出する対日出超のインドネシア・フィリピン型の2類型が検出される。

2. 対外投資と貿易の連携

本項では対外投資と貿易の関連について、政府開発援助（賠償・直接借款）と直接投資に分けて検討する。

（1）政府開発援助と輸出

国際収支が赤字基調であった1960年代前半までは、資本流出を招く経済協力を正当化するために、通産省は経済協力が輸出促進効果をもつという側面を強調して説明していた。『経済協力の現状と問題点』の1961年版、62年版には、経済協力の輸出効果を総括

〔**表4-13**〕経済協力による輸出効果（1957～61年度）

(単位：百万ドル)

	1957	1958	1959	1960	1961
輸出総額 (a)	2,858	2,895	3,612	4,116	4,322
機械輸出	633	619	855	975	1,106
重機械輸出 (b)	513	449	560	589	639
途上国向け (c)	180	168	279	422	408
経済協力による輸出 (d)	84	183	163	276	350
賠償	50	62	60	64	60
直接投資（現物）	6	11	4	11	19
長期信用供与	28	110	99	201	271
d/a (%)	2.9	6.3	4.5	6.7	8.1
c/b (%)	35.1	37.4	49.8	71.6	63.8

出所：通産省『経済協力の現状と問題点』1962年版: 94。

注1) 機械輸出にはカメラ、時計等の精密機械は含まない。

2) 重機械とは、機械のうち精密機械、ミシン、扇風機、ラジオ等の民生機械部品を除き、鉄構物、船舶を含む。

3) 途上国向け重機械輸出にはリベリア向け船舶を含まない。

4) 重機械輸出は通関ベース、経済協力による輸出は付保ベース、支払ベース等であり、両者は必ずしも同一時点のデータではない。

5) 1957年度の輸出総額、機械輸出、重機械輸出は暦年。

的に示す表が掲載されている（表4-13）[40]。この表では、賠償、直接投資（現物出資）、長期信用供与の3形態による輸出を合わせて、経済協力による輸出と規定している。直接借款は長期信用供与に含めて算出されている。1957年から61年にかけて経済協力による輸出額は8400万ドルから3億5000万ドルへと増加し、輸出総額に占める比率は2.9%から8.1%へと上昇した。形態別では長期信用供与が多くを占め、賠償がこれに続き、直接投資は少額であった。

　賠償による輸出は毎年6000万ドル程度で横ばいに推移していくが、求償国に対する通常輸出が少ない1950年代末の時点では輸出総額の2〜3割の規模に達し、1959年のビルマの場合は通常輸出を上回るほどであった。賠償による輸出品目は船舶、鉄道車両、工場プラント等の重工業品が主であり、そうした輸出の意義について通産省の白書は、「これらの商品の輸出は、従来その多くが先進工業国によって占められていたが、賠償によって日本製品の優秀性が価格面についても性能面についても認められ、輸出市場開拓の基礎が形成されていることは注目すべきである」と記している（『経済協力の現状と問題点』1959年版: 40-41）。

　1960年代後半に入り、国際収支が黒字基調に転じると、経済協力の輸出促進効果を強調する解説は目立たなくなるが、賠償以外の無償資金供与、技術協力、直接借款が拡大し、それぞれが輸出増加にかかわる役割を果たしていく。賠償を引き継ぐ形での無償資金供与が日本からの輸出に直結するのは当然として、直接借款でも「タイド」（ひも付き）条件の設定が基本的方式であった。1958年に開始された直接借款は1960年代を通じて調達条件はすべてタイドであり、1971年のビルマに対する借款（海底油田探鉱機材、役務）で初めて「一般アンタイド」条件が登場する（海外経済協力基金編1982: 117, 608-613）。アンタイドの導入は70年代初頭の円切上げ対策のなかで取り上げられ、72年5月の第2次円対策7項目中の第6項目「経済協力の推進」において、「政府借款のアンタイイング化を一般的に可能ならしめる為、所要の制度改正を行なう」と規定された（大蔵省編

---

[40] 『経済協力の現状と問題点』1961年版と1962年版では同じ様式の表を掲出しているが数値がかなり異なっている。ここでは後年次の1962年版を採用した。

1992: 444-445）。とはいえ、その後も一般アンタイドはなかなか実施
されず、「LDCアンタイド」（調達先を途上国にも開放）が徐々に増えて
いくなかで、70年代末までタイド条件は存続した（海外経済協力基金
編1982: 613-625）。

（2）直接投資と輸出入

　表4-13では直接投資による輸出はきわめて少額との印象を受け
るが、それはこの時期の直接投資が小規模であったことに加えて、
現物出資に限定した数値であったためである。国際収支の制約があ
った1950年代は、直接投資において現金出資よりも現物出資が多
く、1957年度以降、現金出資が現物出資を上回っていくが、その
後も現物出資が一定の割合を占めていた。1964年度までの累計で
は、直接投資総額4億ドルのうち、現金出資77%、現物出資23%と
いう割合であった（『経済協力の現状と問題点』1964年版: 378-379）。

〔**表4-14**〕鉱物資源輸入における対外直接投資の効果（1956～64年度）
（単位：千トン、%）

		1956	1958	1960	1962	1964
鉄鉱石	輸入総量	7,869	7,503	15,389	21,825	30,290
	投資による輸入比率	21	22	21	15	8
	フィリピンからの輸入	1,509	1,204	1,075	1,339	1,242
	投資による輸入比率	77	84	92	63	57
	ゴアからの輸入	876	984	2,590	3,292	3,744
	投資による輸入比率	46	24	46	21	13
銅鉱石	輸入総量	26	49	103	146	147
	投資による輸入比率	42	66	27	30	35
	フィリピンからの輸入	15	38	32	42	50
	投資による輸入比率	76	81	78	81	70
ボーキサイト	輸入総量	390	547	1,070	970	1,492
	投資による輸入比率	0	10	21	16	27
	マレーシアからの輸入	192	269	503	464	567
	投資による輸入比率	0	21	44	33	72

出所：『経済協力の現状と問題点』1959年版:80-81, 61年版: 359-360, 64年版: 378-380。
注：銅鉱石の数量は鉱石中の含有量による。

　ここで注意すべきは、現物出資のみが日本の輸出に寄与したわ
けではないことである。『経済協力の現状と問題点』1959年版では、

直接投資の輸出効果として、「①合弁事業および技術提携の実施に付随するプラント、部品、原材料等の輸出、②原材料の輸入を引当とするプラント等の輸出、③現物出資および開発投資事業に必要な機械類の現物貸付等による輸出」という3ルートを指摘している（同前1959年版: 75）。その区分に即して1951〜59年度の輸出実績を集計すると、①の機械類は937万ドル、部品・原材料は1838万ドル、②は1026万ドル（うち鉱業997万ドル）、③は4145万ドル、合計7946万ドルに達していた（同前1960年版: 65-66）。資本輸出のなかでも延払信用は基本的にフローの性格が強いのに対して直接投資はストックの性格をもつため、輸出への効果は持続的であり、過小評価すべきでない。

　次に、直接投資が輸入に与えた効果では、鉱物資源の開発輸入の増加をあげることができる。表4-14によれば、鉄鉱石輸入における直接投資の寄与率は、1950年代は20％台であり、早くから投資が進んだフィリピンでの高い寄与率が影響していた。60年代にマレーシアからの輸入が増えるにつれて、直接投資による輸入の比率は低下した。銅鉱石はフィリピンへの依存度が高く、直接投資の効果はさらに高く現れていた。ボーキサイトの比率はやや下がるが、58年に開始されたサラワク（マレーシア）からの輸入は全量が直接投資によっていた。総じて、日本の重化学工業化に不可欠な鉱物資源の輸入において、アジアへの直接投資の効果はきわめて大きなものがあった。さらに、鉱石代金値引き、輸送コストの節約といった面からも、日本にとって有利な条件を提供していた[41]。1960年代後半以降、直接投資の自由化が進むなかで、白書からはこうした輸入への寄与に関する説明は見られなくなるが、鉱業投資と鉱物資源輸入が並行して増加していったことはいうまでもあるまい。

---

[41]　鉄鉱石価格に占める運賃の比率は、フィリピン40％、南米70％であり、距離により大きな開きが生じていた（日本鉄鋼連盟編1959: 226）。

第 5 章

経済大国期の東アジア経済圏形成——1974 〜 1990 年

第1節 対外経済政策の展開

1. ODAの拡充

1973年10月の第四次中東戦争勃発に伴うアラブ産油国の石油戦略発動は、中東石油に依存する日本経済に、輸入途絶と価格急騰というショックを与えた。輸入途絶を回避すべく、日本政府はアラブ諸国重視の外交姿勢を「明確化」し、73年12月から74年1月にかけて、三木特使、中曽根通産大臣、小坂特使を中東諸国に相次いで派遣した[*1]。その成果として日本はアラブ「友好国」に認定され、石油輸入は確保されたが、見返りに円借款2427.5億円、民間借款4612.5億円、合計7040億円の供与を約束した。このうち74年中に円借款交換公文が締結されたのは970億円であり、これは同年の円借款全体の24.3%を占めた。中東地域の割合は72年0%、73年5.4%であったから(『わが外交の近況』1975年上: 293-296)、石油確保の手段としてODAが使われたことは明らかであろう。

(1) 第1次中期目標

ODAの外交手段としての役割は、1970年代後半に一層明確化し、1970年代末から1990年代初めにかけて、4回にわたって中期目標が国際公約として打ち出されることになる(表5-1)。1974年10月、田中首相は対外経済協力審議会に対して経済協力に関する諮問を行い、75年8月、審議会は三木首相に対してODAの改善(量の拡大、質の改善)を含む答申を提出した[*2]。さらに同審議会は76年8月、三木首相に対して1980年までにODAの水準をGNP比0.24%からDAC17カ国平均の0.36%へと引き上げることを要請した(財務省編2003: 340-341)。これを受けて日本政府は1977年5月、産油国と石油消費国の対話の場として設定されたCIEC(国際経済協力会議)

[*1] 第一次石油危機を契機とする中東政策の展開については、白鳥潤一郎2015: 第3章参照。

[*2] 財務省編2003: 312-315。その後の第1次目標設定の経緯については、財務省編2004: 156-157、国際協力銀行編2003b: 47-48。

閣僚会議において、ODAの5年倍増方針を表明した。その後、78年4月の関係閣僚会議で倍増達成期間を5年から3年に短縮し、同年7月のボン・サミットで国際公約として打ち出した（同前: 61）。

〔表5-1〕ODA中期目標の達成状況

（単位：百万ドル、%）

第1次中期目標（1978〜80年）			
	1977年実績	1980年目標	1980年実績	達成率
総額	1,424	2,848	3,304	116.0
海外経済協力基金	538	1,076	1,193	110.9

第2次中期目標（1981〜85年）			
	1976-80年実績	1981-85年目標	1981-85年実績	達成率
総額	10,686	21,372	18,071	84.6
海外経済協力基金	4,539	9,078	7,422	81.8

第3次中期目標（1986〜92年）			
	1985年実績	1992年目標	1987年実績	達成率
総額	3,797	7,594	7,454	98.2
海外経済協力基金	1,520	3,040	3,213	105.7

第4次中期目標（1988〜92年）			
	1983-87年実績	1988-92年目標	1988-92年実績	達成率
総額	24,960	50,000	49,684	99.4
海外経済協力基金			22,749	

出所：国際協力銀行編2003b: 50、外務省経済協力局編『我が国の政府開発援助』1989年版上: 311-312。

　こうした動きの背景には、第一次石油危機以後の途上国の国際的発言力上昇、ODA拡充要求、先進国内部における貿易黒字国と赤字国の分岐、黒字を稼ぐ日本への国際貢献圧力の上昇といった事情が存在した。77年9月の「総合経済対策」はいわゆる「黒字減らし」を課題とし、輸入促進とともに経済協力の推進を提起していた（財務省編2004: 49-51）。

　第1期中期目標が固まりつつあった77年8月、福田首相はASEAN・ビルマを訪問し、マニラで「福田ドクトリン」3原則を発表した[3]。日本の軍事大国化を否定し、心と心の触れ合いなど、東南

*3　「福田ドクトリン」の経緯は若月秀和2015: 164-165、意義と限界は下村恭民

アジア側の日本に対する警戒心の緩和を狙った表明であり、73年のタイの反日学生運動、74年のインドネシアの反日暴動等への対応の意味が込められていたが、これに先立ってASEAN工業プロジェクトへの10億ドル円借款の約束が表明されている。

　続いて福田政権は78年4月、南北統一したベトナムに200億円の円借款を約束し、ODA供与の幅を広げた。ベトナムとASEANを結び付け、ベトナム戦争後の新しい地域秩序を形成する意図がうかがえる（波多野澄雄・佐藤晋2007: 172-180）。

　さらに次の大平首相は、対中円借款に取り組み、欧米との協調、ASEANとのバランス、軍事協力の否定という3項目からなる「対中経済協力3原則」（大平3原則）を打ち出し、79年11月に訪中して大規模な円借款供与を約束した（徐承元2004: 67-89）。大平首相はまた、私的諮問機関を多数設置し、そのなかで「環太平洋連帯構想」を打ち出し、アジア太平洋の広域的な経済連携の展望を提起していった（大庭三枝2004: 266-271）。このように、1970年代後半、ODAが量的に拡大するとともに、その理念を明確化する試みがなされていった。それは80年代に入って一段と体系化されることになる。

(2) 第2次中期目標

　1981年1月、政府はODA第2次中期目標を決定した。そこでは、1981〜85年のODA総額を1976〜80年実績106億8600万ドルの2倍にすることが目標とされた。この目標は結果的には達成されず、達成率84.6%にとどまった。その主な要因は、円安の進行によって円ベースでは増加してもドルベースでは同じペースで増額しないことであった（財務省編2004: 283-284）。とはいえ、この間に日本のODAランクは米国に次ぐ第2位に上昇した。

　ODAの増額には、人道的目的、日本の経済的国益の確保（経済安全保障）、経常収支黒字国の責任などの説明がなされているが、80年代には新たに政治的理由が付け加えられた。1979年末のソ連のアフガニスタン侵攻を契機とする「新冷戦」の勃発を反映して、『我が外交の近況』には、「紛争周辺国への援助の強化」という項目

2020: 125-127参照。

が立てられ、パキスタン、トルコ、タイへのODA増額が示され（同書1981年版: 42-43）、逆にアフガニスタン、ベトナムへのODAは停止された。1982年版『我が外交の近況』では、「平和と安定のための援助」という項目になり、該当する対象国としてASEAN諸国、中国、エジプト、ケニヤ、ジンバブエ、ジャマイカ、スーダンなどが列挙された（同書: 47-48）。

　これら政治的意図を有するODAは、西側の一員としての「戦略援助」と表現できよう[*4]。1981年に韓国の全斗煥政権は、韓国が日本の安全保障に寄与しているとの理由で、総額60億ドルの援助を要求してきた。この額はそれまでの水準の12倍に達する規模であり、韓国は第5次5カ年計画（1982〜86年）に充当するために、安保経済協力の論理を持ち出してきたのである。81年9月の日韓定期閣僚会議に先立って、関係省庁は「我が国の経済協力の基本方針」を策定し、その第1項で「安全保障がらみの経済協力は行わないこと」と歯止めをかけようとしたが（財務省編2004: 284）、その後の折衝を経て、総額40億ドル（円借款18.5億ドル、輸銀融資21.5億ドル）の7年間供与で決着をみた（財務省編2004: 288-289、山本剛士1986）。

　このようなODAの拡大の理由を明確にするために、外務省経済協力局の担当者らは、1980年11月に経済協力の理念に関する報告書を作成した（経済協力研究会1980）。それによれば、ODAは「日本の総合的な安全保障を確保するための国際秩序構築のコスト」と定義され、次の4項目の援助理念が提示された。①平和国家として援助を通じて平和的な国際秩序の構築に貢献する、②経済大国として国際社会に応分の協力を行う、③資源等の高い対外依存度を補強する、④非西欧国家でありながら近代化を達成した国として開発途上国から特別の期待を寄せられる立場にある。

　注目されるのは、従来の国益論（③経済安全保障論）に国際的責任論（①②④）が加えられ、「総合安全保障」という広義の国益論が提起されたことである。大平首相の私的諮問機関である政策研究会の報告書『総合安全保障戦略』（1980年）をはじめとして、総合安全保障論は80年代に盛んに論じられることになる。戦後日本が利益

[*4]　「戦略援助」については、ヤストモ、デニス1989の他、金子文夫1986c、稲田十一1985: 305-307、佐藤晋2011: 79-87など参照。

を享受してきた米国中心の国際政治・経済システムがもはや米国1国では維持できず、そのシステム維持の責任分担自体が日本の国益に通じるという発想であろう。中曽根政権の「戦後政治の総決算」、「国際国家」への飛躍という政治路線のもと80年代後半にはさらなるODA拡充が追求されていく。

（3）第3次、第4次中期目標

　1985年9月、日本政府はODA第3次中期目標を決定した。目標値は1986〜92年の7年間のODA総額を400億ドル以上、1992年の実績を1985年の2倍とすることと設定された（『経済協力の現状と問題点』1986年版: 225-228）。同時期に主要5カ国はドル高是正の政策協調を実施するプラザ合意を成立させており、以後円高が急速に進行し、ドルベースでの第3次目標は早期達成の情勢となった。そこで1987年5月の対外経済協力審議会答申「我が国経済協力の推進について」、および経済対策閣僚会議の「緊急経済対策」において、第3次中期目標の達成年次を2年繰り上げて1990年とすることが提起された（財務省編2003: 260, 352）。

　その後、円高の影響で90年の目標値が87年にほぼ達成される状況になったため、88年6月に第4次中期目標が新たに打ち出された。数値目標は、1983〜87年のODA実績総額250億ドルを5年で倍増し、1988〜92年の5年間で500億ドル以上とすることとされた（『経済協力の現状と問題点』1988年版総論: 119-122）。また、第3次目標で示された質の改善についても援助形態別に書き込まれた。すなわち、無償資金協力では後発開発途上国への無償化、債務救済措置の拡充、技術協力では人づくり協力、官民連携、NGOとの連携など、国際機関を通じる協力では財政基盤の強化、人的貢献、有償資金協力では円借款の質の改善、一般アンタイド化などが記述された[5]。上述の対外経済協力審議会答申では、ODAの充実について、量の拡大とともに質の向上の必要が述べられており（財務省編2003: 351-357）、第4次目標はこれをふまえて打ち出されたと考えられる。

---

[5]　通商産業政策史編纂委員会編2013: 783-794では、OECDにおける一般アンタイド化をめぐる議論の経緯を「国際レジーム」の視点から解説している。

第4次目標の1992年までの実績は497億ドル、達成率99.4％となり、第5次中期目標（1993～97年）の5年間700～750億ドルへと引き継がれた（外務省編『我が国の政府開発援助』1993年版上巻: 19-39）。

　このような継続したODA拡充政策の結果、1989年に日本のODAは米国を抜いて世界第1位となった（支払純額ベース）。巨額の経常収支黒字をもとに国際貢献を果たす「国際国家」の到達点を示すものである。これによって日本の国際社会における発言力、特に東アジアにおける主導力（地域覇権）はかつてなく高まることになった。ただし、中期目標のなかで量の拡大とともに掲げられていた質の改善については、一般アンタイド化以外はほとんど進展がみられず、贈与比率とグラント・エレメントは1990年時点でDAC19カ国中の最下位にとどまっていた（同前: 26）。

　一方、1980年代に開発途上国の累積債務問題が深刻化するなかで、経常収支黒字大国である日本に対して民間資金も含めた資金還流計画への取り組みが求められていった。米国は1985年10月にIMFと民間銀行が連携して構造調整融資を行う「ベーカー構想」、1987年9月に民間銀行が新規融資の参加形態を選択できる「メニュー・アプローチ」、1989年3月に債務削減を組み込んだ「ブレイディ提案」を提起し、主要国に参加を求めた（国際協力銀行編2003a: 211-214）。これに応じて日本政府は、まず1986年10月のIMF・世銀総会で、100億ドルの資金還流計画（世界銀行「日本特別基金」創設20億ドル、国際開発協会第8次増資26億ドル、アジア開発銀行「アジア開発基金」第4次財源補充13億ドル、IMF貸付36億ドル等）を発表した。続いて1987年4月の日米首脳会談で中曽根首相は、200億ドルの資金還流計画（国際開発金融機関への拠出80億ドル、海外経済協力基金融資30億ドル、日本輸出入銀行融資90億ドル）を加え、合計300億ドルの計画として、1987～90年の3年間で実施することを表明した。さらに1989年7月のアルシュ・サミットで、300億ドルに新たに350億ドルを追加し、合計650億ドルの還流を1987～92年に実施することを表明した。内訳は国際開発金融機関拠出290億ドル、海外経済協力基金融資125億ドル、輸銀・民間銀行融資235億ドルであった[6]。結果として、1987年

---

*6　国際協力銀行編2003a: 214-216、『経済協力の現状と問題点』1987年版総論: 158-163、1988年版総論: 122-128、1989年版総論: 58-59。

から1992年6月までに672億ドルの資金還流が実行され、目標は達成された（国際協力銀行編2003a: 211-214）。

このように累積債務問題に対処する資金還流計画は、ODA中期目標の一部にその他政府資金、民間資金を加えた官民連携した大型の経済協力であった。経常黒字大国として、外貨準備が1987年に世界第1位となり、純債務国に転じた米国から国際貢献への圧力がかけられるなかで、「国際国家」日本の姿を世界に誇示する意味をもつ対外政策であったといえる。

2. 直接投資促進政策

(1) ナショナルプロジェクト

第一次石油危機以後、資源ナショナリズムが高揚するなかで、資源を保有する途上国と日本側官民との間でプラント輸出を絡めて大規模な鉱工業合弁事業を推進する気運が高まった。政府間交渉に基づき、閣議了解を経て実施された大型投資事業について、政府は「大規模経済協力プロジェクト」と称したが[7]、一般には「ナショナルプロジェクト」といわれ[8]、1970年代を通じて実施の運びとなった（『経済協力の現状と問題点』1981年版: 208-212）。その概要は表5-2のようにまとめられる。

これらナショナルプロジェクトの特徴として、以下の4点を指摘することができる。第一に、資源確保を目的とした大型投資事業であって、所要資金はいずれも数千億円の規模に上った。第二に、設立時期は1970年代に集中しており（7件中、ウジミナスは1958年、サウジ石油化学は1981年）、その後は設立されていない。第三に、政府間合意に基づく合弁事業であり、双方は政府資金を投入した。日本側は、閣議了解のもとに海外経済協力基金と日本輸出入銀行が投融資を行った。合弁会社の日本側出資比率は、アサハン・アルミが75

---

*7　対外経済協力審議会「大規模経済協力プロジェクトの実施体制について」1975年12月16日（財務省編2003: 320-321）。

*8　『経済協力の現状と問題点』1979年版では、インドネシアのアサハン・アルミ・プロジェクトについて、いわゆる「ナショナルプロジェクト」と記述している（同書: 182-183）。

〔**表5-2**〕大規模経済協力ナショナル・プロジェクトの概要

国名	総所要資金	合弁会社	日本側投資会社	事業内容
プロジェクト名		設立時期	設立時期	
		出資比率	出資比率	
インドネシア	4,111億円	P.T.インドネシア・アサハン・アルミ	日本アサハン・アルミニウム	北スマトラのアサハン河に最大出力513万kwの水力発電所を建設、年産22.5万トンのアルミ精錬、製品の3分の2を日本の精錬5社が引き取る
アサハン・アルミ		1976年1月	1975年11月	
		インドネシア政府25%、日本側75%	海外経済協力基金50%、精錬5社32.5%、商社7社17.5%	
シンガポール	2,200億円	シンガポール石油化学	日本シンガポール石油化学	メルバウ島に年産30万トンのエチレンセンター建設、各種誘導品を生産
シンガポール石油化学		1977年8月	1977年7月	
		シンガポール政府50%、日本側50%	海外経済協力基金20%、住友化学等33社80%	
イラン	7,300億円	イラン日本石油化学	イラン化学開発	イラン南部のバンダルホメイニに年産30万トンのエチレンプラント等を建設、各種石油化学製品を生産
バンダルホメイニ石油化学		1973年4月	1971年1月	
		イラン石油化学50%、日本側50%	海外経済協力基金20%、三井物産等80%	
サウジアラビア	3,300億円	イースタン・ペトロケミカル	サウジ石油化学	アラビア湾岸アルジュベールに年産50万トンのエチレンプラントを建設、各種石油化学製品を生産
アルジュベール石油化学		1981年9月	1981年5月	
		サウジ基礎産業公社50%、日本側50%	海外経済協力基金45%、三菱商事等54社55%	
ブラジル	27億ドル	ウジミナス社	日本ウジミナス	ミナスジェライス州イパチンガに粗鋼年産350万トンの製鉄所を建設
ウジミナス製鉄所		1958年1月	1957年12月	
		ブラジル側88.17%、日本側11.83%	海外経済協力基金38.4%、鉄鋼各社等54社61.6%	
ブラジル	16.24億ドル	セニブラ社 1973年9月	日伯紙パルプ資源開発	セニブラ社はミナスジェライス州に年産25.5万トンのパルプ工場建設、フロニブラ社はエスピリットサント州およびバイヤ州に40万haのユーカリ造林
日伯紙パルプ資源開発		ブラジル側50.62%、日本側49.38%	1973年6月	
		フロニブラ社 1974年10月	海外経済協力基金50%、製紙各社等50%	
		ブラジル側55%日本側45%		
ブラジル	6,172億円	アルブラス社 1978年9月	日本アマゾンアルミニウム	アマゾン河口のパラ州にアルブラス社は年産32万トンのアルミ精錬 アルノルテ社は年産80万トンのアルミナ生産
アマゾンアルミニウム		ブラジル側51%、日本側49%	1977年1月	
		アルノルテ社 1978年9月	海外経済協力基金40%、精錬5社、商社等25社60%	
		ブラジル側60.8%日本側39.2%		

出所：通産省『経済協力の現状と問題点』各年度版等。

%、シンガポール、イラン、サウジアラビアの石油化学3件がいずれ
も50%、ブラジルの製鉄、紙パルプ、アルミは50%未満であった。
第四に、日本側投資会社は海外経済協力基金と業界各社の共同出資
によって構成され、基金の出資割合はアサハン・アルミ、日伯紙パ
ルプが50%、その他も20〜45%と高い比率であり、いずれも筆頭
株主の地位を占めた。

　これら7件のうち、イランの石油化学はイラン革命とイラン・イ
ラク戦争のために工事途中で中止となったが、他の事業は操業を続
け、国家資本と民間資本の連携によって資源開発の実績をあげてい
った。ただしその後、アサハン・アルミは日本側株式をインドネシア
政府に売却[*9]、シンガポール石油化学はシンガポール政府出資を民間
に売却[*10]、ブラジル紙パルプはブラジル側株式を日本側に売却[*11]、ウジ
ミナス製鉄はブラジル政府持株を民間に売却[*12]など、当初の合弁事
業の枠組みが崩れていったケースが多い。

(2) 外為法と輸銀法の改正

　1969年から72年にかけて資本自由化措置が実施され、対外直
接投資が自動許可制に移行していったが、通産省は為替政策とは別
に産業政策、貿易政策の観点から一定の投資規制が必要と考えてい
た。1974年1月に通産省国際企業課が作成した「当面の海外直接投
資対策について」によれば、「①石油化学、石油精製、鉄鋼等国内
で需給調整を行っている物資の長期的な需給計画に与える影響、②
省資源、省エネルギー化を目指す我が国の産業構造政策に与える影
響、③特定国、特定業種への投資の集中による投資受入国の経済社

---

*9　2013年、30年の合弁契約期間が終了し、日本側が撤退した（『日本経済新
　　聞』電子版、2013年12月9日他）。

*10　『経済協力の現状と問題点』1992年版：282-284、「シンガポールの石油
　　化学の歴史」（データベース「化学業界の話題」blog.knak.jp/2006/04/
　　post-39.html）。

*11　吉田和広「躍進するブラジルのパルプ業界」（日本ブラジル中央協会『ブ
　　ラジル特報』2006年5月号：https://nipo-brasil.org/archives/597/）。

*12　黒田円参「ウジミナス・プロジェクト50年のあゆみ」（『ブラジル特報』
　　2008年7月号：https://nipo-brasil.org/archives/777/）。

会に与える影響、特に経済侵略として批判される問題、④海外での事業活動（雇用登用問題、公害問題など）の投資受入国社会に与える影響」などの観点から投資チェックの必要性を感じていたようである（通商産業省編1993: 303-305）。通産省は独自の投資規制方法を構想していたが、実際には大蔵省の投資政策に関与する以上のことはできなかった。

1970年代後半、日本の経常収支黒字が増大するにつれて、米国などから金融自由化、資本取引自由化の圧力がかけられるようになったため、大蔵省は1978年から為替管理自由化政策に取り組んでいく。1979年12月に外為法（外国為替及び外国貿易管理法）の30年ぶりの画期的法改正が公布され、80年12月から施行となった。これによって資本取引および経常取引は原則自由化され、対外直接投資は従来の自動許可制から事前届出制に転換した（財務省編2004: 74-82）。

これに伴って、対外直接投資の定義も変更された。それまでの基準は日本側の出資比率25％以上、または10％以上で役員派遣、製造技術提供等の永続的な関係を有するものであったが、改正後は出資比率10％以上、または10％以下でも永続的関係（役員派遣、長期の原材料供給・製品売買、重要製造技術の提供のいずれか）を有するものに拡張された。合わせて、1件の投資額が300万円以下の案件は原則として届出不要となった（『財政金融統計月報』356号、1981年12月: 2-5）。届出不要額の上限は、その後、省令の数次にわたる改正により、1984年4月1000万円、1989年7月3000万円、1994年3月1億円へと段階的に引き上げられていった（同452号、1989年12月: 5、同524号、1995年12月: 2）。対外直接投資の規模拡大に対応した事務処理の合理化といえよう。

次に、対外直接投資促進にかかわる輸銀法改正の動向をみよう。1985年6月の輸銀法改正は、当時の行財政改革の一環として民間金融の補完、量的補完から質的補完へという要請に対応したもので、海外投資金融の整備がその一つの柱であった（国際協力銀行編2003a: 223-224）。それまでの海外投資金融は、日本側親会社の海外投資資金に対する融資と合弁相手の外国政府等の出資分に対する融資との2形態があったが[*13]、後者はあまり利用されず、ほとんどが

---

*13　合弁相手の外国政府等の出資分に対する融資は、戦前の中国における合

国内貸付であった。日本企業の国際化とともに、海外現地法人みずからが資金調達する場合、輸銀の直接融資は困難であった。法改正によって海外現地法人（および外国政府等）に直接融資するスキームが整備され、直接投資の拡充に結びついていった。

1980年代後半、直接投資の増大のなかで輸銀の投資金融への需要が高まり、輸銀はこれに対応して為替リスクを回避できる外貨貸付を拡充させていった。この結果、海外日系企業への直接貸付が急増し、1990年度には一般投資金融が全融資承諾額の45％を占めるまでに膨脹した（国際協力銀行編2003a: 248）。

3. 地域経済圏構想の形成

福田政権の「福田ドクトリン」、大平政権の「環太平洋連帯構想」、中曽根政権の「国際国家論」等の対外構想が提起されるなかで、1980年代に大蔵省は「円の国際化」、通産省は「New AID Plan」という対外経済政策構想を打ち出していった。以下、概略を検討しよう。

（1）大蔵省の「円の国際化」構想[14]

円の国際化とは国際取引（経常取引・資本取引）における円の使用・保有の増加を意味するが、時期によってその定義には多少の変化がみられる。1976年4月作成の大蔵省国際金融局の文書「円の国際化」は、次の6項目を国際化進展の指標とみていた（財務省編2003: 498）。①円建貿易の拡大、②非居住者による自由円預金の増加、③非居住者による株式・債券等の取得の増加、④外国通貨当局による円資産の保有の増加、⑤円建外債の発行、⑥中長期現地貸付の円建化。

円の国際化の意義について、1985年3月の外国為替等審議会の答申「円の国際化について」は、国内的側面として、日本企業の為替リスクの軽減、邦銀の国際競争力強化、日本の金融市場の国際化

弁事業によく用いられた手法であった。

[14] 主な先行研究としてアジアとの経済関係に注目した関志雄1995、上川孝夫・今松英悦編1997、マクロ経済外交の政策決定過程に焦点をあてた佐藤洋一郎2004をあげておく。

などのメリット、国際的側面として、日本経済の国際的地位の上昇に見合った役割分担（ドルの補完）などを指摘した（財務省編2003: 557）。1970年代までの日本は、そうした円国際化の意義よりも国内金融市場への制約、国際通貨不安の波及などのマイナス面をあげて消極的な姿勢をとっていた（財務省編2004: 99-103, 244-245）。

　大蔵省の姿勢は1983年から変化していった。その背景には、1980年外為法改正以降の金融自由化の流れ、日本経済の国際的地位の上昇、それを反映した米国からの国内金融市場開放の圧力があったと思われる（同前: 414-416）。1983年10月、経済対策閣僚会議は、内需拡大、市場開放、輸入促進等6項目の「総合経済対策」を打ち出し、その第5項に「円による国際取引の促進及び金融・資本市場等の環境整備」を掲げた（財務省編2003: 232-233）。次いで84年5月、日米円・ドル委員会報告書、大蔵省「金融の自由化及び円の国際化についての現状と展望」が発表された（同前: 273-301）。それらをふまえて85年3月、外国為替等審議会の答申「円の国際化について」が提出され、金融の自由化、ユーロ円取引の自由化、東京市場の国際化等の方策が示された（同前: 557-562）。東京市場の国際化に関しては、東京オフショア市場創設の法案が成立し、同市場は86年12月に発足した[*15]。

　それでは円の国際化はどの程度進展したのであろうか。表5-3によれば、円建輸出比率は1970年代を通じて上昇し、1985年には

〔表5-3〕円の国際化指標の推移（1970〜1990年）

（単位：%）

	1970	1975	1980	1985	1990
円建輸出比率	0.9	17.5	29.4	39.3	37.5
円建輸入比率	0.3	0.9	2.4	7.3	14.5
通貨当局保有外貨の円比率		2.7	4.4	8.0	9.1
為銀対外貸付の円建比率			14.2	20.8	24.3

出所：『大蔵省国際金融局年報』1992年版: 64, 66、財務省編2004: 434。
注：為銀対外貸付の円建比率の1990年は1989年の数値。

・・

*15　財務省編2004: 418-423、財務省編2003: 570-571、『大蔵省国際金融局年報』1987年版: 54, 104-105。オフショア市場とは外為銀行が国外から調達した資金を国外へ貸し付けるいわゆる「外－外取引」を行う市場であり、国内金融市場から遮断された一種のタックスヘイブンである。

39.3%まで高まったが、その後は横ばいである。円建輸入比率はきわめて低水準であったが徐々に上昇し、1990年には14.5%に達した。各国通貨当局保有外貨における円の比率も徐々に上がり、90年に9.1%、為銀対外貸付の円建比率は20%台へと高まった。

　貿易金融の円建比率を地域別にみると、輸出では1987年に世界平均33.4%に対して東南アジア41.1%であったところ、90年には世界平均37.5%に対して東南アジア48.9%へと上昇した。輸入では1986年に世界平均9.7%に対して東南アジア9.2%であったが、1990年には世界平均14.5%に対して東南アジア19.4%へと上昇しており、輸出入ともに東南アジアは世界平均よりも高くなっていた（佐藤清隆1997: 36）。品目別に円建輸出の比率をみると、1988年の場合、全品目34.3%に対して機械機器が37.9%と平均を上回っていた。特に東南アジアでは全品目41.2%に対して、機械機器52.6%（自動車68.6%、原動機64.3%、船舶63.6%）と高率であり、輸出競争力の強さを反映していたと考えられる（『大蔵省国際金融局年報』1989年版: 48）。

　ただし、大蔵省の文書をみるかぎり、そこには東南アジアに円経済圏を創出するといった関心は見受けられない。視線はもっぱら米国に向けられていたようである。1990年代に入り、ASEANの地域統合が進展するなかで、アジア通貨危機を契機にして東南アジアを円経済圏に引き込むという地域経済圏構想（東アジア共同体構想）が浮上してくると思われる。

(2) 通産省の「New AID Plan」構想[*16]

　通産省は1985年版の『経済協力の現状と問題点』で「新アジア工業化総合協力プラン（New AID Plan）」を打ち出し、ODA・直接投資・貿易の三位一体となったアジア工業化政策を推進していった。これはアジア諸国、特にASEANの工業化について、日本が政府ベースのODA（資金協力・技術協力）、民間ベースの直接投資、貿易を組み合わせて総合的に協力・誘導する政策体系であり、1987年1月に田村通産大臣がバンコクを訪問した際に表明された。

[*16]　通商産業政策史編纂委員会編2013: 803-809、『経済協力の現状と問題点』1985年版以降参照。

通産省は日本国内で産業政策を展開してきた経験を有するため、ODAを核とする経済協力政策のなかに産業政策（開発政策）を組み込み、アジアの工業化を日本が主導し、日本の経済的国益を増進させる構想を着想したのであろう。『経済協力の現状と問題点』1992年版は、「産業政策の移転に向けた我が国の取組み」と題する項目を設け、そのなかで「アジアの中進国・発展途上国をはじめとする幾つかの国々から我が国の産業政策に対して熱い関心が寄せられている」ことに対して、「我が国は、過去その発展段階と時々の経済情勢等に応じた様々な産業政策を実施し、その多くを成功させてきた経験とその過程で蓄積された豊富なノウハウを有している」のであるから、「これらの経験を再検証して整理」し、「その成果を各国に移転する」と述べている（同書: 144）。

New AID Planは『経済協力の現状と問題点』の1985年版以降に示されているが、具体的内容は年度によって変化がみられる。1992年版によれば計画はフェーズⅠからⅢまでの三つのレベルに分かれている（同書: 170）。フェーズⅠは国別総合マスタープランの作成であり、1986〜87年にタイ、マレーシア、インドネシア、フィリピン、1988〜90年にパキスタン、バングラデシュ、スリランカの国名があがっている。フェーズⅡは個別プログラム（業種別産業育成プログラム、工業団地開発プログラム）の策定であり、たとえばタイは金型・玩具・繊維製品・家具・陶磁器・プラスチック製品等、軽工業中心の業種が示されている。

フェーズⅢは四つの分野に分かれ、①技術協力では人造り協力、産業基盤強化、中小企業育成等、②資金協力では工業団地造成、産業インフラ整備、ツー・ステップ・ローン等、③輸出拡大では輸出振興機関整備、ミッション受入れ・派遣、製品開発協力等、④投資促進では投資推進機関整備、ミッション受入れ・派遣、投資環境調査協力等の事項が列挙された。

1990年代に入ると、New AID Planという用語は使われなくなり、アジア工業化政策の内容は、ASEANの市場統合に合わせた産業高度化政策へと継承されていった[17]。

---

[17] New AID Planは通産省独自の政策であり、日本政府として共有されたわけではなかった（荒木光弥2020: 165-168）。なお、下村恭民2020: 137-141

第2節 対外投資大国への道

1. 国際収支の推移

(1) 全般的動向

1970年代半ばから80年代末までの国際収支の動向を表5-4によって確認しよう。経常収支は1970年代を平均すると若干の黒字であった[18]。この間、輸出は持続的に拡大しており、2度の石油危機が経常収支の黒字幅を縮小させていたと考えられる。貿易外収支は赤字基調が続いており、1980年の赤字113億ドルの内訳をみると、運輸収支43億ドル、旅行収支39億ドル、民間取引（手数料、事務所経費、特許権使用料等）51億ドルなどが主な項目であった（大蔵省編1999b: 545-546）。

〔表5-4〕国際収支の推移（1974〜1990年）

（単位：億ドル）

	1974-77	1978-81	1982-85	1986-90
経常収支	23	5	280	691
貿易収支	84	121	374	849
輸出	636	1,183	1,564	2,480
輸入	552	1,061	1,189	1,630
貿易外収支	-58	-104	-80	-119
移転収支	-3	-12	-15	-39
長期資本収支	-21	-82	-367	-1,064
資産（本邦資本）	-43	-162	-496	-1,455
負債（外国資本）	22	80	129	392
外貨準備高	164	267	251	767

出所：大蔵省編1999b: 524, 543。
注1) 各4〜5年平均値。
　2) 外貨準備高は年末残高。

は東南アジア側のイニシアティブが尊重された開発協力モデルとみているが、根拠は示されていない。

[18] 1970年代の国際収支の概要は、財務省編2004: 30-35参照。

　1980年代に入ると、貿易外収支の赤字は継続していたが、それをはるかに上回る貿易収支黒字が計上され、経常収支は大幅な黒字となり、ピークの1986〜87年には800億ドルを突破[19]、貿易収支黒字は86〜88年に900億ドルを超えるに至った。国際比較をしてみると、1977〜78年、1983〜89年に日本は世界第1位の経常収支黒字国となっていた（『大蔵省国際金融局年報』各年版）。

　こうした80年代後半の大幅な黒字増大は為替が円高に動いた影響を受けている面がある。1977年まで1ドル＝308円であった基準相場は、80年242円、88年127円へと上昇を遂げていった。それゆえ、円建の輸出総額は1980年29.4兆円から90年41.5兆円へと1.4倍の増加であったのに対して、ドル建の輸出総額は1298億ドルから2869億ドルへと2.2倍の増加を記録していた（大蔵省編1999b: 498, 530-531）。円高にもかかわらず輸出に勢いがあったことが示されている。これを基盤にして外貨準備高は増加を続け、1976年まで100億ドル台であったのが、1988年には1000億ドル近くまで積み上がった。

　次に長期資本収支の動向をみると、1980年の流入超過を除けば、一貫して流出超過となっていた。超過幅は1978年に100億ドルを超え、84年に500億ドルに迫り、86〜88年には1300億ドルという高水準に達した。流出超過幅の段階的拡大は、本邦資本の流出額の段階的増大に対応しており、外国資本の流入額は1988年までは100億ドル台を超えることはなかった。これによって日本の対外純資産は1984年に743億ドルに達し、米国を抜いて世界第1位となり、89年（2932億ドル）までその座を維持した。90年には3281億ドルへとさらに増大したが、西ドイツに抜かれている（『大蔵省国際金融局年報』各年版、大蔵省編2004: 403-404）。

（2）長期資本輸出の構成変化

　本邦資本の長期資本輸出について、主要項目の動向を検討しよう（表5-5）。最大項目は1974〜76年直接投資、77年証券投資、78〜79年借款と入れ替わり、80年以降は証券投資がその地位を確保し、83年以降は全体の半ば以上を占めるほどになった。証券投資

----

[19]　1980年代の国際収支については、財務省編2004: 196-203, 395-403。

〔**表5-5**〕対外投資の推移 (1974〜1990年)

（単位：百万ドル）

	1974-77	1978-81	1982-85	1986-90
直接投資	1,853	3,137	5,142	32,073
延払信用	665	576	3,396	2,526
借款	1,107	5,509	9,669	17,072
証券投資	507	5,924	29,484	85,908
その他	183	1,053	2,326	7,959
国際機関出資	272	711	981	1,588
合計	4,315	16,198	49,617	145,538

出所：大蔵省編1999b: 547。
注：各4〜5年平均値。

に続いたのは80〜85年は借款、86年以降は直接投資であり、90年には直接投資が証券投資を上回った。この間、60年代に最大の項目であった延払信用は伸び悩み、その地位は大きく低下していった。80年代前半の借款の増加にはODA倍増政策が影響を与え、また80年代後半の直接投資の増加はプラザ合意を契機とする円高に対応した海外進出ブームを反映したものと考えられる。

　このような資本輸出フローの変動の結果として、長期資産残高の構成にも照応した変化が生じた。表5-6は民間部門と政府部門を区別して主要項目の残高推移を示している。総額は1975年から80

〔**表5-6**〕長期資産残高の推移 (1975〜1990年)

（単位：億ドル）

	1975	1980	1985	1990
民間部門	245	665	2,645	9,736
直接投資	83	196	440	2,014
輸出延払	68	98	236	471
借款	50	148	469	1,301
証券投資	41	214	1,457	5,638
その他	3	8	43	312
政府部門	78	214	368	1,225
輸出延払	3	7	11	14
借款	55	155	233	609
その他	20	52	125	601
長期資産合計	324	879	3,013	10,961

出所：大蔵省編1999b: 550-551。

年までの5年間で2.7倍、次の85年までの5年間で3.4倍、次の90年までの5年間で3.6倍、75年から90年までの15年間で実に33.9倍という激増である。そのなかで、民間部門が占める比率は1975年の76%から1990年の89%へと上昇した。

　民間部門で最大の項目は1975年直接投資、1980年以降は証券投資であった。民間部門のなかで証券投資の占める割合は1975年の17%から1990年の58%へと上昇した。その影響で直接投資の占める割合は34%から21%へと低下したが、そうとしても15年間で24倍に増加した事実に注目すべきであろう。政府部門では借款が代表的な項目であり、1975年から90年にかけて11倍に増加している。

　こうした資本輸出の果実である投資収益もこの間に大幅な増加をみた（表5-7）。直接投資収益、延払利子、借款利子はいずれも1980年代後半平均30億ドル台に達した。一方、証券利子・配当も80年代に急速に増加し、90年には350億ドルという巨額に達している。90年の長期資産残高に対する投資収益の比率をとると、直接投資2.4%、証券投資6.2%となり、証券投資の収益性が高いことがうかがわれる。

〔表5-7〕 投資収益の推移（1974～1990年）

（単位：百万ドル）

	1974-77	1978-81	1982-85	1986-90
直接投資	582	1,123	2,092	3,873
延払利子	400	793	1,483	3,186
借款利子	320	889	1,436	3,736
為銀利子	‥	‥	6,228	34,158
外債利子	‥	‥	1,439	2,934
証券利子・配当	‥	‥	1,588	20,221
合計	3,594	10,280	18,699	75,424

出所：大蔵省編1999b: 545。
注1) 各4～5年平均値。
　　2) 為銀利子、外債利子、証券利子・配当は1983～90年のデータ。

　長期資本輸出の向かう先を先進国と開発途上国に分けてみると、どのような変化が生じたであろうか。途上国への資金の流れは表5-8のようにまとめられる（国際機関への拠出、移転収支を含む）。大まかな比較になるが、表5-8と表5-5の総額を対比すると、途上国向

〔**表5-8**〕開発途上国に対する資本輸出（1974～1990年）

(単位：百万ドル)

	1974-77	1978-81	1982-85	1986-90
政府開発援助計	1,201	2,832	3,725	8,082
無償資金	104	322	532	1,284
技術協力	102	280	480	1,293
直接借款	641	1,317	1,432	3,269
国際機関	355	914	1,281	2,235
その他政府資金計	1,279	1,716	1,327	369
輸出信用	475	821	416	-1,403
直接投資金融	752	909	979	1,626
民間資金計	1,368	4,767	6,718	11,480
輸出信用	366	460	-1,370	434
直接投資	889	3,422	4,681	7,561
国際機関	100	862	2,074	1,142
総計	3,848	9,314	11,770	19,931

出所：大蔵省編1999b: 571-572。

注1) 各4～5年平均値。

　2) その他政府資金計には国際機関に対する融資等、
　　民間資金計には2国間証券投資等、非営利団体による贈与を含む。

けの割合は、1974-77年89％、1978-81年58％、1982-85年24％、
1986-90年14％と算出され、80年代に先進国向けの割合が増大した
ことがうかがわれる。先進国向け証券投資の増加がこの趨勢を規定
していたが、他の投資形態でも同様の傾向をみることができる。と
はいえ、1970年代から80年代にかけて、世界最大の経常黒字大国、
対外純資産大国として、日本が途上国向けの資本輸出を伸ばしてい
ったことは間違いない。

　ここで、途上国向け資本輸出における政府ベースと民間ベース
の割合とその変化を検討しておこう。1974-77年では、政府開発援
助31％、その他政府資金33％、民間資金36％であったが、1978-81
年ではそれぞれ30％、18％、51％、1982-85年では32％、11％、57
％、1986-90年では41％、2％、58％へと推移した。政府開発援助
は30～40％、その他政府資金の割合が低下し、民間資金がシェアを
伸ばした形となった。

　このような変化は、政府ベース資金を扱う政府系金融機関の投
融資状況に反映している。表5-9によれば、その他政府資金を担当

する輸銀の融資残高の伸びは比較的ゆるやかである。融資分野では輸出金融、輸入金融は減少し、直接借款と投資金融が増加をみた。融資承諾額の地域別構成ではアジアは低下し、北米、欧州が増加した。一方、基金の投融資残高の伸びは急激であり、大半はアジア向け円借款に投入されていた。

〔**表5-9**〕輸銀・基金の投融資状況（1975〜1990年度）

（単位：億円）

	1975	1980	1985	1990
日本輸出入銀行				
融資残高計	33,612	51,017	58,138	66,190
輸出金融	15,325	17,067	18,868	7,218
輸入金融	5,846	12,091	7,433	8,568
投資金融	5,340	7,015	12,366	18,203
直接借款	7,101	14,843	19,471	32,202
融資承諾額計	9,597	9,261	8,879	15,870
アジア	4,119	4,300	3,020	4,435
中南米	1,455	722	757	1,994
北米	374	383	2,039	5,316
欧州	1,789	1,869	1,485	3,050
海外経済協力基金				
投融資残高計	6,483	17,407	35,156	61,154
円借款	5,495	16,284	33,580	59,499
円借款承諾額計	1,651	5,599	5,535	9,654
アジア	1,010	4,777	4,329	7,096

出所：国際協力銀行編2003a: 364-372, 383-389、同2003b: 368-369, 371-377。
注：海外経済協力基金の投融資残高計には海外投融資を含む。

2. ODAの拡大

(1) ODA大国化

1970年代後半から80年代にかけて、日本のODAは規模を拡大させ、ODA大国の地位に達することになった。70年代半ばに10億ドル台であったODA総額（支払純額ベース）は、78年に20億ドル、84年に40億ドルを超え、88年には90億ドル水準まで増加した。OECD開発援助委員会（DAC）加盟国中の順位をみると、1975年に米国、フランス、西ドイツに次いで4位であったのが、83年に西ドイ

ツを抜いて3位に、84年にフランスを追い越して2位に、そして89年に米国を上回って1位に到達した[20]。第1節で述べたように、1977年に国際公約とした第1次中期目標から1988年に表明した第4次中期目標に至るODA拡充計画によって、日本のODA大国化が実現した（国際協力銀行編2003b: 47-51）。

　規模の拡大とともに、援助形態の多様化が進展した。表5-8における無償資金、技術協力、直接借款、国際機関拠出の割合を計算すると、1974～77年平均ではそれぞれ9%、8%、53%、30%であったが、86～90年平均では16%、16%、40%、28%となった。国際機関拠出が3割程度を維持する一方、半ば以上を占めていた直接借款の割合が下がり、無償資金と技術協力の比率が上昇したといえる。

　とはいえ、量の拡大を優先させたために援助条件の改善はそれほど進展しなかった。贈与比率（約束額ベース）は80年代を通じて40～50%台に低迷し、DAC平均の70～80%台に遠く及ばず、国別順位ではおおむね最下位であった。援助条件緩和指数であるグラント・エレメントも70%台にとどまり、DAC平均90%台に差をつけられ、ほぼ最下位を定位置としていた[21]。

　ただし、ひも付き援助の比率は低下し、89年のアンタイド比率は78%となり、DAC平均49%を大きく上回ることになった（『経済協力の現状と問題点』1992年版: 27）。この点について、通産省の見解を引用しておこう。

　　「我が国ODAが調達を我が国企業に限定したいわゆる「ひも付き（＝タイド）」であり、我が国自身の経済的利益追求に向けられているとの批判があるが、……これは当てはまらない。特に我が国二国間ODAの過半を占めている円借款について、我が国がこれを利用して輸出振興を図っているのではないかとの根強い批判があるが、円借款について言えばその84.4%（1990年度、交換公文ベース）が一般アンタイド、残余はLDCアンタイド（LDC企業と我が国企業が契約の入札に参加可能となる方式）であり、タイドは一切存在しない。また、我が国企業がどの程度落

---

[20]　『経済協力の現状と問題点』各年版による。

[21]　『経済協力の現状と問題点』各年版による。

札しているかを見ても、円借款全体で27％、一般アンタイド分
について20％に過ぎず（1990年度、契約確認ベース）、我が国円
借款が制度的にも結果的にも十分に開かれたものであることを
示していると言えよう。」（同前: 26）。

　ODA大国としての自負を示す書き方と評することができるが、
国際機関への拠出の拡大という点にも、日本の国際的地位の上昇が
表現されていた。1990年時点における日本の国際機関に対する出
資額（出資比率）と国別順位をみると、世界銀行では113億ドル（9.03
％）で第2位、国際開発協会（IDA）では105億ドル（Ⅰ部国中19.17％）
で第2位、国際金融公社（IFC）では7979万ドル（7.44％）で第2位、
アジア開発銀行では24億ドル（14.975％）で米国と並び第1位、同ア
ジア開発基金では38億ドル（36.97％）で第1位、米州開発銀行では
4.4億ドル（1.08％）で第11位（域外国第1位）、アフリカ開発銀行では
7.2億ドル（4.853％）で第4位、同アフリカ開発基金では8.5億ドル
（14.16％）で第1位というように、全体として米国に次ぐ高い地位を
確保していた[22]。

(2) アジアへの集中

　国際機関への拠出を除く2国間ODAについて、地域・国別配
分の推移をみると表5-10のようになる。1970年代初めまではアジア
に集中していたが、徐々に地域が分散し、90年には60％を割り、
アフリカ、中南米などへの配分が増えていった。とはいえ、日本の
ODAのアジアへの集中という特徴が解消したわけではない。主要
国の最多地域への配分割合をみると（1988年）、米国はアフリカ26
％、フランスはアフリカ54％、西ドイツはアフリカ40％であり、いず
れも日本のアジアへの集中度よりは低い割合となっていた。受取地
域側からみると、アフリカはフランスからが24％で最多、中南米は
米国からが30％で最も多かった一方、アジアは日本からが48％で
最多であり、日本・アジア関係が双方からみて高い割合を示してい
たといえる（『海外経済協力便覧』1992年版: 78-85）。

....

[22]　『大蔵省国際金融局年報』1991年版: 490-504。アジア開発銀行、アフリカ
　　開発銀行は固有の計算単位をドルと同額とみなした。

〔表5-10〕2国間ODAの地域・国別配分の推移（1970〜1990年）

（単位：%）

	1970	1975	1980	1985	1990
アジア	98.3	75.1	70.6	67.7	59.3
インドネシア	33.8	23.3	17.9	6.3	12.5
タイ	4.6	4.8	9.7	10.3	6.0
フィリピン	5.2	8.3	4.8	9.4	9.3
韓国	23.3	10.3	3.9	‥	──
中国	──	──	──	15.2	10.4
アフリカ	2.3	13.0	18.9	15.0	15.4
中南米	-4.0	5.6	6.0	8.8	8.1
中東	3.3	3.9	2.5	1.7	1.5

出所：『経済協力の現状と問題点』1981年版: 30、1992年版: 21。
注：支出純額ベース。

　日本の対アジアODA供与を国別にみると、インドネシアがおおむね最大の受取国である一方、それに続いたのは、1970年代前半までは韓国、1980年代後半は中国となった。2国間ODAの中軸である直接借款に限れば、1980年末までの供与総額（交換公文ベース）3兆8509億円のうち、アジアが83.1％を占め、国別上位はインドネシア23.4％、インド12.4％、韓国7.7％、パキスタン6.9％、タイ6.7％となっていた（『大蔵省国際金融局年報』1981年版: 214）。1990年3月末では、総額は9兆8486億円に達し、上位国はインドネシア17.7％、インド9.7％、中国8.8％、タイ8.5％、フィリピン8.2％の順となった（同前1990年版: 243）。

　このようなアジア向けODAの拡充によって、アジア諸国が受け取るODAのなかで日本の占める割合はきわめて大きなものとなった。2国間ODA受取における日本のシェアは、1986〜90年平均（ネットベース）ではインドネシア55.6％、中国57.0％、タイ67.8％、フィリピン56.7％、ミャンマー76.4％など、軒並み50％を超えていた（『海外経済協力便覧』1992年版: 252, 268, 289, 304, 314）。

　それでは2国間ODAはいかなる分野に供給されたのであろうか。1970年代後半においては、経済インフラ（公共事業）30〜40％、鉱工業・建設10〜20％、商品援助・債務救済10〜20％、農林漁業10％などが主な分野であった（約束額ベース）（海外経済協力基金編1982: 602-603）。1980年代末では経済インフラ30〜40％、生産セクター（農業、鉱工業・建設等）15〜20％、商品援助・債務救済等20〜

30％、社会インフラ（教育、保健等）15〜20％であり、経済インフラ中心の構成にそれほど大きな構成変化は生じていない（『経済協力の現状と問題点』1992年版：24、『海外経済協力便覧』1992年版：20-21）。

　円借款に限定して分野別の構成をみれば、経済インフラ中心の特徴はより鮮明になる。1987〜90年度の平均をとると、経済インフラ53％（陸運19％、電力17％、通信9％等）、生産セクター19％（農業9％、鉱工業10％）、構造調整（債務救済等）13％、社会インフラ7％などとなり（『海外経済協力便覧』1992年版：23）、経済インフラが多く、社会インフラが少ない配分となっていた。

　以上の検討をふまえると、1960年代に指摘された日本のODAの四つの特徴のうち、ひも付き援助は解消され、借款中心という構成は多様化へと変化したが、アジアへの集中、経済インフラ中心という2点はODA大国となっても基本的には変化しなかったということができる。日本のODAが日本資本のアジア進出の基盤を造成する役割を負っていた以上、この特徴に変化が生じることはありえなかったのである。

3.　直接投資の増大

（1）地域別・産業別構成の変化

　1970年代半ばから80年代末に至る対外直接投資について、地域・国別および産業別構成の変化を概観しよう（表5-11）[23]。

　1974〜80年度の投資全体の年度平均は約2000件、37.5億ドルであった。地域別ではアジアと北米がほぼ同規模で中南米がこれに続いた。アジアのなかではインドネシアが多く、香港、シンガポール、韓国などのNIESがこれを追った。インドネシアの金額が多かったのは、アサハン・アルミ、LNG開発などの大型案件が続いたためである。産業別では製造業が多く、鉱業、商業がこれに続いた。製

---

[23]　表5-5は国際収支ベース（暦年）であるが、直接投資の地域別・産業別内訳は公表されていない。表5-11は内訳を示す許可・届出ベース統計（年度）であり、国際収支ベースより計数は多くなる。たとえば国際収支ベースでは1990年は480億ドルであるが、届出ベースでは569億ドルである（『財政金融統計月報』476号、1991年12月：8）。

〔**表5-11**〕対外直接投資の地域・国別、産業別推移（1974〜1990年度）

（単位：件、百万ドル）

	1974-80		1981-85		1986-90	
	件数	金額	件数	金額	件数	金額
アジア	610	1,063	713	1,927	1,421	5,611
韓国	47	103	47	144	113	491
台湾	66	33	78	78	189	394
中国	1	4	40	52	130	507
香港	142	125	148	367	268	1,384
シンガポール	107	109	144	266	157	857
マレーシア	44	64	67	95	114	421
タイ	47	33	64	73	282	733
インドネシア	92	516	81	800	98	623
フィリピン	50	69	18	56	45	137
北米	821	1,048	903	3,433	2,197	21,844
中南米	225	623	457	1,894	441	4,969
欧州	220	354	280	1,306	701	9,653
世界合計	2,064	3,747	2,595	9,430	5,262	45,431
製造業	588	1,333	730	2,365	1,533	11,443
繊維	52	128	55	89	132	383
化学	69	300	95	271	155	1,392
鉄・非鉄	95	305	70	514	150	1,024
一般機械	75	97	100	215	190	1,192
電気機械	89	179	123	433	284	3,323
輸送機械	21	108	46	479	124	1,501
鉱業	47	665	57	937	72	957
商業	584	603	746	1,454	850	3,728
金融・保険	33	226	86	1,687	289	10,892

出所：『財政金融統計月報』〈対外民間投資特集〉各号。

注1) 5〜7年間の平均値。

2) 許可・届出ベース。

造業のなかでは鉄・非鉄、化学が主な業種であった。

1981〜85年度では全体として年度平均約2600件、94.3億ドル
へと増加している。地域別では北米のシェアが拡大し、以下アジア、
中南米、欧州の順となった。アジアのなかでは引き続きインドネシ
ア、香港、シンガポールが上位を占めたが、韓国はやや低下した。
産業別では、製造業の優位は変わらず、非製造業では金融・保険の
伸びが目立った。製造業のなかでは鉄・非鉄に続いて輸送機械、電
気機械が増加をみた。

1986～90年度になると投資件数、金額とも急増し、年度平均約5300件、454.3億ドルに達した。地域別では北米の次に欧州が伸長し、以下アジア、中南米の順となった。アジアのなかでは香港、シンガポールが上位に位置し、インドネシアは後退した。香港、シンガポールの伸びは金融・保険業の急増による。産業別にみると、金融・保険業が製造業に肩を並べる地位に上昇した。また製造業のなかでは電気機械が急増し、それに続く輸送機械、化学等に差をつけることになった。

　以上のような投資の拡大により、日本は世界の直接投資国のなかで地位を上昇させ、フローベースでは87年世界第3位、88年第2位、89年第1位へと躍進した。残高ベースでは89年に米国、イギリスに続く第3位に到達した（『ジェトロ白書・投資編』1991年版：4）。

　次に、地域と産業を組み合わせた累計値によって、1990年度末時点での投資構成の特徴を確認しよう。表5-12によれば、金額ベースでは北米が各産業とも優位にあり、総額では全体の44%を占めた。例外は鉱業（アジア）、金融・保険（欧州）ぐらいであった。アジアは製造業に集中し、件数では世界合計の53%に達していた。中

〔表5-12〕対外直接投資の地域別・産業別累計（1990年度末）

（単位：件、百万ドル）

	アジア		北米		中南米		欧州		合計	
	件数	金額	件数	金額	件数	金額	件数	金額	件数	金額
製造業計	9,764	18,659	4,923	40,322	1,064	6,281	2,004	12,540	18,531	81,613
化学	1,146	2,641	492	4,824	139	775	208	1,415	2,047	10,940
鉄・非鉄	1,009	2,804	382	4,183	99	2,074	378	599	2,029	10,308
電気機械	1,758	4,175	943	11,099	136	638	320	4,322	3,194	20,360
輸送機械	458	1,699	394	5,030	83	1,284	103	1,899	1,081	10,880
鉱業	278	7,357	372	2,089	160	1,605	56	1,559	1,290	16,539
商業	3,116	3,792	7,288	16,983	660	2,179	2,689	6,702	14,548	31,317
金融・保険	480	4,231	494	19,393	462	14,651	820	25,129	2,387	65,319
サービス業	1,339	5,703	2,581	20,741	298	1,485	641	3,264	5,521	34,667
不動産業	710	2,991	4,225	30,549	55	211	397	6,597	6,439	45,849
合計	17,836	46,733	26,712	134,613	7,037	40,713	7,007	57,228	59,254	304,749

出所：大蔵省『財政金融統計月報』476号、1991年12月：54-59。
注1）支店、不動産は除く。
　2）許可・届出ベースの累計。
　3）製造業計にはその他製造業、合計にはその他業種、その他地域を含む。

南米と欧州は金融・保険、次いで製造業が主要な産業であった。製
造業のなかでは電気機械がアジア、北米、欧州で最大業種であり、
合計では他の業種の2倍の規模に達していた。

　1970年代半ばから1980年代末に至る直接投資拡大の要因をま
とめれば、次の5点を指摘できよう。第一に、経常収支黒字の拡大
である。70年代は二度にわたり石油危機に見舞われ、一時的に経
常赤字を記録したとはいえ、経常黒字は70年代後半に100億ドルを
超え、80年代には継続して増加し800億ドル水準に至った。これを
反映して長期資本輸出は1000億ドルを超える規模に達し、多くは
証券投資に向かった一方、一部は直接投資にも回った。第二に、円
高の断続的進行である。ドル円相場は70年代後半に308円から200
円近くまで上昇し、80年代前半は230円台に戻したものの、85年
のプラザ合意を契機に120円台まで急騰を続けた。円高を活用した
非製造業投資、円高対策としての製造業投資が並行して進展するこ
とになった。第三に、米欧との貿易摩擦対策として、製造業の輸出
から現地生産への転換が進行した。これは北米と欧州における電気
機械の増加に明瞭に表れており、輸送機械もこれに続く趨勢を示し
た。第四にアジアの経済成長に連動した製造業投資の増加である。

〔表5-13〕アジアの直接投資受入れ国における日本の位置
（1970～1990年）
（単位：%）

	1970	1980	1990
韓国	② 31.9	① 51.2	① 49.3
台湾	② 14.0	——	① 35.9
中国	——	③ 4.8	② 14.4
香港	——	② 22.7	① 31.5
シンガポール	④ 6.9	④ 15.8	② 31.5
マレーシア	④ 11.4	② 20.9	② 28.5
タイ	① 41.5	① 33.4	① 35.3
インドネシア	③ 16.8	① 36.9	① 24.9
フィリピン	② 23.9	② 19.7	① 31.8

出所：日本貿易振興会編『海外市場白書　投資編』、『ジェトロ貿易投資白
　　　書』各年版。
注1) マル数字は国別順位、数字は日本のシェア。
　2) 一部の国は前後の年次の数値。
　3) 残高、または累計（90年の台湾、中国、マレーシア、フィリピンは単年）。
　4) シンガポールは製造業のみ、インドネシアは金融、石油・ガスを除く。

70年代から80年代にかけてアジアNIESは10%前後の高い経済成長率をあげており、日本のこの地域への投資増加はその原因でもあり結果でもあった。第五に、日本企業のグローバル化の進展である。金融機関の国際業務の拡大、欧州統合を視野に入れた事業展開なども含め、グローバル経営を推進する段階へと企業の総合力が高まっていったと考えられる。

　以上のような日本資本の対外投資がアジア地域でいかなる位置にあったのか、表5-13によって確認しよう。各国・地域の外国投資受入れにおける日本のシェアと順位は70年代から80年代を通じておおむね上昇傾向にあったといえる。1990年には1位6カ国、2位3カ国となり、シェアは6カ国が30%以上に達し、日本の影響力の大きさを示していた。

(2) 海外現地法人の事業動向

　直接投資によって設立された海外現地法人の実態に関して、製造業に限定していくつかの角度から検討する[24]。

　まず、海外現地法人を有する本社企業について、資本金規模別の分布をみると、1980年度は資本金100億円超11%、1〜100億円56%、1億円以下33%、1990年度はそれぞれ25%、51%、24%であり、大資本方向へのシフトが認められる[25]。

　次に、海外現地法人の動向について、表5-14をもとに3点指摘しよう。第一に、現地法人企業数はアジアが一貫して最多地域であった。また業種では電気機械が一貫して最多であった。第二に、売上高では1980年度を除けば北米が最多で、アジアがこれに続いた。業種別では電気機械が最多で、1990年度に輸送機械がこれに迫っ

---

[24]　以下の分析では、通産省が毎年実施している企業アンケートの集計を用いる。1990年度調査では海外進出企業約3500社に調査票を発送し、回収率は50%弱であったが、主要企業からの回答は得られていると思われる。

[25]　通産省『我が国企業の海外事業活動』第10・11回、第21回調査。なお、東洋経済新報社編『海外進出企業総覧』は毎回、様々な企業ランキングを掲載している。1984年版には海外投資額ランキングがあり、上位10社中に総合商社6社が入っていた（1位丸紅、2位三菱商事、4位三井物産、6位伊藤忠商事、7位住友商事、9位日商岩井）。

〔**表5-14**〕海外現地法人（製造業）の事業動向（1974〜1990年度）

		1974	1980	1985	1990
企業数 （社）	アジア	1,160	974	1,262	1,755
	北米	134	184	371	811
	欧州	77	87	246	506
	総計	1,755	1,554	2,242	3,408
	化学	187	196	318	424
	電気機械	287	296	534	884
	輸送機械	87	105	272	407
売上高 （十億円）	アジア	1,211	2,426	3,306	7,188
	北米	1,480	1,632	4,048	12,078
	欧州	149	351	1,170	4,910
	総計	4,267	6,064	9,949	26,195
	化学	157	384	613	1,819
	電気機械	504	1,850	3,704	7,957
	輸送機械	667	640	2,042	6,979
従業員数 （千人）	アジア	316	372	450	594
	北米	89	54	112	345
	欧州	10	18	58	159
	総計	553	605	801	1,242
	化学	16	27	39	72
	電気機械	111	185	253	419
	輸送機械	30	43	134	230

出所：通産省編『我が国企業の海外事業活動』第5回、1976年、第10・11回、1983
　　　年、第16回、1988年、第21回、1992年。
注：項目、年度によりアンケートへの回答数にばらつきがある。

ていた。第三に、従業員数ではアジアが1985年度までは全体の半
ば以上、1990年度でも48％を占めていた。業種別分布は、電機機
械と輸送機械への集中がみられた。
　総じて、1980年代の製造業投資はアジア、北米へ電気機械、輸
送機械を中心にして展開されたとみることができる。海外生産・売
上高ランキングをみると上位10社のうち電気機械が5社（松下電器産
業、三洋電機、シャープ、東芝、三菱電機）を占めるほどであった[26]。
　こうした事業活動によって形成される収益について、アジアと

---

*26　東洋経済新報社編『海外進出企業総覧』1984年版：13。

〔表5-15〕海外現地法人（製造業）の利益動向（1978〜1990年度）

		1978	1981	1984	1987	1990
純利益 （億円）	アジア	723	889	2,104	1,077	2,392
	北米	194	458	559	-46	-1,699
	全地域	1,059	2,455	2,523	1,379	1,812
売上高 利益率 （%）	アジア	3.5	2.3	4.7	2.7	3.3
	北米	1.5	1.7	0.9	-0.1	-1.4
	全地域	2.1	2.6	1.9	1.1	0.7
黒字企業 比率（%）	アジア	69.9	72.2	80.1	28.6	22.9
	北米	64.4	63.2	76.6	7.9	7.5
	全地域	67.0	69.5	79.4	21.8	17.4

出所：通産省編『我が国企業の海外事業活動』各年度版。
注1) 純利益は税引後純利益。
　2) 売上高利益率は売上高に対する純利益の比率。
　3) 黒字企業比率は期間損益黒字企業の比率。1987年度以降は有配企業の比率。

〔表5-16〕アジア製造業現地法人の業種別・国別経常利益（1990年度）
（単位：百万円）

	繊維	化学	一般機械	電気機械	輸送機械	製造業計	全産業
韓国	6,580	16,517	2,584	5,508	1,117	44,608	53,475
台湾	-1,152	3,503	1,641	16,294	30,584	60,418	64,272
中国	1,831	422	74	6,454	183	9,230	5,642
香港	6,449	459	3,689	4,707	396	25,853	58,597
シンガポール	633	10,913	6,321	19,086	11,134	56,689	92,200
マレーシア	6,156	785	361	16,804	18,686	48,666	58,765
タイ	11,412	4,271	4,248	1,632	28,412	60,351	90,574
インドネシア	8,160	5,880	1,091	2,570	7,433	24,986	39,048
フィリピン	-20	1,081	-24	2,438	4,831	10,055	10,637
アジア計	40,066	44,197	20,297	76,323	122,804	362,415	495,189
全地域	38,223	73,629	76,315	84,546	139,661	480,326	949,617

出所：『我が国企業の海外事業活動』第21回、1992年：118。

　北米を対比してみよう。表5-15によれば、純利益はアジアが飛び抜けて多いことが明らかである。1981年度を除けば全地域の7割以上（90年度は全地域以上）を占め、資本金、売上高の地域別構成との乖離を示している。そのため、売上高利益率は全体平均をおおむね上回り、北米の低い利益率と好対照をなしている。黒字企業の比率（87、90年度は有配企業の比率）も全体平均を超過していた。アジア投

資の高収益性はこの地域の高い経済成長率に関係すると思われる。

　そこでアジア製造業現地法人の経常利益について、業種別・国別にみておきたい。表5-16から3点ほど指摘することができる。第一に、全産業の経常利益合計に占める製造業の比率は、全地域では50.6%であったのに対して、アジアでは73.2%に達していた。国別にみても香港以外はこの傾向を示していた。第二に、アジアの製造業のなかで経常利益の多いのは輸送機械と電気機械であった。しかもこの2業種は利益の大半をアジアで稼いでいた。第三に、経常利益の絶対額が多い業種と国の組合せをあげれば、輸送機械の台湾・タイ・マレーシア、電気機械のシンガポール・マレーシア・台湾、化学の韓国・シンガポールなどが主なところであった。

　このような投資収益はいかに処分されたのであろうか。1990年度について、税引後利益の処分状況をみると[*27]、全産業では総額3529億円が役員賞与0.7%、配当金66.5%、内部留保32.8%の割合で配分された。製造業1812億円ではそれぞれ1.1%、74.7%、24.2%となり、配当金割合が高くなっていた。製造業のなかで利益の多い輸送機械は496億円を1.3%、55.6%、43.1%へと配分、電気機械は305億円を0.8%、91.0%、8.2%へと配分しており、輸送機械は内部留保を手厚くし、対照的に電気機械は配当金優先であった。この時点での内部留保残高は、全産業2兆8198億円、製造業1兆5646億円、輸送機械2417億円、電気機械4557億円であり、早くから進出していた電気機械の内部留保残高が積み上がっていた。

　地域別にみると、1990年度の北米は赤字決算であり、内部留保を取り崩して配当金に回していた。アジアは内部留保比率が高く、全産業で66.5%、製造業では70.0%に達していた。内部留保残高は、北米が全産業8520億円、製造業4559億円、アジアが全産業9165億円、製造業6568億円であり、アジアが北米を上回っていた。

*27　『我が国企業の海外事業活動』第21回、1992年：125。

第3節　貿易大国化とアジア

1. 輸出入の推移

（1）全般的動向

　1975年から90年にかけて、日本の輸出総額は5.1倍、輸入総額は4.1倍に増加、伸び率は輸出が輸入を上回っていた[*28]。地域別の動向をみると、輸出では1975年を除けば北米が最大の地域であった。比率を算出すると、1975年はアジア27.0％、北米26.4％、欧州18.6％であったのが、1990年にはそれぞれ比率を上げて31.1％、36.3％、23.4％へと推移した。一方輸入では、1975年を除けばアジアが最大の地域であった。1975年の比率はアジア21.1％、北米25.8％、欧州10.0％であり、1990年にはそれぞれ28.8％、27.1％、19.9％へと上昇した。輸出入の収支をみると、いずれの地域もおおむね出超であり、中東貿易の入超をカバーしていた。

　次に、主要品目の地域別構成をみよう。1990年の日本の輸出品目を大別すると、重化学工業品87.3％、軽工業品9.7％、その他3.0％であり、重化学工業品の内訳は化学品5.5％、金属品6.8％、機械機器75.0％（一般機械22.1％、電気機械23.0％、輸送機械25.0％、精密機械4.8％）となっていた[*29]。重化学工業品の輸出先はアジア29.6％、北米34.9％、欧州22.1％、そのなかの機械機器ではアジア25.6％、北米37.3％、欧州23.6％であって、北米がアジアを上回っていた。これは輸送機械のシェアがアジア11.9％、北米45.5％と開きがあったことに規定されていた。これに対して、電気機械、化学品、金属品、軽工業品などではアジアが北米よりもシェアが大きかった。

　一方、1990年の日本の輸入品目構成は、食料品13.4％、原料品12.1％、鉱物性燃料24.2％、加工製品47.6％（機械機器17.4％、化学品6.8％、繊維製品5.5％、その他17.9％）であった。これを1977年の鉱

---

*28　大蔵省編1999b: 512-513, 516-517。

*29　『通商白書』1991年版付表。なお、GATTによれば日本は1984年に工業品輸出世界1位になった（国際協力銀行編2003b: 479）。

物性燃料44.0%、加工製品20.7%（機械機器6.9%、化学品4.3%、繊維製品2.4%、その他7.1%）と比べると、鉱物性燃料の低下と対照的に加工製品、特に機械機器が大きく伸びていた（『通商白書』1979年版付表、1991年版付表）。

（2）アジア貿易

　アジア貿易の国別動向について、1978年と1990年を比較してみよう[30]。輸出の国別順位では、1978年は韓国が第1位であり、これに台湾、香港、中国が続いていた。1990年には、韓国、台湾、香港、シンガポール等、アジアNIESが上位を占めた。各国とも重化学工業品、特に機械機器が大きな割合を占めていた。

　一方、輸入面では1978年はインドネシアが首位に立ち、韓国、中国、マレーシアがこれに続いた。1990年になると、インドネシア、中国、韓国がほぼ同じ規模で上位に位置し、台湾がその次につけた。品目としては加工製品が伸びる傾向にあり、1990年の韓国、中国、台湾は50億ドル以上の規模に達した。

　日本のアジア諸国に対する貿易収支は、1978年、1990年ともおおむね輸出超過の状態を続けた。輸入超過はインドネシア、中国

〔表5-17〕アジア諸国の対日貿易シェア（1977, 1989年）

（単位：%）

	対日輸入シェア		対日輸出シェア	
	1977	1989	1977	1989
韓国	① 36.3	① 28.4	② 21.4	② 21.6
台湾	① 33.4	① 30.7	② 12.5	② 13.7
中国	① 49.5	② 31.3	① 47.0	① 35.2
香港	① 22.8	② 15.3	④ 6.1	③ 6.2
シンガポール	① 17.5	① 21.3	③ 9.5	③ 8.5
マレーシア	① 23.4	① 32.9	① 20.5	③ 16.0
タイ	① 32.4	① 30.7	① 19.7	② 16.5
インドネシア	① 27.1	① 23.3	① 40.2	① 42.2
フィリピン	① 25.1	① 19.5	② 23.2	② 25.7

出所：『通商白書』1979年版各論：280-322, 674-677、1991年版各論：275-321, 400-404。
注1）マル数字は国別順位を表す。
　　2）中国はOECD諸国との貿易における日本の比率。

[30]　『通商白書』1979年版各論、1991年版各論による。

（1990年）、マレーシア（1978年）のみであった。

　輸入に占める加工製品の比率の上昇は、1980年代の日本ーア
ジア間貿易の変化を象徴している。韓国からの輸入に占める加工製
品の比率は、1978年の68.0％から1990年の79.1％へと上昇した。
加工製品のなかの機械機器の比率は78年の13.8％から90年の22.7
％へと上昇した。日韓貿易が水平分業の方向にシフトしていく兆候
とみることができる。日台貿易も同様であり、輸入に占める加工製
品の比率は48.6％から67.2％へ、加工製品に占める機械機器の割合
は20％から35.7％へとそれぞれ上昇を記録した。

　韓国、台湾からの機械機器、特に電気機器（カラーテレビ、電話
機、コンパクトカメラ等）の輸入は、進出した日系企業からの「逆輸入」
として80年代後半に注目された*31。しかし、「逆輸入」という用語
は、日本企業が国内生産・輸出から海外生産・輸入に切り替えた企
業戦略に注目する一方、韓国・台湾メーカーの成長を軽視した表現
であったと思われる。その後の電子機器産業における日本企業の後
退、韓国・台湾企業の躍進が、80年代末の時点では予測できなか
ったのかもしれない。

　このような日本の対アジア貿易の展開によって、アジア各国の
貿易は高度の対日依存度を示した。1970〜80年代のアジア貿易は日
本を基軸として編成されていたということができる。ただし、表
5-17にみられるように、1977年から1989年にかけて、全般的に日
本のシェアは低下する傾向にあった。輸入面で1977年と1989年を
比較すると、国別順位は中国と香港が1位から2位に後退した以外
はすべて1位を維持した。しかし、比率ではシンガポール、マレー
シア以外は低下傾向を示した。とはいえ、1989年においても台湾、
中国、マレーシア、タイは30％以上の高いシェアを保っていた。

　輸出面は輸入面よりも対日依存度は低い傾向にあった。日本が
第1位の国は1977年には中国、マレーシア、タイ、インドネシアの4
カ国であったが、1989年には中国、インドネシアの2カ国に減少し
た。日本の比率が30％以上であったのは、77年、89年とも中国、
インドネシアのみであった。日本から輸入し、日本以外へ輸出する
回路が形成されていたとみることができる。

*31　『ジェトロ白書』貿易編、『通商白書』総論、各年版。

2. 資本輸出と貿易の連動

（1）直接投資と貿易

　日本の対アジア貿易のなかには直接投資と関連するものが一定量含まれていた。通産省の「海外事業活動基本調査」によれば、アジアに進出した製造業企業のなかで売上高の多い業種は、1980年には電気機械、繊維、輸送機械、1990年度には電気機械、輸送機械、化学であった（『我が国企業の海外事業活動』第10・11回: 131、第21回: 75）。海外生産比率（国内全法人売上高に対する海外現地法人売上高の比率）をみると、1990年度には製造業全体6.4％に対して、電気機械11.4％、輸送機械12.6％であり、海外生産比率もこの2業種が上位に位置していた（同前、第21回: 17）。表5-18は、アジア現地法人の調達元と販売先について、製造業全体、電気機械、輸送機械に区分して示したものであり、この表から次の2点を指摘することができる。

〔表5-18〕製造業アジア現地法人の調達元と販売先（1980, 1990年度）

(単位：％)

		製造業		電気機械		輸送機械	
		1980	1990	1980	1990	1980	1990
調達元	現地	43.6	48.5	49.6	44.9	38.2	48.0
	第三国	13.2	12.7	4.4	14.5	0.6	2.9
	日本	43.2	38.8	46.0	40.6	61.1	49.1
販売先	現地	65.3	59.6	51.6	35.6	89.7	87.4
	第三国	24.9	28.6	32.1	47.5	8.3	10.8
	日本	9.9	11.8	16.2	16.9	1.9	1.8

出所：『我が国企業の海外事業活動』第10・11回, 1983年: 137, 139、第21回, 1992年: 80-81, 96-97。

　第一に、調達元は全体として現地と日本が多く、第三国調達が少ないが、輸送機械は日本からの調達が比較的多いこと、しかし1980年度から90年度にかけて現地調達へのシフトが生じていることである。一方、電気機械は日本も現地も減少し、第三国調達が増えている。
　第二に、販売先は全体的に現地が多く、第三国がこれに次ぎ、日本向けは少ない。輸送機械は特に現地に集中している。一方、電気機械は現地向けが減少し、第三国向けが増える傾向にある。日本向けは「逆輸入」であるが、大きな割合を占めたわけではない。

このように現地または日本から調達し、現地または第三国へ販売するのが基本的流れであったが、アジアのなかをNIESとASEANに区分するとそこに一定の差異が生じていた。1990年度の調達元を比較すると、NIESでは現地調達比率が輸送機械63.7％、電気機械52.7％と多く、日本からの輸入はそれぞれ31.8％、38.4％と少なかった。これに対してASEANでは現地調達比率が輸送機械36.6％、電気機械29.3％と少なく、日本からの輸入がそれぞれ61.2％、44.4％と多くなっていた。一方、販売先については、電気機械は第三国、輸送機械は現地が多いという点でNIESとASEANの違いは認められなかった（同前、第21回: 82-83, 98-99）。

(2) 長期貿易金融

表5-5に示されるように、1970年代後半から80年代にかけて、長期資本輸出に占める延払信用の地位は大きく低下していった。表5-8における輸出信用（その他政府資金、民間資金）の動向をみても、貸付より返済の時期が多くなり（特にその他政府資金）、資本輸出としての意義が下がっていったとみることができる。

輸出信用の動向は日本輸出入銀行（輸銀）の業務内容の変化に現れていた。輸銀の融資残高総額は表5-9に示されるように1975年度の3.4兆円が1990年度の6.6兆円へと増加している。そのなかで輸出金融の比率は、1975年度45.6％から1985年度32.5％へと低下し、1990年度には絶対額も減少して比率は10.9％まで下落した。

輸出金融は輸銀の開業以来の中心的業務であったが、ニクソンショック後の円対策の一環として1972年11月輸銀法が改正されると、次第にその役割を低下させていった。この改正により、輸入金融・海外投資金融が拡充され、アンタイドローン（日本からの輸出入に直結しない直接借款）が新設されたためである。アンタイドローンは日本からの輸出を伴わないので、黒字縮小に寄与すると考えられていた（国際協力銀行編2003a: 106-107）。1980年代後半、政府の「資金還流措置」に沿ってアンタイドローンが増加し（同前: 242-247）、直接借款の比率は上昇していった。

輸入金融は70年代までは主に資源輸入に利用されてきたが、80年代に欧米との経済摩擦が激化するなかで製品輸入に活用されるようになり、欧米からの航空機、通信機械等の輸入にあてられた。輸入金融残高に占める資源の比率は1981年度75.3％から1990

年度55.0％に下がり。製品の比率は24.7％から45.0％に上がった（同前：170-171, 233, 382, 390-393）。

　一方、海外投資金融は資源開発中心に運用されてきたが、これも次第に一般案件が増加していった。残高の比率を計算すると、資源関連は1981年度64.4％から1990年度48.0％に下がり、一般案件は35.6％から52.0％へと上昇している。1985年の法改正によって海外現地法人への直接融資を可能にしたことも一般案件の増加に寄与したと考えられる（同前：171-172, 223-224, 382）。

　次に、地域別の融資状況をみると、アジアが一貫して最大であったが、1980年代後半に欧米が急増していることがわかる。直接借款、製品輸入金融などの欧米案件が増大したためであろう。1986～90年の融資承諾額累計を融資形態別に集計し、アジアの比率を算出してみると、輸出金融では9990億円中の3402億円（34.1％）、投資金融（一般）では1兆6314億円中の3703億円（22.7％）、資源関連金融（輸入、投資等）では1兆7039億円中の7880億円（46.2％）となり、資源関連金融が高い比率を示していた（同前：389, 398, 410-411）。

　以上のように、輸銀は政府の対外経済政策の重点変化に合わせてその役割・業務内容を柔軟に対応させていったが、全体としてはなおアジアが最大の対象地域であったといってよいであろう。

第 6 章

低成長期の東アジア経済圏再編——1991 ～ 2019 年

第1節　東アジア経済政策の展開

　1990年代以降、東アジアでは地域経済統合の実態と制度の形成が進展し、「東アジア共同体」の展望が描かれていった。本節では、この時期の重要な政策課題として三つのトピックを取り上げて検討していく[*1]。

1.　ODA政策の進展

(1)　政府開発援助大綱の策定（1992年）

　1989年に日本のODA（支出純額ベース）は世界第1位となり、90、91年は第2位に後退したが、93年から2000年まで第1位を維持した。この間、円ベースでの伸びは鈍かったとはいえ、円高によるドルベースでの増加、冷戦終結による米国等のODA減額の影響を受けて首位を確保していた。

　ODA中期目標は、第4次目標（1987〜92年）5年間500億ドル、同期間の非ODAを含む資金還流計画650億ドルをほぼ達成すると、1993年に第5次中期目標（1993〜97年）5年間700〜750億ドルが設定され、同時に非ODA資金500億ドルを含む「開発途上国への資金協力計画」5年間1200億ドルが打ち出された（『我が国の政府開発援助』1993年版上: 19-39）。第5次目標の達成率は84％、資金協力計画の達成率は89％となり（国際協力銀行編2003b: 76-77）、以後は財政上の制約から量の目標は掲げられなくなり、質の向上へと重点が移動していく。

　1990年代のODA政策では、1992年6月の「政府開発援助（ODA）大綱」策定が重要である（『我が国の政府開発援助』1992年版上: 53-85, 359-363）。これは日本政府として初めてODAの理念と原則を表明したもので、環境・平和・民主化等、経済領域を超えた分野を

強調し、同時にアジアを重点地域として明記していた。大綱策定の背景として、1991年の湾岸戦争において日本が総額130億ドルを拠出した際、ODAは非軍事という原則を打ち出す必要に迫られたことがあげられる。加えて、地球環境問題、冷戦終結後の旧社会主義圏の市場経済への移行、多発する民族紛争などもODAをめぐる新たな状況であり、これらを大綱に盛り込むことも意識されていた。

　ODA大綱のもとで第5次中期目標が終了すると、1999年8月にODA中期政策が打ち出された。重点課題として、貧困対策・社会開発、経済・社会インフラ、人材育成、地球規模問題、アジア通貨危機、紛争・災害、債務問題の7項目があげられ、援助手法として民間部門・NGO等との連携、実施・運用上の留意点として事後評価、開発人材育成、情報公開等、広範な課題が列挙された（『政府開発援助（ODA）白書』2004年版: 184-199）。総じて量の拡大から質の向上への転換が示されていたといえる。

　なお、1999年には、ODA担当の海外経済協力基金とその他政府資金を扱う日本輸出入銀行が統合し、国際協力銀行が発足した。これは1995年に村山政権の特殊法人改革の一環として決定されたもので、様々な改革案が交錯するなかで成立した政治的妥協の産物であった（国際協力銀行編2003b: 91-93、同2003a: 294-297、草野厚2006: 第2章）。

（2）政府開発援助大綱の改定（2003年）

　2003年8月、政府開発援助大綱の改定が閣議決定された（『政府開発援助（ODA）白書』2004年版: 175-180）。全体は理念、原則、政策、報告の4部で構成され、99年作成の中期政策の項目を取り入れつつ、旧大綱になかった基本方針を明示し、実施方法の記述を充実させるなど、総じて旧大綱に比べて体系的・包括的な構成となった。

　大綱の改定を受けて、2005年2月にODA中期政策も改定された（『政府開発援助（ODA）白書』2005年版: 179-189）。そこでは、新大綱の基本方針の一つである「人間の安全保障」をとりあげて説明したうえで、貧困削減等の重点課題4項目の考え方を示し、援助実施方策について立ち入った記述をしている。大綱を補完する政策文書と位置づけられるが、数値目標は示されていない。この中期政策はその後改定された形跡がなく、『ODA白書』の2014年版までは資料として掲載されていたが、ODA大綱が「開発協力大綱」に改定

された2015年以降、掲載されなくなった。

　2000年代のODA政策に関して注目されるのは、経済産業省による日本型ODAモデルの提起である。ODA実施50年の2005年7月、経産省産業構造審議会は貿易経済協力分科会経済協力小委員会で中間とりまとめ「我が国経済協力の成功経験を踏まえた「ジャパン・ODAモデル」の推進」を公表した。報告書の結論部分では次のように日本型ODAモデルを意義づけている。

　　「これまで我が国は、経済協力を行うに当たって、ハードインフラの整備、ソフトインフラの整備及び産業人材育成からなる経済発展基盤整備に対する支援を、主として円借款と技術協力を組み合わせながら行い、民間活力を引き出す形で相手国が自立的な経済成長を実現できるように心がけてきた。この結果、我が国の経済協力が注力してきた東アジア地域において、持続的な高い経済成長が実現しつつある。
　　　無償資金協力を中心とする他の先進国とは一線を画す、相手国の民間活力を引き出す形での自立的発展を目指す経済協力の手法は、その実績から「ジャパン・ODAモデル」として、大いに誇りうるものであり、21世紀に入った現在、さらに重要性を増していると考える。」[*2]

　アジアへのインフラ建設を中心とする円借款供与がアジアの経済成長をもたらしたとする発想は、これ以後も繰り返し語られることになる。

　なお特殊法人改革の一環として2003年10月に国際協力事業団（JICA）は独立行政法人・国際協力機構（JICA）に改組された。さらに2008年10月、政府系金融機関改革の一環として国際協力銀行が日本政策金融公庫に統合される際、国際協力銀行内の海外経済協力部門（旧海外経済協力基金）は分離されて国際協力機構に組み込まれ

----

*2　経済産業省産業構造審議会「我が国経済協力の成功体験を踏まえた「ジャパン・ODAモデル」の推進」2005年: 41（経済産業省 https://warp.da.ndl.go.jp/info:ndljp/pid/243417/www.meti.go.jp/report/downloadfiles/g50722a01j.pdf）。

た。これによって国際協力機構が強化され、ODAの一元的実施機関となった（国際協力機構編2019: 22-71）。また、国際協力銀行は2012年4月に日本政策金融公庫から分離独立している。

(3) 開発協力大綱の策定（2015年）

　2012年12月に成立した第二次安倍政権のもとで、ODA政策は新たな展開を示していく。2013年にアベノミクスの第三の矢である成長戦略が「日本再興戦略」として提起されると、インフラシステム輸出戦略が打ち出され、ODAの戦略的活用が唱えられることになった。一方、2013年末に「国家安全保障戦略」が策定されると、ODAも安全保障に関連する分野に位置づけられていった（国際協力機構編2019: 84）。

　そのような経緯をふまえて2015年2月、政府開発援助大綱に代わって「開発協力大綱」が閣議決定された。「開発協力」という用語は、「開発途上地域の開発を主たる目的とする政府及び政府関係機関による国際協力活動」と規定された。「開発協力大綱」に名称変更した理由は明示的でないが、本文中に「政府開発援助（ODA）を中心とする開発協力」という記述があり、ODAより広義の概念として使用されたと推測できる。ODAとして取り組む範囲が拡大し、民間資本、市民社会との連携が広がってきたことが背景にあると思われる。

　新大綱の構成は、理念、重点政策、実施の3部に整理された。全体を通じて特徴的なことは、国益の強調と安全保障との関連づけである。前文には、「積極的平和主義の立場」が掲げられ、「国家安全保障戦略を踏まえ」制定されたと記されている。重点課題の第二項目は「普遍的価値の共有、平和で安全な社会の実現」であり、そのために「海上保安能力」、「治安維持能力」、「海洋・宇宙空間・サイバー空間」等にかかわる能力の強化に必要な支援を行うことが明記された。さらに、実施上の原則の1項目に「軍事的用途及び国際紛争助長への使用の回避」があり、非軍事的目的であれば「相手国の軍又は軍籍を有する者」に対しても場合により実施できることが書き込まれた。

　2010年代後半、米中関係が緊張し、「新冷戦」といわれる状況が生まれるなかで、日本政府は中国を標的とするインド太平洋戦略を打ち出していくが、中国へのODA新規供与終了を発表する一方、

インドを2国間ODAの最大供与国としたこと、また東南アジア諸国に巡視船を供与していくことも、新大綱に沿った政策展開とみることができよう（『開発協力白書』2017年版: 6-7）。

　一方、重点課題の第一項目は「「質の高い成長」とそれを通じた貧困撲滅」であり、人づくり、インフラ整備、法・制度構築の重要性も引き続き強調されている。それに沿って2015年に「質の高いインフラ投資」のために5年間1100億ドル、さらに2016年には2000億ドルの資金供給が打ち出された（『開発協力白書』2017年版: 5、国際協力機構編2019: 86-87）。安全保障と経済的国益という二つの課題を追求するために、ODAは引き続き対外政策の重要な手段として活用されていく。

2. 円の国際化政策

(1) 1990年代における「円の国際化」政策

　1985年から本格化した「円の国際化」政策は、その後、金利自由化、外国金融機関の対日進出、各種規制緩和、東京オフショア市場の開設、ユーロ円市場の整備などを進めたが、円建取引の増加、外貨準備における円の比率上昇等の核心的目標に目立った成果は出なかった[3]。大蔵省は次第に関心を低下させていったようで、『国際金融局年報』の「円の国際化」に充てられた頁数は、1985年版12頁、86年版18頁、87〜89年版9頁、1990年版以降5頁と削減されていった[4]。とはいえ1995年4月に決定された「緊急円高・経済対策」には、円建て取引の推進等の項目が盛り込まれていた（『国際金融年報』1996年版: 39, 43）。

　その後、1996年の橋本政権による「金融ビッグバン」指示、97年のアジア通貨危機、山一証券等の破綻、98年の日銀法改正、金融再生法成立、99年の欧州単一通貨「ユーロ」導入など、内外の金融情勢が激変するなかで、大蔵省外国為替等審議会は「円の国際化」

----

[3]　1990年代半ばまでにおける円の国際化の動向については、上川孝夫・今松英悦編1997参照。

[4]　『大蔵省国際金融局年報』は1996年版で『国際金融年報』に改称され、1997/1998年版をもって廃刊となった。

について検討を重ね、1999年4月、答申「21世紀に向けた円の国際化」を提出した。さらに大蔵省は「円の国際化推進研究会」を設置し、1999年から2003年にかけてフォローアップを行った。この研究会のとりまとめをみると、円の国際化の実績は次のようであった[*5]。第一に、輸出の円建て比率は1987年の33.4%から93年3月の42.8%へと上昇した後、90年代後半は35%前後で推移していた。輸入の円建て比率は87年の10.6%から95年3月の24.3%まで上昇し、以後は97年3月18.8%を底にして2002年には25.5%まで上昇した。第二に、国際債発行に占める円の割合は年々低下し、2001年6月に6%まで下がった。また邦銀の対外貸付残高における円建て比率は20%前後で推移した。第三に、全世界外為取引における円の比率は1989年13.5%から低下を続け、2001年は11.4%になった。第四に、主要国通貨当局保有外貨の通貨別構成比では、円は1991年の19.1%から5%台まで低落した。

　円の国際化が進まない理由としては、日本経済の長期停滞に伴う信認の低下、貿易・資本取引における制度・慣行などが指摘されているが、基軸通貨・ドルの使い勝手のよいことが大きな要因であろう。このように、円の国際化の実績があがらないため、政策課題の方向性は「アジアにおける域内金融・経済協力」と「我が国金融・資本市場の国際金融センターとしての活性化」へと広げられていくことになった。

(2) アジア通貨危機と地域金融協力

　1997年7月、タイのバーツ暴落からアジア通貨危機が始まり、影響は韓国、インドネシアなど東アジア全域に波及した[*6]。対策のために8月に東京で開催された支援国会合において、日本はアジア通貨基金（AMF）設立構想を提起した。この構想はIMFの東アジア版であり、拠出額は1000億ドル、参加国・地域は日本、中国、韓国、

[*5]　「円の国際化の推進」（「円の国際化推進研究会」座長とりまとめ）2003年1月：3（財務省 https://warp.ndl.go.jp/info:ndljp/pid/1022127/www.mof.go.jp/singikai/kokusaika/top2.htm）。

[*6]　アジア通貨危機については多くの研究がある。さしあたり、荒巻健二1999、奥田宏司2007参照。

香港、豪州、シンガポール、タイ、マレーシア、インドネシア、フィリピンであったが、米国、IMF 等の反対のため具体化されることはなかった（奥田宏司 2012: 270-273、榊原英資 2005: 174-176）。

11月にマニラで開催された財務大臣・中央銀行総裁代理会議において、よりゆるやかな「マニラフレームワーク」が合意され[*7]、金融安定化に向けた地域協力の枠組みが作られた。それをふまえて98年10月、日本政府は通貨危機国支援スキームとして総額300億ドルの「新宮沢構想」を打ち出した[*8]。これらの枠組みに含まれていた2国間の通貨融通取極めを集成する形で。2000年5月の第2回 ASEAN＋日中韓財務大臣会議において、2国間通貨協力を束ねるスキームとしてチェンマイ・イニシアティブ（CMI）が合意された[*9]。

以後、定例の ASEAN＋3財務大臣会合のもとで、CMI の強化、さらにアジア債券市場育成イニシアティブ（ABMI）、域内サーベイランス・ユニット設置、専門家によるリサーチ・グループ組織化など、一連の通貨金融協力作業が積み重ねられていった。CMI による2国間通貨スワップ取極めの総額は段階的に増加し、2008年の韓国通貨危機を契機に、2国間取極めから多国間取極め（CMI マルチ）へと移行した。CMI マルチ総額は2012年に2400億ドルへと増強された。

以上の過程を日本政府は円の国際化政策に沿って主導してきたが、単独で主導権を握ったわけではなく、台頭してきた中国との間でバランスをとる必要が生じていた。CMI の投票権を規定する貢献割合（拠出割合）は、日本32％に対して、中国28.5％、香港3.5％、合計32％で同率とされた。韓国は16％、ASEAN は20％（経済力に応

[*7] アジア蔵相・中央銀行総裁代理会合「金融・通貨の安定に向けたアジア地域協力強化のための新フレームワーク」（財務省 https://www.mof.go.jp/international_policy/financial_cooperation_in_asia/asian_currency_crisis/manila_framework/kaigi000a.htm）。

[*8] 大蔵省「アジア危機支援に関する新構想」（財務省 https://www.mof.go.jp/international_policy/financial_cooperation_in_asia/asian_currency_crisis/new_miyazawa_initiative/1e041.htm）、岸本周平 1999、国際協力銀行編 2003b: 72-73, 86-89。

[*9] CMI の概略は、財務省 https://www.mof.go.jp/international_policy/financial_cooperation_in_asia/cmi/index.html、金子文夫 2013: 128-133。

じて5グループに区分）を確保し、日中両国ともに単独では拒否権行使水準（3分の1）に達しないように設計された。なお、CMIの発動にはIMFとの協調という制限がつけられ、独自に発動できる割合は当初は20%とされ、2020年に40%へと引き上げられた。

　CMI以外の協力枠組みではアジア債券市場育成イニシアティブが進展しており、現地通貨建て債券発行の促進、債券市場関連インフラの改善等の四つのタスクフォースが形成された。また域内サーベイランス・ユニットについては、2011年にASEAN+3マクロ経済調査事務所（AMRO）がシンガポールの国内法人として開設され、2016年に国際機関化した。

　このようにアジアの通貨金融協力はそれなりに進展してはきたが、東アジア全体の経済力配置では中国が日本を上回る趨勢にあるため、円の国際化が大きく進捗する状況ではない。2016年6月にまとめられた関税・外国為替等審議会外国為替等分科会報告「企業の通貨選択を踏まえた今後のアジアにおける地域金融協力についての考え方」は、人民元の国際化を前提に、日系企業が現地通貨を選択する可能性を示唆し、円利用の拡大への論及を控える内容となっていた[10]。

（3）東京国際金融センター構想

　円の国際化政策は狭義には円の国際通貨としての地位の向上策であるが、関連して東京の国際金融都市としての地位上昇策も視野に入っていた。1985年3月の外国為替等審議会答申「円の国際化について」でも、「円の国際化のための方策」として、金融の自由化、ユーロ円取引の自由化とともに東京市場の国際化が課題にあげられていた（大蔵省編2003: 559-560）。前述の2003年「円の国際化推進研究会」座長とりまとめも同様である。

　しかし、2001年の省庁再編後、国際金融都市化の課題は財務省関税・外国為替等審議会ではほとんど扱われなくなった。一方、第一次安倍政権の経済財政諮問会議に設けられたグローバル化改革専門調査会の金融・資本市場ワーキンググループは、2007年4月に

---

*10　財務省 https://www.mof.go.jp/about_mof/councils/customs_foreign_exchange/sub-foreign_exchange/report/20160615honbun.pdf。

第一次報告「真に競争力のある金融・資本市場の確立に向けて」を作成し、東京の国際金融センターとしての地位向上を求める提言を行った[*11]。また金融庁では2007年から2009年にかけて金融審議会のもとに「我が国金融・資本市場の国際化に関するスタディグループ」が設置され、2007年6月に中間論点整理（第一次）が提出された[*12]。さらに2015年6月には、「金融・資本市場活性化有識者会合意見書」が公表されている[*13]。

　このような取り組みに関連して、第二次安倍政権が打ち出した2013〜16年の「日本再興戦略」、2017〜18年の「未来投資戦略」、2019〜20年の「成長戦略」のなかに、金融・資本市場の活性化が政策課題として書き込まれていく。ただし、その扱いは膨大な政策メニューのなかのごく一部にとどまる。一方東京都は、2016年に「国際金融都市・東京のあり方懇談会」を設置し、その議論を踏まえて2017年11月、「「国際金融都市・東京」構想」を発表した[*14]。ただしそこで強調された点は、海外の資産運用業者を招致し、国内の個人金融資産の活用を図るというもので、アジアに出て行って主導権を発揮する発想ではない。

　こうした動きのなかで2020年12月に閣議決定された「総合経済対策」に、「世界に開かれた国際金融センターの実現」が盛り込まれた[*15]。ポイントは外国企業・人材の受入れ促進であり、これに対応して2021年度税制改正大綱でも、「国際金融都市に向けた税制上の措置」が資産課税（相続税）、法人税、国際課税の分野で明記された[*16]。

....

[*11]　内閣府 https://www5.cao.go.jp/keizai-shimon/special/global/finance/pdf/item1.pdf。

[*12]　金融庁 https://www.fsa.go.jp/singi/singi_kinyu/tosin/20070613/01.pdf。

[*13]　金融庁 https://www.fsa.go.jp/singi/kasseika/20150630/01.pdf。

[*14]　東京都 https://www.senryaku.metro.tokyo.lg.jp/gfct/images/20171110final report.pdf。

[*15]　内閣府 https://www5.cao.go.jp/keizai1/keizaitaisaku/2020-2/20201208_taisaku.pdf。

[*16]　財務省 https://www.mof.go.jp/tax_policy/tax_reform/outline/fy2021/20201221taikou.pdf。

このような政策は円の国際化からは相当に距離がある内向きのものである。しかも、日本国内への外国資本の直接投資は、主要国のなかで異例に少ない状態が続いてきた。対内直接投資の国別ランキングをみると、日本は1995年には18位であったが、2019年には28位に後退している[17]。この状況を変化させるのは容易ではあるまい。

3. FTA政策の推進

（1）2000年代

1990年代日本の通商政策は、1995年発足のWTOによるルール形成の枠組みに従って貿易と投資の自由化を進めることであった。しかし、1999年11月、シアトルでの第3回WTO閣僚会議が失敗に終わって以降、FTA（自由貿易協定）締結に重点を移す方向が打ち出されていく。この動きは中国のASEAN接近を契機としていた[18]。

1999年12月、シンガポールが日本にFTAの共同研究を提案し、日本側もこれに応じるが、まだ様子見の段階であった。シンガポールは農業部門をもたず、日本側が農産物自由化の負担を負わずにすむため、共同研究、それに続く政府間交渉は早期にまとまり、2001年10月に日本・シンガポールEPA（経済連携協定）が調印された（2002年11月発効）。

この時点で日本のFTA戦略は固まっていなかったが、その間に中国が戦略的にASEAN接近を図っていく。2000年11月、中国はWTO加盟を目前に、ASEAN全体とのFTA締結に向けて共同研究を提起、2001年11月に10年以内のFTA締結で合意をとり、2002年11月に枠組み協定を成立させ、2003年から本格的交渉に入った。中国は、枠組み協定を前提にして、早期に一部品目の自由化（アーリーハーベスト）、ASEAN後発国への援助（インフラ建設）などを組み合わせ、ASEANに対する影響力を強めていく。

*17　日本貿易振興機構 https://www.jetro.go.jp/ext_images/world/statistics/data/wir20_stock.pdf。

*18　2000年代における日本のFTA政策については、深川淳一・助川成也 2014: 第Ⅰ部第2章参照。

日本では、ASEAN側からの提起を受けて、経済産業省が
ASEANとの共同研究に着手する一方、外務省は2国間交渉を優先
させるなど、統一がとれていなかった。とはいえ、2003年からは2
国間と多国間の交渉を並行して進める体制を整え、2005年12月、
マレーシアとのEPA締結に漕ぎつけた（2006年7月発効）。以後も締
結が続き、2010年時点で発行した協定は11本（2国間10本、多国間
（ASEAN）1本）に達した。

　2000年代のFTA政策について、3点指摘しておきたい。第一
に、モノの貿易自由化を中心とするFTAにとどまらず、多くの分野
の自由化、連携・協力項目を盛り込んでいた。第1号のシンガポー
ルとのEPAは、物品貿易の促進では関税・原産地規則・税関手
続・電子化・相互承認、人の移動促進では相互承認・人材養成・観
光・科学技術等、資本・情報の移動促進では投資・知的所有権・金
融サービス・情報通信技術・中小企業等、包括的な構成となってい
る[19]。これらはWTOが推進してきた経済グローバル化政策を継承し
たもので、経団連が強く要望してきた内容でもあった[20]。

　第二に、地域的にはASEANに集中していた。多国間協定は
ASEAN1本であり、2国間10本のうちASEANがシンガポール、マ
レーシア、タイ、インドネシア、ブルネイ、フィリピン、ベトナムの7
本、それ以外がメキシコ、チリ、スイスの3本であった。東アジアの
中国、韓国については、2002年11月に中国から日中韓3国FTAの
提案がなされたが、日本・韓国ともに応じる用意がなく、交渉には
至らなかった（深川淳一・助川成也2014: 62-63）。一方、日韓FTAに関
しては、早くから共同研究、ビジネス・フォーラムが積み重ねられ、
2003年12月から政府間交渉が開始されたものの、2004年11月の第
6回会合以降は休止状態になった。これは、日韓関係の悪化のなか
で、両国とも妥結に向かうモメンタムを欠いたためと思われる。

　第三に、FTA未成立国との間では投資協定が締結され、投資

....

[19]　外務省 https://www.mofa.go.jp/mofaj/area/singapore/kyotei/index.html。

[20]　たとえば、日本経済団体連合会「経済連携の強化に向けた緊急提言―経
　　済連携協定（EPA）を戦略的に推進するための具体的方策―」2004年3月
　　16日（経団連 https://www.keidanren.or.jp/japanese/policy/2004/020/index.
　　html）。

の自由化と保護について一定のカバーがなされた。EPAが締結されれば、そのなかに投資条項が盛り込まれ、投資参入段階での内外無差別等の自由化、投資参入後の投資財産の保護（内国民待遇、不当な収容の禁止、紛争解決手続等）が規定されるが、投資協定はその部分を一定程度保障する役割を果たす。2003年から2008年にかけて、韓国、ベトナム、カンボジア、ラオスとの間で投資参入段階での自由化を含む投資協定が締結された。中国との協定は1989年に締結されていたが、これは参入後の保護のみを規定した限定された協定であった[21]。

(2) 2010年代

　2000年代後半から2010年代初めにかけて、ASEAN経済共同体形成への動きが進み（石川幸一・清水一史・助川成也編2013）、1997年から開始されたASEAN＋日中韓首脳会議の枠組みに加え、2005年から東アジアサミット（ASEAN＋日中韓＋インド、オーストラリア、ニュージーランド、2011年から米国、ロシアも参加）の枠組みも追加され、「東アジア共同体」形成の気運が醸成されていった[22]。2010年代の日中関係、日韓関係の悪化、米中間の対立激化に影響されて、「東アジア共同体」構想は萎んでいくが、ASEAN＋日中韓と東アジアサミットの枠組みは維持されていった。

　そのような情勢変化のなかで、2010年代に交渉・締結された代表的FTAは、TPP（環太平洋パートナーシップ）協定であった。TPPの発端は2005年のシンガポール、ブルネイ、ニュージーランド、チリによる小規模な協定（P4）であったが、2008年に米国が参加して主導権を握り、環太平洋の12カ国（米国、カナダ、メキシコ、ペルー、チリ、日本、シンガポール、マレーシア、ベトナム、ブルネイ、オーストラリア、ニュージーランド）によるメガFTA交渉へと拡大した。日本は国内に賛否両論があるなかで2013年、交渉の途中から加わり、2016年にひとまず妥結したものの、直後に政権交代した米国が離脱を表明し、結局米国を除く11カ国によるTPP11（環太平洋パートナーシップに関する包括的及び先進的な協定）として2018年に署名、発効した。

---

[21]　外務省 https://www.mofa.go.jp/mofaj/files/100062901.pdf.

[22]　東アジア地域統合の概要については、大庭三枝2014参照。

TPPは全30章からなる経済グローバル化を推進する包括的で水準の高い、強力な協定であるため、その影響は大きいとみなされ、各国で反対運動が起こっていった。また、米国が主導し、中国を排除してルール形成をする地政学的意味が指摘されたが、米国の離脱によってこの側面は曖昧になっていった。

　日本政府はTPPの経済的効果について、実質GDPを2.6%押し上げ、労働供給を1.3%増加させると説明した（TPP11では、GDP1.5%、労働供給0.7%に減少）[23]。全30章のなかの投資分野をみると、企業が損害を受けたことを理由に国家を訴えることができるISDS（投資家と国との間の紛争解決）条項が詳細に規定されている点が注目される。資本が国家に優越する経済グローバル化を象徴する条項であろう。

　TPPが米国主導の協定であったのに対して、東アジア諸国の間で成立したメガFTAがRCEP（地域的な包括的経済連携）協定である[24]。これは東アジアサミット16カ国（米国、ロシアを除く）の間で2013年に交渉が開始され、2020年に署名に至った（最終的にインドは不参加）。RCEPも物品貿易の自由化にとどまらない多分野のルールを規定した包括的な協定であるが、後発国も含むため、多様性を容認する柔軟な仕上がりになっている。分野は20章であってTPPより10章少ない。投資分野ではISDS条項を規定しないなど、TPPほどの強度を示していない。

　以上のようなFTA政策の展開によって、国境を越えたサプライチェーンの効率的な構築が可能となり、日本資本の対外投資活動は一段と活発になっていった。

---

[23]　外務省 https://www.mofa.go.jp/mofaj/files/000022863.pdf。

[24]　外務省 https://www.mofa.go.jp/mofaj/gaiko/fta/j-eacepia/index.html。

第2節　対外投資の新展開

1. 国際収支の推移

（1）全般的動向

　1990年代から2010年代まで、低成長期30年間の国際収支は表6-1に示されている[25]。この表から4点指摘しよう。

〔表6-1〕　国際収支の推移（1991〜2019年）

（単位：億円）

	経常収支	貿易収支			第一次所得収支	金融収支	直接投資	証券投資
			輸出	輸入				
1991-95	123,617	142,516	404,638	262,124	41,665	98,308	22,681	21,048
1996-2000	122,195	128,638	468,807	340,169	67,658	128,201	24,841	24,432
2001-05	157,367	119,252	533,964	414,712	93,701	140,166	35,693	57,961
2006-10	186,267	91,928	690,349	598,412	142,596	196,832	67,888	75,582
2011-15	80,126	-49,454	684,200	733,654	174,056	89,136	123,269	-52,900
2016-19	210,237	29,842	759,009	729,167	206,314	230,413	176,517	108,462

出所：1991-95年は『財政金融統計月報』569号、1999年9月：16-17、1996-2019年は財務省 https://www.mof.go.jp/international_policy/reference/balance_of_payments/bpnet.htm
注1) 各4〜5年平均の数値。
2) 1991-95年はIMF旧基準による集計であり、1996年以降と連続していない。
3) 1991-95年の第一次所得収支は所得収支、金融収支は資本収支。
4) 経常収支、金融収支のその他の項目は省略した。

　第一に、経常収支黒字は1990年代から2010年代にかけて増加傾向をたどった。2010年代前半に黒字幅が縮小したが、これは東

[25] 1995年以前はIMF国際収支マニュアル第5版、1996年以降は第6版ベースであり、集計項目が組み替えられている。

日本大震災により貿易収支が赤字に陥ったためである。経常収支黒字幅は1990年代前半と比較すると2010年代後半は1.7倍に増加した。

　第二に、貿易収支黒字は長期的に減少していった。2010年代前半に赤字となった後、後半には黒字に戻してはいるが、その勢いは弱い。2010年代後半の黒字幅は1990年代前半の5分の1に縮小した。

　第三に、第一次所得収支の黒字が急速に拡大した。これは長期資本輸出の果実の増加を意味しており、1990年代前半と比較すると2010年代後半は5倍近い増加になった。この伸びが貿易収支黒字の縮小をカバーし、経常収支黒字の増加を支えた。2000年代後半に第一次所得収支は貿易収支を追い抜いており、日本はこの時期に「貿易立国」から「投資立国」に転換したとみることができる。

　第四に、金融収支では直接投資、証券投資ともに流出超過幅が拡大していった。金融収支支払は経常収支受取とほぼ対応しており、長期資本輸出としては直接投資と証券投資が代表的項目である。この2項目の規模は、1990年代は同程度、2000年代は証券投資が直接投資より多く、2010年代は逆に直接投資が証券投資を上回った。

（2）対外資産残高と投資収益の増大

　直接投資、証券投資の流出超過は対外資産残高の増加をもたらした。表6-2は対外資産と対外負債、その差額である対外純資産の

〔表6-2〕対外資産残高の推移（1996〜2019年）

（単位：十億円）

	資産残高				負債残高	対外純資産
		直接投資	証券投資	外貨準備		
1996	302,809	30,571	111,165	25,242	199,451	103,359
2000	341,520	32,307	150,115	41,478	208,473	133,047
2005	506,664	46,079	249,493	99,444	325,965	180,699
2010	561,448	68,925	269,207	89,330	305,542	255,906
2015	938,398	151,852	411,792	148,553	611,209	327,189
2019	1,097,731	202,833	503,134	144,521	733,206	364,525

出所：財務省ウェブサイト：国際収支状況＞本邦対外資産負債残高の推移（時系列データ）
　　　（https://www.mof.go.jp/international_policy/reference/iip/data.htm）。
注：資産残高は金融派生商品、その他投資を含む。

残高を5年間隔で示したものである。各項目とも増加傾向を表しているが、直接投資の増加率が最も高かった。また、資産残高に占める割合を算出すると、1996年は直接投資10.1%、証券投資36.7%、2019年は直接投資18.5%、証券投資45.8%であり、証券投資も割合を増やしていた。

　長期資本輸出による資産残高の増加は、経常収支における第一次所得収支の拡大をもたらす。第一次所得収支は雇用者報酬、投資収益、その他に区分され、そのなかで投資収益が最大項目である。表6-3は、投資収益内訳の推移を3〜5年平均でまとめている。証券投資収益が直接投資収益を上回っているが、その差は縮まってきている。投資収益全体に占める割合は、1996〜2000年は直接投資収益12.6%、証券投資収益54.7%と大きく差が開いていたが、2016〜

〔**表6-3**〕投資収益受取の推移（1996〜2018年）

（単位：億円）

	1996-2000	2001-05	2006-10	2011-15	2016-18
投資収益受取合計	121,121	128,269	195,174	235,516	311,612
直接投資収益受取	15,259	24,850	43,301	82,094	132,947
配当金等受取	9,452	12,143	27,062	45,792	61,476
再投資収益受取	4,045	11,713	15,207	35,354	69,595
利子所得受取	1,761	995	1,032	949	1,877
証券投資収益受取	66,312	85,083	130,694	140,386	155,579

出所：日本銀行ウェブサイト：国際収支統計データベース（IMF国際収支マニュアル第6版）
　　　（https://www.boj.or.jp/statistics/br/bop_06/index.htm/）。
注1) 各3〜5年平均の数値。
　2) 第一次所得収支は雇用者報酬、投資収益、その他第一次所得収支に区分される。
　　投資収益は直接投資収益、証券投資収益、その他投資収益に区分される。
　　直接投資収益は配当金・配分済支店収益、再投資収益、利子所得に区分される。
　3) 受取額のみを掲出。
　4) IMF国際収支マニュアル第6版に従い、1996年まで遡及して算出。

2018年にはそれぞれ42.7%、49.9%と差が縮まった。

　直接投資収益は3項目に区分され、そのなかで配当金・配分済支店収益が再投資収益をやや上回っていたところ、2010年代後半には逆転が生じている。直接投資収益を日本に回収するのでなく海外現地法人に再投資する動きが伸びていることは注目に値する。

　投資収益と資産残高を比較すると、投資収益率が計算できる。ラフな計算になるが、1996年と2000年の資産残高平均に対する

1996〜2000年の平均投資収益の比率を算出すると、直接投資収益率は4.9%、証券投資収益率は5.1%、一方2015年と2019年の資産残高平均に対する2016〜18年の平均投資収益率は直接投資7.5%、証券投資3.4%であって、直接投資の収益率が上昇しているといえる。

2．ODAの構造転換

（1）途上国への資本輸出

　90年代以降の開発途上国への資本輸出を概括すると表6-4のようになる。特徴を4点指摘しておこう。

　第一に、政府開発援助の総額は毎年100億ドル前後で推移し、横ばい状態を続けた。政府財政の制約によってそれまでのような増

〔表6-4〕開発途上国に対する資本輸出（1991〜2018年）

（単位：百万ドル）

	1991 -95	1996 -2000	2001 -05	2006 -10	2011 -15	2016 -18
政府開発援助計	12,314	11,022	10,016	9,781	10,297	10,648
無償資金	2,093	2,182	3,233	3,815	4,055	2,685
技術協力	2,602	3,113	2,744	2,951	2,996	2,769
貸付等	4,404	3,416	1,385	-91	-223	1,622
国際機関	3,215	2,310	2,654	3,105	3,470	3,572
その他政府資金計	3,804	3,456	-2,580	2,513	1,526	-931
輸出信用	241	-161	-483	-906	-362	477
直接投資金融	2,594	3,037	-1,224	2,869	2,166	-1,408
国際機関	968	580	-877	550	——	——
民間資金計	9,490	7,555	4,149	23,612	37,230	33,563
輸出信用	1,260	-1,261	88	-94	626	465
直接投資	5,385	6,569	8,699	19,796	32,675	28,146
証券投資等	4,897	4,384	-3,492	4,088	4,801	5,337
国際機関	-2,035	-2,138	-1,145	-178	-872	-385
総計	25,776	22,262	11,866	36,366	49,535	43,839

出所：1991〜93年は『国際金融年報』1996年版：465、1994〜2018年は財務省ウェブサイト、https://www.mof.go.jp/international_policy/reference/financial_flows_to_developing_countries/data.htm.

注1) 支払純額ベース。
　2) 各3〜5年平均の数値。
　3) 1994年以降は東欧・卒業国向けを除外。
　4) 総計には非営利団体による贈与を含む。

額が困難になったためである。OECDにおける国別順位では、1992年から2000年まで第1位を維持したものの、2000年代前半は2位、以後は4～5位あたりに後退した。そのなかで無償資金、技術協力、国際機関拠出は一定の増加、あるいは横ばい状態であったが、それまで最大の項目であった貸付等は明らかに減少し、マイナスを記録するほどに低下していった。貸付は支払と返済の差額が集計されるため、支払が増えても返済がそれ以上に増加した結果マイナスになっていったのであり、ODAとしての実質的役割を下げることになった。

　第二に、その他政府資金は年間30億ドル台から減少傾向になり、マイナスを計上する時期もみられた。この傾向はそれ以前から現れており、特に輸出信用は返済超過の状態が続いた。そのなかでは直接投資金融が一定の水準を維持していた。

　第三に、民間資金は2000年代前半までは減少を続けたが、2000年代後半からは急増に転じた。特に直接投資の拡大は顕著であり、民間資金の大半を占めるまでに膨脹した。その他の項目では、証券投資は一定の水準を保ったものの、輸出信用はわずかとなり、国際機関は回収超過が続いていた。

〔表6-5〕国際協力銀行・国際協力機構の投融資（1995～2019年度）

（単位：億円）

	1995	2000	2005	2010	2015	2019
国際協力銀行						
融資残高計	90,062	107,656	89,662	109,103	163,086	156,579
輸出金融	6,033	15,002	12,395	6,985	8,447	11,788
輸入金融	9,987	7,361	7,393	6,305	5,257	3,138
投資金融	23,443	41,431	36,416	58,272	113,420	114,161
事業開発等	50,590	39,598	22,905	12,380	9,364	2,232
融資承諾額計	16,365	12,047	13,414	17,659	23,974	16,787
アジア	8,118	2,942	3,351	2,215	3,329	7,928
国際協力機構						
投融資残高計	87,815	108,726	115,817	116,064	118,254	130,129
円借款	85,935	106,866	114,247	114,792	117,825	128,806
円借款承諾額計	10,933	6,674	5,698	5,389	20,745	14,594
アジア	8,818	5,527	4,754	4,087	14,748	12,274

出所：国際協力銀行編2003a: 371, 386, 同『年次報告書』各年度版、同編2003b: 369, 376-377、国際協力機構編2019、『国際協力機構年次報告書』各年度版。
注1) 国際協力銀行の事業開発等には政府借款を含み、融資残高計には保証、出資を含む。
　2) 国際協力機構の投融資残高計には海外投融資を含む。

第四に、資金の流れ全体の規模は2000年代前半までは減少し、以後は増大していった。この傾向は民間資金、特に直接投資の動向に規定されていた。民間直接投資は1980年代までは政府開発援助と同程度の規模であったが、2000年代後半以降は途上国への資金の流れを牽引する中心的役割を果たすようになった。

このような資本輸出形態の重心移動は、政府資金を扱う政府系金融機関の業務内容の変化に現れている。表6-5によれば、輸銀を継承した国際協力銀行は海外投資金融に集中し、地域配分ではアジアが低下し、欧米などの比率が上昇していった。一方、海外経済協力基金を継承した国際協力機構の円借款残高の増加速度はゆるやかであり、承諾ベースでは引き続きアジアへの集中をみせていた。

(2) ODAの構成変化

民間直接投資の検討は次項で行うとして、ここではODAの構成の変化をみておこう。表6-4に示されるように、ODA4形態中の最大項目は貸付等から無償資金、さらに国際機関へとシフトし、貸付等の地位は目立って低下した。これに伴って支払純額ベースでの2国間ODAの地域別配分にも大きな変化が現れた。

表6-6によれば、2000年まではアジアがなお50%台を維持していたが、以後は30%台から20%台へと減少し、代わってアフリカ、中東が割合を伸ばしていった。特に中東は2005年に急増している

〔表6-6〕2国間ODAの地域・国別配分の推移（1995〜2018年）

(単位：%)

	1995	2000	2005	2010	2015	2018
アジア	54.4	54.8	36.6	34.0	26.6	24.6
中国	13.1	8.0	10.1	-2.6	-12.1	-15.4
インドネシア	8.5	10.1	11.7	0.8	-16.3	-15.6
タイ	6.3	6.6	-3.0	-1.9	-1.4	-8.9
フィリピン	3.9	3.2	2.6	-1.2	1.1	1.1
ベトナム	1.6	9.6	5.8	10.9	17.6	3.4
アフリカ	12.6	10.1	10.8	23.3	29.3	20.0
中南米	10.8	8.3	4.0	-4.6	-0.3	3.2
中東	6.8	7.5	33.2	21.4	14.1	15.4

出所：外務省『ODA白書（開発協力白書）』各年版。
注：支出純額ベース。

が、これはイラクに対して32億ドルの債務救済を行ったためである（『ODA白書』2006年版）。これは例外としても、アジアの比率低下は明らかであり、その大きな要因は過去の円借款の返済増加にほかならない。1980年代に韓国が返済超過に転じたのをはじめとして、1990年代にマレーシア、2000年代にインドネシア、タイ、フィリピン、中国が新規供与額を返済額が上回る状況になった。アジア諸国の経済発展の到達度を反映しているといえる。

　ただし、表6-5に示されるようにアジア諸国への円借款は引き続き供与されていった。韓国、中国のようにすでに「卒業」した国は別として、返済分をカウントせずに貸付額が多い国をみると、2018年実績ではインド、バングラデシュの南アジア2カ国に続いて、ベトナム、インドネシア、フィリピン、ミャンマー、タイなどの東南アジア諸国が上位を占める状況が続いていた。純額でなく総額ベースでみると、2018年のODA実績は総額133億ドル、うち貸付等は80億ドル、60%を占めていることを見落としてはならない（『開発協力白書』2019年版: 153）。

　次に、2国間ODAの使途をみると、経済インフラ（運輸、エネルギー関係）が最大の分野であった。全体に占める比率は、2000年代は20%台であったのが、2010年代には50%前後に上がっている[26]。2000年代は低くみえるが、これは債務救済・商品援助等の救済型ODAが一定の割合を占めていたからであり、そうした分野を除いた社会インフラ（水道、教育、保健等）、生産セクター（農林水産、鉱工業等）と比べると経済インフラは常に大きな割合を占めていた。

　金額ベースでみれば以上のようであるが、第1節で述べたようにODA政策の重点は変遷を重ねている。人づくり、制度づくりの分野も強化されてきている。とはいえ、2015年の開発協力大綱の重点課題をみると、第一項目に「「質の高い成長」とそれを通じた貧困撲滅」を掲げており、やはり経済インフラ重視という基本は変わらないとみることができる。

---

[26]　2018年は74%であった（『開発協力白書』2019年版: 159）。

3. 直接投資の急増

(1) 地域別・産業別推移

　1990年代から2010年代にかけて、対外直接投資は表6-7のように推移した。総額は2000年代前半までは横ばい状態であったが、2000年代後半から急増している。この間、経済グローバル化の波に乗って世界の対外直接投資は拡大を続けているが、そのなかでも日本の伸びは突出している。UNCTADの集計によれば、日本の直接投資は2000年に世界第12位、全体に占める比率2.7％であったが、2010年第7位、4.0％、2018年第1位、14.5％へと躍進している[27]。日本は着実に直接投資大国への道を歩んでおり、国内の低成長状態と比較して、この急成長に注目する必要があろう。

　地域別にみると、全体として北米が優位にあるなかで、2000年代前半に欧州、後半にアジア、2010年代後半に欧州が北米を上回

〔**表6-7**〕対外直接投資の地域別・産業別推移（1991〜2019年）

（単位：十億円）

	1991-95	1996-2000	2001-04	2005-10	2011-15	2016-19
アジア	922	1,029	814	2,051	3,727	4,378
北米	2,065	2,158	894	1,853	4,059	4,778
中南米	424	712	741	1,204	841	2,091
欧州	920	1,924	1,507	1,806	3,237	7,613
世界合計	4,701	6,052	4,109	7,452	12,715	19,575
製造業	1,508	2,452	1,721	3,477	5,151	7,454
化学	232	259	335	650	877	2,024
電気機械	331	831	437	466	645	1,082
輸送機械	189	339	468	748	977	1,479
商業	552	491	370	669	1,468	3,156
金融・保険	644	1,296	1,254	1,928	2,302	2,834
サービス／通信	751	445	225	335	1,060	2,216

出所：財務省（大蔵省）『財政金融統計月報』〈対内外民間投資特集号〉各号。
注1) 1991〜2004年は年度、届出ベース、2005〜19年は暦年、国際収支ベース。
　 2) 各4〜6年平均の数値。
　 3) サービス／通信の1991〜2004年はサービス業、2005〜19年は通信業の数値。

[27]　ジェトロ https://www.jetro.go.jp/ext_images/world/statistics/data/wir20_flow.pdf。

った。産業別では、非製造業が製造業を上回っており、なかでも金融・保険業が最も多く、2010年代には商業、通信業も急増を記録した。製造業もまた全体として増加しており、そのなかの最大業種は、1990年代は電気機械、2000年代から10年代前半は輸送機械、後半は化学というように順位の変動が生じていた。

　このようなフローの増加の結果として、投資残高も拡大を続けていった。表6-8によれば、残高総額は2005年45.6兆円から2019年193.1兆円へと4.2倍に増加した。これを国際比較すると、2000年は世界第8位、比率3.2%、2010年第9位、4.1%、2019年第5位、5.9%であり、やはり2010年代に地位を上げていったといえる[28]。

〔**表6-8**〕対外直接投資残高の地域別・産業別構成（2005、2019年）

（単位：十億円）

	製造業				非製造業				合計
		化学	電気機械	輸送機械		卸・小売	金融・保険	サービス／通信	
2005年									
アジア	7,311	1,219	1,930	1,423	3,049	1,011	1,034	304	10,360
北米	11,929	2,060	3,067	4,638	6,420	2,314	2,085	472	18,349
中南米	969	52	40	595	2,916	92	2,526	3	3,884
欧州	6,344	1,115	1,700	1,353	4,732	1,342	2,002	667	11,076
全地域	27,290	4,665	6,753	8,130	18,316	5,023	7,847	1,575	45,605
2019年									
アジア	28,379	3,795	5,185	6,679	26,006	6,918	11,603	972	54,385
北米	20,451	4,775	2,481	3,772	38,382	13,282	14,149	3,087	58,833
中南米	3,554	233	257	1,236	9,927	795	4,606	1,983	13,480
欧州	25,392	10,101	2,335	3,811	30,832	7,673	8,322	6,811	56,225
全地域	79,990	19,847	10,286	15,736	113,065	29,364	40,269	13,002	193,054

出所：2005年は『財政金融統計月報』657号、2007年1月、2019年は日本銀行 https://www.boj.or.jp/statistics/br/bop_06/index.htm/。
注1) 国際収支ベース、ネット、残高。
　2) サービス/通信の2005年はサービス業、2019年は通信業。

　表6-8から以下の4点を指摘できる。第一に、製造業と非製造業の総額を比較すると、2005年は製造業が多かったが、2019年は非製造業が上回っている。この間の増加率は製造業2.9倍に対して非製造業は6.2倍であった。第二に、非製造業では総じて北米が優位

*28　ジェトロ https://www.jetro.go.jp/ext_images/world/statistics/data/wir20_stock.pdf。

であったが、2005年の金融・保険は中南米が最大であった。これはタックスヘイブンのケイマン諸島への投資が多かったためと考えられる。また2005年のサービス業、2019年の通信業では欧州が最大となっていた。第三に、製造業全体の地域別順位は、2005年の北米、アジア、欧州から2019年のアジア、欧州、北米へと変動した。第四に、製造業主要3業種のなかでは、2005年はすべて北米が最多であったが、2019年の化学は欧州、電気機械・輸送機械はアジアが最も多くなった。

　さらに2019年について国別に投資残高の順位をみていくと[*29]、非製造業は米国、イギリス、オランダ、オーストラリア、シンガポール、製造業は米国、中国、オランダ、タイ、イギリスが上位に並んだ。製造業のなかの化学は米国、オランダ、中国、韓国、イギリス、電気機械は米国、中国、タイ、オランダ、ドイツ、輸送機械は米国、中国、タイ、ドイツ、オランダが上位を占めた。アジアの製造業では中国とタイの地位が高いといえる。

〔表6-9〕アジアの直接投資受入国における日本の位置
（2000〜2019年）
（単位：％）

	2000	2010	2019
韓国	⑥ 10.8	① 15.9	⑥ 6.1
台湾	④ 9.6	④ 10.5	② 11.4
中国	④ 7.2	④ 4.0	⑥ 2.8
香港	⑥ 3.2	⑥ 2.3	⑤ 3.0
シンガポール	② 20.9	② 12.3	3.0
マレーシア	② 14.5	② 13.9	① 32.9
タイ	① 50.5	① 35.9	① 31.2
インドネシア	① 16.0	④ 4.4	③ 15.3
フィリピン	② 25.4	① 29.8	③ 5.1
ベトナム	④ 4.1	③ 11.8	④ 12.5

出所：日本貿易振興会編『ジェトロ貿易投資白書』各年版。
注1) マル数字は国別順位、数字は日本のシェア。
　2) 一部の国は前後の年次の数値。
　3) 単年国際収支ベース、または認可ベース。
　4) シンガポールは製造業（2019年は固定資産投資）、
　　　インドネシアは金融、石油・ガスを除く。

*29　日本銀行 https://www.boj.or.jp/statistics/br/bop_06/index.htm/。

このような対外直接投資のアジア受入国における日本の地位について表6-9から確認しておこう。東南アジア諸国では概して日本はトップクラスの投資国の地位にあるが、以前の時期（表5-13）に比べると、順位、シェアともに若干低下する趨勢にある。そのなかでタイだけはどの年次でも首位を維持しており、日本の投資先として別格の存在とみなしうる。一方、中国およびNIES4では明らかに日本の順位、シェアは後退している。1970年から2019年までを通観してみると、国別順位、シェアの点では1990年がピークの年であったといえる。

(2) 海外現地法人の事業動向

製造業に絞って海外現地法人の事業動向を概観しよう。表6-10

〔**表6-10**〕海外現地法人（製造業）の事業動向
（1995〜2015年度）

		1995	2005	2015
企業数 （社）	アジア	2,979	5,449	8,528
	北米	1,134	1,306	1,176
	欧州	752	877	848
	総計	5,243	8,048	11,080
	化学	683	1,089	1,117
	電気機械	1,278	1,848	1,763
	輸送機械	718	1,375	2,351
売上高 （十億円）	アジア	12,301	36,182	74,070
	北米	14,732	30,030	36,815
	欧州	7,381	15,907	13,611
	総計	36,700	87,419	134,996
	化学	2,747	7,207	10,220
	電気機械	12,464	23,449	20,362
	輸送機械	11,186	36,157	67,525
従業員数 （千人）	アジア	1,123	2,715	3,348
	北米	372	432	477
	欧州	216	295	349
	総計	1,855	3,622	4,418
	化学	125	172	180
	電気機械	614	1,325	923
	輸送機械	402	962	2,009

出所：経済産業省「海外事業活動基本調査」各年度版。
注：電気機械は情報通信機械を含む。

を表5-14とつなげてみると、全般的な拡大傾向をみることができる。第一に、企業数は1990年の3400社から2015年の1万1000社へと伸長した。この調査によれば製造業現地法人を保有する日本本社企業は1995年1216社から2015年4079社へと増加した。地域別ではアジアが増大し、欧米は横ばい状態であった。業種別では電気機械がピークをすぎ[*30]、代わって輸送機械がトップに立った。

　資本金規模別にみると、1995年は1億円以下の中小企業24%、100億円超の大企業23%であったのが、2015年はそれぞれ54%、9%へと変動しており、中小企業のアジア進出の拡大をうかがうことができる。大資本は保有する現地法人数を増やしていったと考えられる。東洋経済新報社の調査によれば、2018年時点で現地法人100社以上を保有する大資本は8社、50社以上では60社に達していた[*31]。

　第二に、売上高もまた全体として増加し、地域別ではアジアが半ば以上を占めることになった。1990年代は北米と拮抗していたが、2010年代には大きく差をつけた。業種別では80年代までは電気機械が最多であったが、2000年代以降は輸送機械がこれに代わった。

　第三に、従業員数はアジア、輸送機械に集中する傾向を示した。電気機械は2005年から2015年の間に大幅に減少した。これは企業数、売上高の減少に照応している。

　日本国内の製造業従業者数と比較してみると[*32]、国内では2005年の823万人が2018年には778万人に減少している。海外現地法人の製造業従業者数は、2005年に日本国内の44%、2018年には59%に達した。業種別にみると、電気機械は2005年103%、2018年85%、輸送機械は2005年97%、2018年166%であり、いずれもきわ

*30　日本の電気機械企業は技術体系、ビジネスモデルのパラダイムシフトに対応しきれず、韓国、台湾、中国企業に追い抜かれていった（末廣昭2014: 第3, 4章、坂本雅子2017: 第1章）。

*31　『海外進出企業総覧』会社別編2019年版: 2003。このランキングの上位10社の業種は電気機器6社、輸送機器2社、その他2社であった。

*32　国内従業者数のデータは経済産業省「工業統計調査」による（https://www.meti.go.jp/statistics/tyo/kougyo/result-2.html）。

めて高い海外比率を示している。特に輸送機械は生産拠点の海外シフトが急速に進展したとみることができる。

国内の売上高に対する海外現地法人の売上高の比率をみると、長期的な上昇傾向が認められる。製造業全体では、1990年6.4%、2000年14.6%、2010年18.1%、2018年25.1%、電気機械はそれぞれ11.4%、22.8%、28.4%（情報通信機械を含む）、27.8%（同）、輸送機械は12.6%、38.4%、39.2%、46.9%と推移した（「海外事業活動基本調査」各年版）。

次に、表6-11によって、収益の動向をみよう[33]。第一に、全体として純利益規模が拡大するなかで、地域別ではアジアがほぼ一貫

〔表6-11〕海外現地法人純利益の地域別・業種別推移（1991～2018年度）
（単位：億円）

	1991 -95	1996 -2000	2001 -05	2006 -10	2011 -15	2016 -18	参考 2016-18
アジア	3,493	4,368	13,827	28,212	39,062	54,397	40,557
中国	58	1,018	4,061	11,334	16,726	24,025	17,362
ASEAN4	1,375	522	5,324	9,557	13,447	16,765	13,256
NIES3	1,992	2,571	3,590	5,437	6,983	8,696	7,039
北米	-1,208	6,096	10,192	12,190	15,790	19,864	15,948
欧州	-516	753	906	7,169	7,071	12,882	9,041
世界合計	2,448	13,056	30,052	62,891	71,226	101,168	78,428
製造業	2,296	6,692	18,320	31,848	36,978	52,094	40,307
化学	417	1,414	3,979	6,328	5,878	8,324	6,843
電気機械	707	823	1,730	3,752	4,201	5,015	4,323
輸送機械	478	2,103	8,211	14,492	18,664	23,839	18,998
非製造業	152	6,364	11,732	31,043	34,248	49,074	38,122
鉱業	515	1,106	3,048	8,152	4,194	5,736	6,027
商業	649	4,182	8,044	14,152	16,389	21,508	17,350
サービス業	-99	752	1,123	1,675	5,119	9,419	5,404

出所：通産省（経済産業省）「海外事業活動基本調査」各年度版。
　　　参考2016-18は日銀ウェブサイト：国際収支統計＞業種別・地域別直接投資。
注1) 5年（3年）平均の純利益。
　2) 金融・保険業、不動産業を除く。
　3) 電気機械は情報通信機械を含む。
　4) 香港は1991～97年度はNIES3に、1998年度以降は中国に含まれる。
　5) 参考2016-18は国際収支ベースの直接投資収益（金融・保険業を除く）。

....

[33]　対外直接投資の収益動向は、国際収支ベースでは1996年以降は地域・

して最大となっている。1990年代後半に北米に抜かれているが、これはASEAN4の落ち込みに起因しており、アジア通貨危機の影響と思われる。北米の伸びはゆるやかであり、アジアとの差が開く傾向をみせている。欧州の純利益は北米よりもさらに少ない。第二に、アジアのなかで中心地域の移動が生じている。1990年代はNIES3が中心であったが、2000年代後半以降は中国が最大となり、ASEAN4がそれに続き、NIES3は後景に退いた。第三に、製造業のなかでは輸送機械の伸びが顕著である。これに化学が続き、電気機械は伸びが鈍い。輸送機械と他の業種との差が開く傾向がうかがえる。

〔**表6-12**〕アジア製造業現地法人の経常利益の業種別・国別構成 (2018年度)
(単位：十億円)

	全産業	製造業	化学	電気機械	輸送機械
全地域	13,730	6,554	1,033	808	2,717
アジア	6,986	4,813	444	673	2,514
中国	2,977	2,046	86	317	1,068
ASEAN4	2,177	1,526	144	196	860
NIES3	1,160	633	202	124	113

出所：「海外事業活動基本調査」第49回 (2018年度実績)。
注1) 電気機械には情報通信機械を含む。
　　2) 中国は香港を含む。ASEAN4はマレーシア、タイ、インドネシア、フィリピン、NIES3はシンガポール、韓国、台湾。

　2018年の経常利益の業種別・地域別構成をみれば、世界全体の製造業の経常利益は6.6兆円、アジアは4.8兆円、そのうち輸送機械は2.5兆円であり、アジア輸送機械だけで世界製造業利益の4割近くを占めていた。そのなかでは中国が最大であり、ASEAN4がそれに続いていた (表6-12)。
　地域別・業種別の投資残高と純利益を比較して利益率を算出すると、2018年の場合、全地域製造業は7.5％、アジア製造業は13.9％、アジア輸送機械は31.3％となる。アジア電気機械は10.7％にと

国別に公表されているが、業種別動向は2014年以降しか明らかにされていないため、「海外事業活動基本調査」を利用する。

どまっている。アジア輸送機械は投資額、利益率の両面でトップに立っているといえる[34]。

　こうして獲得された対外直接投資の利益は、配当として日本に送金される一方、現地に内部留保が積み上げられていった。国際収支統計では第一次所得における直接投資収益受取が地域別に示されており、2001～2005年平均で総額2.2兆円、うちアジアが33%。北米が39%を占めていた。2014～2018年平均をみると、総額12.4兆円、アジア41%。北米28%となり、やはりアジアが伸長している（日銀、国際収支統計データベース）。国際収支統計では、サービス収支のなかに工業所有権等（2014年以降は知的財産権等）使用料受取項目があり、子会社からの支払が多くを占めていたと思われる[35]。この総額は2014～2018年平均4.5兆円、アジア35%、北米42%となり、こちらは北米がアジアを上回った。

　「海外事業活動基本調査」では、海外現地法人から日本側出資者向けの支払について、配当金とロイヤリティに区分して示している。それによると、アジアでは配当金がロイヤリティを上回る特徴があり、輸送機械にその傾向が強い。一方北米ではロイヤリティが配当金を上回る傾向があり、特に輸送機械に顕著である。国際収支ベースの支払形態の違いに照応した動きといえる。

　利益金処分では海外現地法人の内部留保蓄積も重要である。2017年の海外現地法人の利益金内部留保比率をみると、全業種では42%、製造業では32%、アジア製造業は28%、アジア輸送機械は12%という数値が得られる。2014年では各項目とも30～40%台であり、このあたりが平均的な傾向と思われる[36]。

　こうした内部留保が積み上がり、製造業全体では1999年の5900億円が2018年には18.3兆円まで膨れ上がった。このうち13.5

---

*34　国際収支ベース統計で2014年以降の利益率を算出してみても、アジア輸送機械が最高の実績をあげている。対外投資の利益率の詳細は、金子文夫2020、同2021参照。

*35　総務省「科学技術研究調査」2020年版によれば、2019年度の技術輸出対価受取額の74.1%は親子会社間の取引であり、輸送機器は受取全体の53.1%、その親子取引比率は87.3%であった。

*36　金子文夫2020: 表5に2007, 2011, 2014, 2017年の利益金処分状況を示した。

兆円（74％）がアジアに蓄積され、その半分6.3兆円は輸送機械である。アジアへの輸送機械投資が高収益をあげたため、日本に多額の配当金、ロイヤリティを支払う一方、内部留保残高を積み上げることが可能になっていた。

　　日本を代表する自動車メーカーであるトヨタ自動車について、2010年代の地域別営業利益率を算出してみると、いずれの年度においてもやはりアジアが北米、欧州より高い実績をあげていた（金子文夫2020: 表10）。このような高収益がいかなる要因によって実現したのか、その解明のためには自動車産業の立ち入った構造分析を必要とする[37]。

第3節　東アジア貿易圏の再編

1. 輸出入の推移

　　1990年代から2010年代にかけて、日本の貿易は全体として増大を続けてきた。ただし、2010年代に入り、伸び率は鈍化している。輸出の停滞が生じ、貿易収支は赤字傾向がみられるようになった。

　　地域別にみれば、輸出入ともにアジアの比率が上昇した。1995年と2019年を比較すると、輸出のアジア比率は43.5％から53.7％へ、輸入のアジア比率は36.7％から47.6％へと、それぞれ上昇を遂げた。しかし、対アジア輸出入も2010年代後半には横ばい状態に転じている。日本経済の低成長が貿易面にも表れているといえる。

　　貿易品目について商品群を大きく区分すると、輸出品目の構成比は2000年には資本財（一般機械、電気機械、輸送機器等）60.2％、耐久消費財（乗用車、家電等）17.5％、工業用原料（化学品、金属等）17.3％などであったが、2019年にはそれぞれ49.7％、16.8％、23.7％へと推移した。一方輸入品目の構成比は、2000年には工業用原料（鉱物性燃料、化学品等）41.8％、資本財（電気機械、一般機械等）27.7％、食

---

[37]　坂本雅子2017: 第2章は自動車産業の対外投資を検討しているが、利益動向の分析は手薄である。

料その他直接消費財11.9％などであったが、2019年にはそれぞれ
44.6％、28.3％、8.8％となった[38]。

　輸出では資本財の比率低下が認められるが、その一因は電気機
械の輸出減少にあると思われる。輸出に占める構成比は24.2％から
15.2％に減少した。輸入における電気機械の構成比は12.8％のまま
で変化はないが、輸入額に対する輸出額の倍率は2.4倍から1.2倍
へと半減した。電気機械を代表する品目である半導体等電子部品
は、この間に輸出は4.6兆円から4.0兆円に減少、輸入は2.1兆円か
ら2.6兆円に増加しており[39]、日本電気機械産業の衰退に対応してい
る[40]。東アジアにおける国際競争の激化、国際分業の変化が現れて
いる。

　対東アジア貿易について、地域（中国、NIES、ASEAN）と商品群
を区分して変化の実態をうかがってみると次の4点を指摘すること
ができる。第一に、日本の貿易相手国として中国の地位が上がり、
NIESが下がった。第二に、貿易収支に関しては、対中国は入超、
NIESとASEANは出超地域であった。中国の場合、耐久消費財（家
電製品等）のほか、非耐久消費財（繊維製品）の輸入超過が影響して
いた。一方、NIES、ASEANは主に資本財が大幅な輸出超過の要因
であった。第三に、輸出の中軸は資本財であるが、その伸びは中国
が著しく、NIESはむしろ減少し、ASEANも伸び悩んだ。資本財の
主力をなす電気機械、一般機械の動きをみると、中国向けは両品目
とも輸出が増えたが、NIES向けでは電気機械の落ち込みが目立っ
ていた。第四に、輸入の中軸も資本財であるが、この伸びも中国が
目立った半面、NIES、ASEANからの輸入はゆるやかな増加に止ま
っていた。中国からの資本財輸入の中核は電気機械であり、その輸
入総額に占める割合は2000年の12.1％から2016年の26.7％へと跳
ね上がっている。

　以上のような日本からみた東アジア貿易の動向は、東アジア諸

*38　ジェトロ、ウェブサイト：統計ナビ＞主要国・地域別長期貿易統計
　　（https://www.jetro.go.jp/world/japan/stats/trade.html）。
*39　財務省ウェブサイト：貿易統計＞最近の輸出入動向（https://www.
　　customs.go.jp/toukei/suii/html/time_latest.htm）。
*40　電気機械産業の衰退については、坂本雅子2017: 第1章参照。

地域の貿易発展の一側面を示している。2000年から2019年にかけての輸出額の増加趨勢を比較してみると、日本が1.5倍であったのに対して、中国は実に10.0倍、ASEANは5.0倍に増加しており、世界全体でも2.9倍に増えている[41]。東アジアの貿易圏のなかで日本の地位は低下しているのであり、第2節でみた「投資大国」化とは逆の動きであることに注意しなければならない。

2. 貿易圏の構造転換

(1) 域内依存度の上昇

　東アジア域内貿易は、1980年代以降、貿易全体に占める比率を上昇させてきた。日本を含めた東アジア各国・地域の貿易統計を集計すると、1980年代から2000年代にかけて域内輸出の割合は30%台から40%台へ、域内輸入の割合は40%台から50%台へと上がっている。ただし、2010年代には域内比率は低下傾向を示した[42]。

　この間東アジアでは、日本、NIES、ASEAN、中国が工業化・高度経済成長の連鎖を創出し、世界の経済発展を主導する役割を果たしてきている。NIESおよびこれを追った中国とASEANとでは産業構造変化のパターンは異なるが[43]、貿易の拡大が経済発展と強く結びついていたことは明らかであろう。

　東アジア域内貿易の拡大を支えたのは、工業品生産の国際分業、中間財（部品・加工品）の国境を越えた移動であった。その実態は『通商白書』で毎年のように詳細に分析されており、たとえば2011年版では域内での中間財貿易の伸びが描かれ、また2014年版ではEU、NAFTAと比較して域内部品貿易のシェアが大きい事実が示されている[44]。

　このような域内中間財貿易の拡大を可能にした制度・政策面の背景としては、ASEANにおけるAFTA（自由貿易地域）の設立、

----

[41]　ジェトロ、ウェブサイト：統計ナビ＞世界貿易マトリクス（https://www.jetro.go.jp/world/statistics.html）。

[42]　同前。

[43]　高阪章2020: 第6章参照。

[44]　『通商白書』2011年版: 93-100、2014年版: 216-219。

ASEAN経済共同体の形成、ASEANと日本・韓国・中国とのFTA締結、そして全体を包括するRCEP成立へと至る、重層的な地域統合に向けた流れを指摘することができる[45]。

　そうした制度を要請し、かつ利用して国境を越えたサプライチェーンあるいはバリューチェーンを構築していったのは日本企業をはじめとする先進国多国籍企業であった[46]。ただし注目すべきは、国境を越える事業活動の担い手として、韓国・台湾・香港・シンガポール等のNIES資本、さらにはタイ・マレーシア等のASEAN資本、中国資本もこの動きに参入し、重層的な資本移動を展開しつつある点である。この結果、域内貿易比率の上昇を追う形で、域内投資比率の上昇も進行しており、2009年末には39.1％に達した。この数値はEUの73.3％には及ばないものの、北米の21.1％を上回っている（高阪章2020: 51-53, 195）。

（2）中心国の交代

　東アジアの域内貿易には大きなシェアをもつ中心国が存在する。表6-13によれば、1980年には東アジアの貿易総額に占める日本のシェアは輸出入ともに4割以上に達していた。一方中国は2019年に4割前後を占め、かつての日本の地位を奪ったことを表している。またこの表は、日本が東アジアへの依存度を上げていく半面、中国が世界貿易を伸ばして東アジアへの依存度を下げていった事実も示している[47]。

　東アジアの域内貿易では域内輸出比率が域内輸入比率より低いが、これは東アジアから域外（主に北米・欧州）への輸出が多いためである。1980年代までは日本からNIES、ASEANに中間財を輸出し、そこから域外に最終消費財を輸出する流れが強かった。中国の

*45　ASEAN、さらには東アジアの経済統合については多くの研究がある。さしあたり、石川幸一・清水一史・助川成也編2013、深沢淳一・助川成也2014参照。
*46　東アジアのバリューチェーンについては猪俣哲史2019: 第2章参照。
*47　2000年の中国の輸入に64.9％という高い数値が現れているが、これは香港・中国貿易の特殊な事情に影響されたものであり、香港を除けば47.6％になる。

〔表6-13〕東アジア貿易圏における日本と中国の位置
（1980, 2000, 2019年）

（単位：％）

			1980	2000	2019
東アジアの貿易総額に占める日中両国の割合	日本	輸出	47.9	28.9	13.1
		輸入	44.5	25.1	14.1
	中国	輸出	6.7	15.1	46.3
		輸入	7.0	15.7	39.3
日中両国の対東アジア貿易依存度	日本	輸出	25.4	39.6	46.2
		輸入	24.7	42.1	45.9
	中国	輸出	52.8	47.4	26.8
		輸入	39.5	64.9	30.0

出所：ジェトロ、ウェブサイト：統計ナビ＞世界貿易マトリクス
（https://www.jetro.go.jp/world/statistics.html）。

経済的台頭とともに、東アジア各地域から中国に中間財を輸出し、中国から域外に最終消費財を輸出する流れが強くなった。2010年代に特に輸出の域内比率が低下傾向になったのは、中国の域外輸出の拡大（「中国を出荷口とする東アジア生産システム」猪俣哲史2019: 63-65）によるものと考えられる。

　東アジア域内貿易における中心国の交代は表6-14の国別比較に、より明確に示されている。この表は各国・地域の輸出入先としての日本と中国の位置について、国別順位とシェアをまとめたものである。2000年から2019年にかけて、日本の順位とシェアは低下傾向をたどっている。2000年の輸入シェアでは日本は中国を含む10カ国・地域のなかで香港以外はすべて1位、シェア10％以上であった。しかし、2010年には1位は5カ国に減り、2019年にはゼロになった。当然シェアも落としている。輸出シェアは2000年でも1位は2カ国にすぎなかったが、7カ国で10％以上であった。しかし、2019年には1位ゼロ、10％以上は2カ国へと減少した。

　一方中国は、2000年の輸入シェア1位は香港のみであったが、2019年にすべての国・地域で1位となり、シェアもシンガポール以外は20％以上を占めた。輸出シェアは2000年には香港以外では3位以下であったのが、2019年には1位6カ国・地域、シェアはすべて10％以上となった。

　このように2010年代に東アジア貿易圏における中心国は日本から中国へと転換したとみることができる。資本輸出では日本はな

〔**表6-14**〕アジア諸国の輸出入に占める日本・中国のシェア
（2000, 2010, 2019年）

（単位：%）

	相手国	輸入シェア			輸出シェア		
		2000	2010	2019	2000	2010	2019
日本	中国	②14.5	①22.1	①23.5	④6.3	①19.4	②19.1
中国	日本	①18.4	①12.7	③8.3	③16.7	③7.7	②5.7
韓国	日本	①19.8	②15.1	③9.5	②11.9	③6.0	⑤5.2
	中国	③8.0	①16.8	①21.3	③10.7	①25.1	①25.1
台湾	日本	①26.4	①20.7	②15.4	④9.5	④6.6	④7.1
	中国	③4.3	②14.3	①20.1	③15.0	①28.0	①27.9
香港	日本	②12.0	②9.2	④5.7	③5.5	③4.2	③3.0
	中国	①43.1	①45.5	①46.6	①34.5	①52.7	①55.4
シンガポール	日本	①17.2	④7.9	⑤5.4	④7.5	⑤4.7	⑥4.5
	中国	④5.3	③10.8	①13.7	⑦3.9	②10.3	①13.2
マレーシア	日本	①21.1	①12.6	④7.5	③13.1	③10.4	⑤6.6
	中国	⑥4.0	②12.6	①20.7	⑩3.1	②12.6	①14.2
タイ	日本	①24.7	①20.8	②14.1	②14.8	②10.5	③10.0
	中国	③5.5	②13.3	①21.3	③4.1	①11.0	②11.8
インドネシア	日本	①16.1	③12.5	③9.2	①23.2	①16.3	9.5
	中国	③6.1	①15.1	①26.3	③4.5	②15.1	①16.7
フィリピン	日本	①19.2	①12.3	③9.4	①14.7	①15.2	②15.1
	中国	2.4	④8.4	①22.9	1.7	④11.1	③13.7
ベトナム	日本	①13.7	③10.6	③7.7	①17.2	②10.7	③7.7
	中国	⑤8.0	②23.6	①29.8	・・	③10.1	②15.7

出所：『ジェトロ貿易投資白書』2002, 2011年版、「世界貿易投資動向シリーズ」2020年版等。
注1) マル数字は国別順位を表す。
　2) ベトナムの2000年は1999年のデータ。

お優位にあるとみてよいが、貿易面における主導権は中国が掌握することになったわけである。19世紀末以降、東アジアの地域経済覇権を握り続けてきた日本は、ついにその地位を中国に譲り渡していくのである。

終章
総括と展望

本書が視角として設定した対外投資の俯瞰的・数量的把握、国家資本システム、東アジアとの関係の3点について検討結果を要約し、今後の展望に言及して終章としたい。

第1節　対外投資の俯瞰的・数量的把握

　本書では、戦前は戦争を画期とし、戦後は経済成長率を基準にして、全6章構成で100年に渡る日本の東アジア投資の概観を試みてきた。各期の投資額、主な投資分野、背景、意義について概括しよう。

　第1期は1910年代から20年代半ばまで、第一次大戦を挟む時期である。対外投資残高は1914年6.8億円から1924年28.7億円へと22億円ほど増加した。主な投資分野は外債、中国借款、植民地鉄道建設などであった。この背景としては、大戦好況による輸出急増、経常収支黒字、また植民地経営体制整備の要請などがあげられる。これによって日本は資本輸出国、債権国となり、植民地帝国の実体を形成した。

　第2期は1920年代半ばから30年代半ばまで、満州事変前後の時期である。投資残高は1930年52.6億円、1936年86.1億円へと急増した。主な投資分野は満鉄、満州開発事業、在華紡、朝鮮鉄道などであり、貿易赤字が継続するなかで帝国圏に投資が集中していった。これにより日満ブロック経済が構築されていった。

　第3期は1937年日中全面戦争突入から1945年敗戦まで、戦時経済の時期である。投資総額は1937～44年に152億円増加して、残高は238億円に達したと見積もられる。軍事占領地を中国本土から南方へと拡大して「大東亜共栄圏」を形成し、帝国圏開発政策によって投資額が著増したが、もとより戦時体制下の投資活動であって持続性を持ちえず、敗戦により投資資産は消滅した。

　第4期は1950年代から1973年まで、戦後復興を起点に高度経済成長を実現した時期である。対外投資はゼロからスタートし、1973年に投資残高247億ドル（約6兆円）に達した。主な投資形態は延払信用、借款等であり、直接投資累計は全体の18％にとどまっていた。高度成長期は国内投資が旺盛に行われ、輸出を促進する延

払信用が伸びる一方、国際収支の制約から直接投資の拡大は抑制的であった。

　第5期は1974年から80年代末まで、経済大国化の時期である。投資残高は1990年に1兆0961億ドル（約148兆円）へと増加した。内訳は民間証券投資51.4%、民間直接投資18.4%、政府部門投資（借款等）11.2%等であった。国際収支黒字転化に基づく資本自由化政策、さらに変動相場制移行後の円高、貿易黒字累積等の要因により対外投資が大幅に増大し、1989年にODA、直接投資（フロー）が世界第1位となった。

　第6期は1990年代から2010年代まで、低成長が常態化した時期である。GDPの低成長とは対照的に対外投資は増大を続け、2019年末の投資残高総額は1098兆円、第5期末から7倍以上に膨脹した。内訳は、証券投資45.8%、直接投資18.5%等であった。この時期も経常収支の黒字が継続し、対外投資の増加をもたらしたが、黒字要因は貿易収支黒字から第一次所得収支の流入超過へ、つまり対外投資収益の還流へと転換していった。

　戦前と戦後の対外投資の規模を、GDPおよび輸出と比較しよう。1936年の対外投資残高86億円はGNP178億円の48.3%、輸出36億円の2.4倍の規模であった[1]。これに対して2019年の対外投資残高（直接投資、証券投資のみ）は706兆円であり、GDP560兆円の1.3倍、輸出77兆円の9.2倍と1936年をはるかに上回る規模に達している。対外投資残高の対GDP比が1936年水準に達したのは2000年代前半、対輸出比が到達したのはこれより早く1980年代後半と推測される。

　在外企業数も現在は戦前水準を凌駕している。1940年代前半における日系企業数は多めにみても朝鮮7000社、満州6500社、中国本土3000社、台湾2000社程度であろう（金子文夫1994: 423、同1995: 190、鈴木邦夫編2007: 69）。一方、2018年時点での海外現地法人数は合計31574社、うちアジア19704社（中国6846社）に上っている（『海外進出企業総覧』会社別編2019: 1984）。

　次に、戦前と戦後における対外投資のあり方の差異を概括しよう。第一に投資形態では、対外投資残高全体に占める直接投資の割

....

[1]　三和良一・原朗編2007: 2-5による。

合が、戦前は50〜60％と高率であったのに対し、戦後は一貫して20％弱という低率であった。戦後は投資形態が多様化し、直接投資の割合は相対的に低下した。とはいえ、直接投資の規模は増加を続けており、輸出に対する直接投資残高の規模は、1936年1.6倍に対して2019年は2.6倍に達している。

第二に、直接投資の地域別分布をみると、戦前は東アジアに極端に集中し、それ以外の地域にはほとんど進出していなかった。1936年の直接投資残高は朝鮮23.2％、台湾6.4％、満州40.3％、中国本土17.6％、その他12.4％であり、東アジアが90％近くを占めた。その他も主に南方であり、欧米は僅少であった。一方戦後は世界諸地域に分散しており、2019年はアジア28.2％、北米30.5％、欧州29.1％等となっている。戦前は地理的に近接し、しかも政治的に保護された帝国圏に集中的に進出していた。

これに関連して第三に、企業進出方式が異なっていた。戦前の資本類型を国家資本、民間大資本、民間中小資本に区分すると、国家資本と民間中小資本は進出先に本社を設置し、民間大資本は内地に本社を置いて海外事業を展開する方式が多かった。帝国圏であるため、内地からの丸ごと移転、あるいは最初から現地での設立が可能となっていた。このことが、戦前の対外投資統計において、フローとストックの乖離を生んだ最大の要因であろう。現代の国際収支統計では海外現地法人の収益再投資は日本からの投資とみなされ、基本的にすべて捕捉される[*2]。戦前の場合、現地で設立・拡大していった日系企業の投資額はフローベースの国際収支統計に十分に取り込めなかったと考えられる。また戦後は国家資本が外国に本社を設けることは想定しがたい。民間大資本は、戦前と同様に国内に本社を置きながら海外現地法人を設立し、民間中小資本の場合も、日本本社、海外現地法人方式が基本であった。

このように、戦前期は植民地支配と軍事占領を前提とした対外投資であり、一応外国投資といえる在華紡にしても租界権力に保護

*2 日銀の国際収支マニュアルの解説には、収益の再投資について、「直接投資企業の未配分収益は、いったん直接投資家に配分されたあと、再び当該投資家によって資本投下されたものとみなして計上する」とある。（日本銀行 https://www.boj.or.jp/statistics/br/bop_06/index.htm/）。

されていた。また帝国圏は基本的に円系通貨圏であり、為替リスクのある外国投資とはみなしがたい。これに対して戦後期は経常収支黒字（貿易収支黒字から第一次所得収支黒字へ）を基盤的要因とした開放経済型の対外投資であり、国家的保護は戦前期ほど強くはない。とはいえ、戦後期の対外投資においても国家の支援は重要な意味を有しており、戦後型国家資本の役割が大きかったことは確認しておく必要がある。

第2節　国家資本システム

　序章で述べたように、国家資本は特別法、政府出資、政府の保護・監督を3要件とし、国家との関係の強弱によって3類型に区分される。日本の対外投資は、戦前戦後を通じて国家との関係が濃厚であり、様々な国家資本が重要な役割を果たすという特徴をもっていた。前節同様に戦前戦後を6期に区分し、国家資本の動向を総括してみよう。

　戦前の第1期には、植民地帝国を支える開発投資機関、植民地銀行群の体系が確立した。類型別に整理すれば、第一は、植民地の開発投資事業を担当し、民間投資を媒介した満鉄、東拓という国策投資企業（第1類型）、第二は、対中国借款を担い、民間資本を支えた横浜正金銀行、日本興業銀行、朝鮮銀行、台湾銀行等の特殊金融機関（第2類型）、第三は、植民地開発事業（特に鉄道）を推進した台湾総督府、朝鮮総督府、それを財政的にバックアップした大蔵省預金部などの国家機構（第3類型）である。これらの企業・銀行・機構は19世紀末から20世紀初頭に成立し、第一次大戦期に相互に連携して事業規模を拡大させた。

　第2期のうち1920年代後半は、内外の投資環境が悪化し、第1期に膨脹した各種投資機関は全体として低迷した。対中国借款は焦げ付き、企業ブーム破綻に影響されて朝鮮銀行、台湾銀行、東洋拓殖は整理を余儀なくされた。一方、満鉄は投資を伸ばし、社内事業を分離して関係会社群を拡大した。また南洋群島方面の国策投資企業として東拓傘下に南洋興発が設立され、朝鮮総督府の鉄道投資も増強をみた。満州事変後の1930年代前半は満鉄と「満州国」政府

を中心にして満州に特殊会社・準特殊会社が設立されていった。

　第3期には軍事占領地の拡大とともに国策投資企業が各地に設立され、民間投資を先導していった。満州に満州重工業開発、中国本土に北支那開発、中支那振興、台湾に台湾拓殖、南洋群島に南洋拓殖、樺太に樺太開発、計6社がほぼ同時期に設立された。先行した満鉄、東拓、南洋興発と合わせて9社体制になるが、大陸系5社と島嶼系4社では投資規模のうえで明確な差が存在した。また9社のうち純粋持株会社として直営事業を保有しなかったのは満州重工業開発、北支那開発、中支那振興の3社であり、他の6社は持株会社と直営事業会社の両面を備えていた。これら国策投資企業の設立と並行して、満州中央銀行、満州興業銀行、中国連合準備銀行、中央儲備銀行、南方開発金庫等の特殊金融機関が設立された。国家資本系が各地域の対外投資に占める割合は1938〜44年に朝鮮30%、満州60%、中国本土70%程度を占め、満州・中国本土で量的にも大きな存在であった。

　これらの国策投資企業の役割として鉄道、発電所等の経済インフラ建設があげられる。公式植民地では総督府が鉄道投資を行う一方、満州、中国本土では満鉄を中心にインフラ投資が主要な事業分野になっていた。敗戦により国策投資企業は解体されるが、経済インフラはそれを運営する人材とともに「遺産」として継承されることになる。

　戦後の第4期に入ると、国際環境が大きく転換し、戦前のような国策投資機関の海外での設立は想定されず、国内に対外投資を支援する国家機構を整備していく。1950年代から60年代初頭にかけて日本輸出入銀行、海外経済協力基金、海外技術協力事業団が設立されたが、経済活動を行う国家機構という意味で広義国家資本（第3類型）とみなしうる。輸銀は輸出金融を主要業務とし、対外投資では延払信用を担うが、やがて海外投資金融業務を伸ばし、民間直接投資を支える役割を果たすようになる。基金はODA、特に円借款によってアジアのインフラ建設を重点的に推進し、民間直接投資の基盤を整備していく。この時期には延払信用、借款が直接投資を上回っていた。

　第5期には、経常収支黒字を基礎にしてODAと民間直接投資はともに著増し、1980年代末には世界のトップ水準に到達した。1970年代前半、世界経済が激変するなかで、海外技術協力事業団

が国際協力事業団（JICA）に改組され、ODA供与体制が整備されるとともに、経常収支黒字が累積するようになり、日本は国際貢献の名目でODAを拡大し、並行して民間直接投資も増加した。対外投資全体に占める証券投資、直接投資の比率が上昇し、政府ベース資金の割合が低下するなかで、1989年にODAは民間直接投資（フロー）とともに世界第1位の座に就いた。国家資本輸出が民間投資を支える役割は続いていたといえる。

　第6期には、財政の逼迫からODAは伸び悩みとなり、国別順位では世界第5位、1970年代のランクへと後退した。行政改革の一環として、輸銀と基金が合体して国際協力銀行（JBIC）が設立され、その後JBIC改組によって旧基金部門が分離され、国際協力機構（JICA）に統合された。この間、民間ベースの直接投資、証券投資は増加を続け、対外投資における民間優位が明確になり、国家資本の役割は少なくとも量的には低下した。途上国向け資本輸出に占める政府資金の比率は、1980年後半は50％以上であったが、2010年代後半には25％以下に低下した。

　国家資本の存在形態は戦前と戦後では大きく異なるが、役割の共通点を二つあげることができる。第一は、鉄道、電力など経済インフラの建設である。戦前の総督府、満鉄等によるインフラ投資は戦後にはODA（円借款）に形を変え、引き続きアジアに重点を置いて民間企業進出を支える役割を果たしていった。第二は、官民連携した大型投資事業の推進である。戦前の満州重工業開発、北支那開発、中支那振興等の事業と類似の方式として、1950年代後半の四大プロジェクト（ウジミナス製鉄等）、1970年代のナショナル・プロジェクト（アサハン・アルミ等）への国家資本による投融資をあげることができる。これらは対外投資全体のなかで比重は大きくなかったが、国家資本が中核となって業界連合を組織した点で戦前方式との共通性が認められる。

第3節　東アジアのなかの日本

　日本の対外投資と貿易における東アジアの位置、東アジアからみた日本の存在、この両方面の実態（比率）を時期別にまとめてい

こう[*3]。

　第1期末（1924年）、対外投資残高は28.7億円、その地域別構成は帝国圏（台湾、朝鮮、満州）合計58.8%、これに中国本土借款・直接投資26.3%を加えれば85.1%に達した。台湾、朝鮮からみた対外投資の受入れはほぼ100%日本からであろう。満州・中国本土の投資受入れにおける日本のシェアでは、1914年13.6%、1931年35.1%という推計があり、イギリスに続く位置にあった（レーマー1934: 77）。1924年の日本の輸移出に占める帝国圏比率は17.6%で、中国本土16.5%を加えて34.1%、輸移入では帝国圏23.4%、中国本土8.0%合わせて31.4%であった（山澤逸平・山本有造1979: 206-213）。台湾、朝鮮輸移出の対日比率は79.9%、90.0%、輸移入は58.5%、65.3%に達した（日本貿易総覧1935: 462, 577）。満州では輸移出の46.5%、輸移入の34.8%を占め、日本が中国本土を上回った（金子文夫1991: 317、堀和生2009: 112-113）。中国本土の輸移出では日本帝国は18.0%（1923年）を占め、北米を上回り最大の輸出先であった（木越義則2012: 97）。

　この期間の日本と東アジアは、工業国対農業地域という関係が基調であった。日本は帝国圏にインフラ投資を行い、軽工業品（綿製品）を輸出し、農産物（米、砂糖、大豆、綿花）を輸入した。

　第2期末（1936年）、投資残高86.1億円の地域別構成は、中国本土も帝国圏とみなすと91.9%となった。満州・中国本土の投資受入れに占める日本のシェアも、この間の投資急増の結果、さらに高まったと推測される[*4]。日本の貿易に占める帝国圏比率は、輸移出42.6%、輸移入34.3%となり、1924年より比率を上げた。台湾からみた日本（朝鮮を含む）の比率は輸移出の92.5%、輸移入の83.3%、朝鮮からみた日本（台湾を含む）の比率は輸移出の87.3%、輸移入の85.0%を占めた（堀和生2009: 51, 82-83）。満州貿易に占める日本帝国の比率は輸移出の47.4%、輸移入の77.3%に達した（同前: 121）。中国本土の日本との貿易は大幅に縮小していった（同前: 250）。

　この期間の日本－東アジア関係の基調は基本的に前期の延長で

[*3]　戦前期の帝国圏貿易の詳細は堀和生2009参照。

[*4]　1936年を基準年度とした各国別対中国投資の実態は東亜研究所1943参照。

あり、日本経済は産業構造の重化学工業化を進めたが、生産額では1936年まで軽工業が重化学工業を上回る軽工業段階であった。欧米先進国からの機械類輸入に依存するかぎりでは、「中進国」段階であったといえる（堀和生・木越義則2020: 155）。ただし、この間に機械類の帝国圏輸出を進め、朝鮮・満州の工業化を促進していった。

　第3期は戦時経済下、投資も貿易も「大東亜共栄圏」内に収斂していった時期である。1944年の投資残高総額238億円は満州、朝鮮、中国本土に三分され、さらに南方が加わった。拡大された帝国圏向けの投資は増加したが、貿易は縮小傾向に陥った。1942～44年平均の輸移出先は朝鮮37.3%、満州27.8%、中国本土17.4%、台湾8.5%、南方7.8%、合計98.8%、輸移入は朝鮮27.0%、満州15.7%、中国本土31.8%、台湾10.2%、南方11.8%、合計96.5%となった。帝国圏各地の貿易が日本および帝国圏内に限られたことは間違いなかろう（山本有造2011: 111-114）。

　この時期、日本－東アジア関係は重化学工業国対農業・軽工業地域へと移行を遂げた。日本経済は鉄鋼業を基軸として重化学工業化を達成するとともに（橋本寿郎1984: 299-307）、帝国圏に対しては鉱工業投資を拡大し、機械類を輸出して農産物のほか鉱業資源を輸入する貿易構造を形成していった。帝国圏の側では、重化学工業拠点が形成される一方、消費財関連の軽工業にかなりの発展がみられ、帝国内分業、産業連関が形成された。GDPに占める第二次産業の構成比は台湾が1930年代前半、朝鮮が後半に20%台に到達している（堀和生・木越義則2020: 129, 156-181）。

　戦後の第4期には冷戦構造のもと、日本の対外経済関係における東アジアへの集中度は低下し、投資、貿易ともに世界への拡散が進行するが、それでも東アジア（東南アジアを含む）はかなり高い割合を占め続けた。以下、南アジアを含めてアジアの比率をみていくと、1973年時点での直接投資累計102.7億ドルのうちアジアは23.9億ドル（23.2%）を占めた。海外経済協力基金による円借款（1966～73年累計）では総額5124億円のうち93.9%がアジア向けであった。アジア側からみた直接投資受入れにおける日本の地位は、1970年にタイでは1位（シェア41.5%）、韓国、台湾、フィリピンで2位（14～32%）であった。また1973年の日本貿易におけるアジア比率は輸出24.2%、輸入20.8%であり、輸出入とも北米より低くなっていた。一

方、東アジア7カ国・地域の対日貿易比率はきわめて高く、輸入面では韓国、台湾、香港、タイ、シンガポール、フィリピン、インドネシアいずれも国別順位1位、シェアは20〜40％を占めた。輸出面ではやや下がり、1位2カ国（インドネシア、タイ）、2位3カ国、3位、4位各1カ国、シェアは6〜50％と幅があった。

　この時期の日本と東アジアは先進国−途上国関係を基本としつつ、韓国・台湾とは重化学工業品−軽工業品貿易、東南アジアとは重化学工業品−農産物・資源貿易という2系列編成となった。日本経済は1961年に重化学工業品輸出が軽工業品輸出を上回り、貿易面でも重化学工業化を達成した。日本の東アジアへの投資活動は、賠償・ODAによるインフラ建設と商業借款によるプラント輸出が基調となった[5]。韓国・台湾は農業国から工業国に移行し、1960年代半ばには工業品輸出が輸出全体の50％以上になった。軽工業を中心に輸出依存度の高い高度経済成長に入っていくことになる。

　第5期は日本の経済大国化が進行した時期であり、アジアにおける存在感は一段と大きくなった。対外直接投資1990年度末累計5.9万件、3047億ドルのうちアジアは件数で30.1％、金額で15.3％を占めた。海外現地法人におけるアジアの比率は、企業数の51.5％、売上高の27.4％、従業員数の47.8％に達した。一方、2国間ODAに占めるアジアの比率は1970年の98.3％から90年の59.3％へと低下をみせた。しかし、アジアのODA受入国からみれば日本の地位はきわめて高く、19カ国中の12カ国で国別1位、シェアも50％以上が多かった（『海外経済協力便覧』1992年版）。また、東アジア9カ国・地域の直接投資受入の国別ランキングで日本が第1位の国は1970年1カ国から80年3カ国、90年6カ国へと増加した。日本貿易におけるアジアのシェアは、1990年に輸出では31.1％、輸入では28.8％、一方アジア9カ国・地域からみた日本の地位は、1989年の輸入では7カ国が第1位、輸出では2カ国が第1位となっていた。

　この時期に韓国、台湾、香港、シンガポールは中進国（NIES）に移行し、日本−東アジア関係は、先進国対中進国、および先進国対途上国（東南アジア）の2系列編成が明確化した。NIESの輸出品は

＊5　日韓条約・請求権資金協定に基づく政府借款、商業借款供与はその典型といえる（金子文夫2018）。

重化学品中心に移行し、日本との貿易は高付加価値品と低付加価値品の交換から競合へと移行する兆候を示した[6]。

　最後の第6期に入ると、日本の低成長と中国の高成長が交差し、東アジア経済圏における中心国の変動が生じた。日本の対外直接投資は増大を続け、2019年の残高総額は193兆円、世界第5位に達し、うちアジアは28.2％を占めた。一方2国間ODAにおけるアジアの比率は2010年代には20％台に低下した。2019年の支出純額5億ドル以上は東アジアではミャンマーのみ、逆にインドネシア、中国、タイの3カ国はネット回収額5億ドル以上に達した（『開発協力白書』2020年版：107）。アジアの投資受入国10カ国・地域からみた日本の地位は、2019年に国別順位1位2カ国、2位1カ国、3位2カ国と1990年に比べて後退した。貿易では日本は一段とアジア依存度を高めた。2019年の地域別比率でアジアは輸出の53.7％、輸入の47.6％を占めた。しかし東アジア地域の貿易全体に占める日本のシェアは輸出入ともに1980年の40％台から2019年の10％台へと凋落した。アジア10カ国・地域の貿易における日本の地位は大きく後退し、中国に首位の座を奪われた。東アジア9カ国・地域の相手国として、輸入では中国はすべて1位、日本は2位3カ国にとどまった。輸出では中国は1位6カ国、2位2カ国、日本は2位1カ国、3位4カ国であった。

　この時期に韓国、台湾、香港、シンガポール経済は先進国水準に到達、東南アジアのマレーシア、タイなどは中進国に移行、また中国が経済大国化し、東アジア経済圏は地域統合を進め、先進国・中進国・途上国が貿易と投資を通じて相互に結び合う複層構造に転換した。そのなかで日本は直接投資、ODAではなお優位にある一方、貿易では中国が主導権をもち、東アジア経済圏の地域覇権をうかがう段階に至った[7]。

....

[6]　韓国経済の段階的変化、それに伴う日韓経済関係の変容の概略は、金子文夫2016参照。

[7]　東アジア経済圏の転換の概要は金子文夫2013参照。

第4節　展望

　残された研究課題、および今後の東アジア投資の見通しを述べて、本書の結びとしよう。

　本書で十分に扱えなかった課題の第一は、投資事業の要因および影響に関する分析である。本書では投資の数量の解明に傾注する一方、その要因については政策上の背景、資本市場の動向などに一般的にふれるのみで掘り下げた究明には至っていない。戦前の大規模な投資事業に関しては、成立過程の研究にすでに一定の蓄積がある。戦前の国家資本については、近年資金調達面から詳細な解析がなされるようになった[*8]。そうした個々の成果を統合し、統一的視角から対外投資の全体像を描き出すことは今後の課題である。

　第二に、戦前戦後の投資事業をめぐる東アジア域外との関係も、本書ではほとんど手をつけられなかった。戦前であれば、欧米帝国主義諸国との連携や対立の構図、それが日本の資本輸出入や貿易に及ぼした影響はすでに先行研究で一定の解明がなされている。その成果を取り入れて、日本の投資活動全体について世界のなかに位置づけることも残された課題である。また戦後冷戦構造下の東アジア投資に関しては、特に米国との関係に注意を向けることが不可欠であるが、これも本書では果されていない。1950年代についてはすでに歴史分析がなされており、70年代から80年代にかけてはまだこれからの領域であろう。冷戦構造解体後は、グローバル化のなかで国際資本移動が量的にも質的にも新しい段階に入っていくため、新たな国際金融構造のなかで日本の対外投資を位置づける必要がある。今後の大きな課題といえる。

　第三に、戦前と戦後の連結について、さらなる究明が求められる。本書は戦前と戦後の統合を目指したが、実際には第Ⅰ部と第Ⅱ部が分離された構成となり、戦前と戦後を比較する視点の抽出にとどまった。戦前と戦後の接合については、引揚げといった人の移動の側面から解明が進んでいる。対外投資では、設備や人材の継承、技術者の留用などが研究テーマになっているが、戦後日本のアジア

---

*8　平山勉2019、湊照宏・斎藤直・谷ヶ城秀吉2021などがあげられる。

再進出における戦前の蓄積の活用、ODAにおける戦前の開発事業経験の継承などは、さらに追求する価値のある課題であると思われる。

　次に、今後の東アジア投資の見通しについて、3点ほどあげてみよう。第一に、日本の経常収支の動向である。日本経済の低成長が今後も続き、国内よりも海外での投資が増加していくとすれば、やがて貿易収支は赤字基調に転じるであろう。現状では第一次所得収支黒字が拡大基調にあるため、経常収支は黒字を確保し、それに基づいて対外投資が増加し、結果として第一次所得収支が拡大するという循環が続いている。しかし、もし貿易赤字が大きくなり、第一次所得収支でカバーしきれなくなれば、経常収支黒字は減少に向かい、この循環構造は維持されなくなる。そうなれば、日本の東アジア投資は縮小に向かうことになるかもしれない。

　第二に、資本主義の「非物質化」への対応である[*9]。1980年代に日本の電機産業は強い国際競争力をもち、対外投資を代表する業種であった。しかし、IT革命による産業システムの転換のなかで、韓国、台湾、中国の電機資本との競争に対応できず、日本の電機資本は対外投資においても後退局面に入っている。これに対して日本の自動車産業はなお強い競争力を維持しているが、デジタル化・脱炭素化にはたして的確に対応できるであろうか。この先資本主義の「非物質化」が進行すれば、財貨の貿易よりもサービスの貿易が重要性を増す。対外投資においても、製造業よりも高付加価値の非製造業の役割が大きくなっていくであろう。

　第三に、中国の影響力の拡大である、米国の覇権構造が崩れ、中国が台頭して米中2極時代に入っていくのか、あるいは欧州、ロシア、インドなども力を増していき、多極化時代を迎えるのか、いずれにしても東アジアにおいて中国の政治的経済的影響力がさらに拡大していくことは間違いあるまい。それに対して、日本の東アジア投資が引き続き増加を続けられるのか、対外投資を支える国際環境がどのように整備されるのか、歴史を踏まえて洞察することが求められていると思われる。

---

*9　デジタル革命、製造業のサービス産業化、ソフト化を包括した資本主義の「非物質化」については、諸富徹2020が詳しい。

参考文献

浅田喬二1968『日本帝国主義と旧植民地地主制』御茶の水書房

浅田喬二編1981『日本帝国主義下の中国』楽游書房

浅田喬二・小林英夫編1986『日本帝国主義の満州支配』時潮社

荒井信一1981「占領下の対アジア経済政策の方向づけ」中岡三益編『戦後
　　日本の対アジア経済政策史』アジア経済研究所

荒木光弥2020『国際協力の戦後史』東洋経済新報社

荒巻健二1999『アジア通貨危機とIMF』日本経済評論社

有沢広巳・稲葉秀三編1966『資料・戦後二十年史』2、日本評論社

安秉直1986「1930年代の所謂"朝鮮工業化"の性格について」安秉直『日
　　本帝国主義と朝鮮民衆』御茶の水書房

安藤実1967『日本の対華財政投資』アジア経済研究所

安藤実1972「アジア開発銀行」静岡大学『法経研究』20巻3号

安藤良雄1987『太平洋戦争の経済史的研究』東京大学出版会

李栄娘2015『植民地朝鮮の米と日本』中央大学出版部

飯塚靖・風間秀人1986「農業資源の収奪」浅田喬二・小林英夫編『日本帝
　　国主義の満州支配』

井口治夫2012『鮎川義介と経済的国際主義』名古屋大学出版会

池上和夫1982「大倉財閥の対中国投資」大倉財閥研究会編『大倉財閥の研
　　究』

伊澤道雄1937『開拓鉄道論』上、春秋社

石井明2002「1960年代前半の日台関係」『国際法外交雑誌』101巻2号

石井寛治2012『帝国主義日本の対外戦略』名古屋大学出版会

石川幸一・清水一史・助川成也編2013『ASEAN経済共同体と日本』文眞
　　堂

石川滋1958「終戦にいたるまでの満州経済開発」日本外交学会編『太平洋
　　戦争終結論』東京大学出版会

伊藤正直1989『日本の対外金融と金融政策 1914〜1936』名古屋大学出版
　　会

伊藤正直2009『戦後日本の対外金融』名古屋大学出版会

稲田十一1985「発展途上国と日本」渡辺昭夫編『戦後日本の対外政策』有

斐閣

井上準之助1925『戦後に於ける我国の経済及金融』岩波書店

井上準之助1926『我国際金融の現状及改善策』岩波書店

井上晴丸・宇佐美誠次郎1951『危機における日本資本主義の構造』岩波書店

猪俣哲史2019『グローバル・バリューチェーン』日本経済新聞出版社

今泉裕美子1993「南洋群島委任統治政策の形成」『岩波講座 近代日本と植民地』4、岩波書店

林采成2005『戦時経済と鉄道運営』東京大学出版会

林采成2015「鉄道業の展開」須永徳武編『植民地台湾の経済基盤と産業』

林采成2016『華北交通の日中戦争史』日本経済評論社

林采成2021『東アジアのなかの満鉄』名古屋大学出版会

岩水晃1985「対外投資」小野一一郎編『戦間期の日本帝国主義』

岩武照彦1981『南方軍政下の経済施策』上、下、汲古書院

岩武照彦1990『近代中国通貨統一史』上、下、みすず書房

殷燕軍1996『中日戦争賠償問題』御茶の水書房

植村博恭・宇仁宏幸・磯谷明徳・山田鋭夫編2014『転換期のアジア資本主義』藤原書店

ウォーラーステイン, イマニュエル1997『新版 史的システムとしての資本主義』岩波書店

牛山敬二1980「第一次大戦以前の日本の農産物貿易と農村」『農業総合研究』34巻3号

宇野弘蔵監1973『講座帝国主義の研究6 日本資本主義』（山崎広明、柴垣和夫、林健久執筆）、青木書店

エッカート, カーター2004『日本帝国の申し子』草思社

老川慶喜・須永徳武・谷ヶ城秀吉・立教大学経済学部編2011『植民地台湾の経済と社会』日本経済評論社

大海渡桂子2019『日本の東南アジア援助政策―日本型ODAの形成―』慶應義塾大学出版会

大来三郎他1962「アジア経済協力機構の構想を語る（上）」『国際問題』26号

大来三郎1966「アジア開発銀行の発足」『国際問題』73号

大倉財閥研究会編1982『大倉財閥の研究』近藤出版社

大蔵省編1958『明治大正財政史』第19巻、経済往来社

大蔵省管理局1950a『日本人の海外活動に関する歴史的調査』通巻14冊

大蔵省管理局1950b『日本人の海外活動に関する歴史的調査』通巻15冊

大蔵省管理局1950c『日本人の海外活動に関する歴史的調査』通巻22冊

大蔵省管理局1950d『日本人の海外活動に関する歴史的調査』通巻24冊

大蔵省管理局1950e『日本人の海外活動に関する歴史的調査』通巻30冊

大蔵省（財政史室）編1978『昭和財政史―終戦から講和まで―』第19巻、東洋経済新報社

大蔵省（財政史室）編1981『昭和財政史―終戦から講和まで―』第17巻、東洋経済新報社

大蔵省（財政史室）編1983『昭和財政史―終戦から講和まで―』第13巻、東洋経済新報社

大蔵省（財政史室）編1984『昭和財政史―終戦から講和まで―』第1巻、東洋経済新報社

大蔵省（財政史室）編1992『昭和財政史―昭和27～48年度―』第12巻、東洋経済新報社

大蔵省（財政史室）編1998『昭和財政史―昭和27～48年度―』第18巻、東洋経済新報社

大蔵省（財政史室）編1999a『昭和財政史―昭和27～48年度―』第11巻、東洋経済新報社

大蔵省（財政史室）編1999b『昭和財政史―昭和27～48年度―』第19巻、東洋経済新報社

大蔵省（昭和財政史編集室）編1961『昭和財政史』第16巻、東洋経済新報社

大蔵省（昭和財政史編集室）編1962『昭和財政史』第12巻、東洋経済新報社

大蔵省理財局1941『大蔵省預金部史』（1964年復刊）

大塩武1989『日窒コンツェルンの研究』日本経済評論社

大島久幸2009a「砂糖流通過程の錯綜性とメーカー主導型流通機構の形成」久保文克編『近代製糖業の発展と糖業連合会』

大島久幸2009b「糖業連合会と物流」久保文克編『近代製糖業の発展と糖業連合会』

太田修2003『日韓交渉　請求権問題の研究』クレイン

大竹慎一1976a「日満通貨統制と金銀二重経済」『一橋論叢』75巻5号

大竹慎一1976b「"満州"通貨工作と日本的一体化論」『社会経済史学』41

巻4号

大庭三枝2004『アジア太平洋地域形成への道程』ミネルヴァ書房

大庭三枝2014『重層的地域としてのアジア』有斐閣

大豆生田稔1982「1920年代における食糧政策の展開」『史学雑誌』91編10号

大豆生田稔1993『近代日本の食糧政策』ミネルヴァ書房

大森とく子1975「西原借款について―鉄と金円を中心に―」『歴史学研究』419号（柳沢遊・岡部牧夫編2001収録）

大森とく子1986「戦前日本の対中国借款の特質」国家資本輸出研究会『日本の資本輸出』

岡部牧夫編2008『南満洲鉄道会社の研究』日本経済評論社

奥田宏司2007『円とドルの国際金融』ミネルヴァ書房

奥田宏司2012『現代国際通貨体制』日本経済評論社

小田忠夫1938「併合初期に於ける朝鮮総督府財政の発達」京城帝国大学法文学会編『朝鮮経済の研究』第三、岩波書店

小野一一郎編1985『戦間期の日本帝国主義』世界思想社

小野一一郎・吉信粛編1979『両大戦間期のアジアと日本』大月書店

小野田セメント1981『小野田セメント百年史』

海外経済協力基金編1982『海外経済協力基金二十年史』

外務省（通商局）編2002『海外各地在留本邦人職業別人口表』全5巻、不二出版復刻

外務省（百年史編纂委員会）編1969『外務省の百年』下、原書房

籠谷直人2000『アジア国際通商秩序と近代日本』名古屋大学出版会

風間秀人1993『満洲民族資本の研究』緑蔭書房

鹿島平和研究所編1973a『日本外交史』28、鹿島研究所出版会

鹿島平和研究所編1973b『日本外交史』29、鹿島研究所出版会

鹿島平和研究所編1984『日本外交主要文書・年表』（2）、原書房

梶村秀樹1971「朝鮮の社会状況と民族解放闘争」『岩波講座世界歴史』27、岩波書店（『梶村秀樹著作集』第4巻、明石書店、1993年）

春日豊2010『帝国日本と財閥商社』名古屋大学出版会

金澤史男1992「預金部地方資金形態における対植民地金融の展開」大石嘉一郎編『戦間期日本の対外経済関係』日本経済評論社

金子文夫1978「日本の多国籍企業と製造業投資」『経済評論』1978年9月号

金子文夫1982「満州における大倉財閥」大倉財閥研究会編『大倉財閥の研究』

金子文夫1985「資本輸出と植民地」大石嘉一郎編『日本帝国主義史』1、東京大学出版会

金子文夫1986a「第一次大戦後の対植民地投資―中小商工業者の進出を中心に―」『社会経済史学』51巻6号（柳沢遊・岡部牧夫編2001収録）

金子文夫1986b「1920年代における朝鮮産業政策の形成―産業調査委員会を中心に―」原朗編『近代日本の経済と政治』山川出版社

金子文夫1986c「「貿易立国」から「戦略援助」へ」『世界』1986年5月号

金子文夫1987「資本輸出と植民地」大石嘉一郎編『日本帝国主義史』2、東京大学出版会

金子文夫1991『近代日本における対満州投資の研究』近藤出版社

金子文夫1994「植民地・占領地支配」大石嘉一郎編『日本帝国主義史』3、東京大学出版会

金子文夫1995「対外経済膨脹の構図」原朗編『日本の戦時経済』東京大学出版会

金子文夫2002「対アジア経済関係」原朗編『復興期の日本経済』東京大学出版会

金子文夫2006「ODAによる経済利益の確保」村井吉敬編『徹底検証 ニッポンのODA』コモンズ

金子文夫2007「占領地・植民地支配」石井寛治・原朗・武田晴人編『日本経済史』4、東京大学出版会

金子文夫2010「資本輸出の展開―対アジア進出を中心に―」原朗編『高度成長始動期の日本経済』日本経済評論社

金子文夫2012「対アジア政策の積極化と資本輸出」原朗編『高度成長展開期の日本経済』日本経済評論社

金子文夫2013「グローバル危機と東アジア経済圏」矢後和彦編『システム危機の歴史的位相』蒼天社出版

金子文夫2016「日韓条約以降の日韓経済関係」『三田学会雑誌』109巻2号

金子文夫2018「対外政策」金子文夫・宣在源編『韓国経済発展の始動』日本経済評論社

金子文夫2019「2010年代日本の対外直接投資」『中央学院大学現代教養論叢』1巻1号

金子文夫2020「2010年代対外直接投資の収益動向」『中央学院大学現代教

養論叢』2巻1号

金子文夫2021「低成長期日本の対外直接投資」『中央学院大学現代教養論叢』3巻1号

鎌倉孝夫1976『日本帝国主義と資本輸出』現代評論社

上川孝夫・今松英悦編1997『円の政治経済学』同文館

河合和男1979「朝鮮"産米増殖計画"と植民地農業の展開」『朝鮮史叢』2号

河合和男・金早雪・羽鳥敬彦・松永達2000『国策会社・東拓の研究』不二出版

姜在彦編1985『朝鮮における日窒コンツェルン』不二出版

関志雄1995『円圏の経済学』日本経済新聞社

菅英輝1992『米ソ冷戦とアメリカのアジア政策』ミネルヴァ書房

菅英輝1997「ベトナム戦争と日米安保体制」『国際政治』115号

菊地主計1939『満州重要産業の構成』東洋経済出版部

菊地清明編1978『南北問題と開発援助』国際協力推進協会

木越義則2012『近代中国と広域市場圏』京都大学学術出版会

岸信介1983『岸信介回顧録』廣済堂出版

岸本周平1999「新宮沢構想の使命とアジア通貨基金」『ファイナンス』1999年5月号

北岡伸一1978『日本陸軍と大陸政策』東京大学出版会

北沢洋子1982『日本企業の海外進出』日本評論社

北村敬直編1965『夢の七十余年―西原亀三自伝』平凡社

君島和彦1981「日本帝国主義による中国鉱業資源の収奪過程」浅田喬二編『日本帝国主義下の中国』

君島和彦1986「鉱工業支配の展開」浅田喬二・小林英夫編『日本帝国主義の満州支配』

木村昌人1989「日本の対韓民間経済外交」『国際政治』92号

木村光彦1983a「植民地下朝鮮の紡織工業」安場保吉・斎藤修編『プロト工業化期の経済と社会』日本経済新聞社

木村光彦1983b「植民地下朝鮮の棉作について」『アジア研究』30巻1号

許珩2019『戦後日華経済外交史』東京大学出版会

清川雪彦1983「中国繊維機械工業の発展と在華紡の意義」一橋大学『経済研究』34巻1号

清田耕造2015『拡大する直接投資と日本企業』NTT出版

金早雪2000a「東洋拓殖株式会社における国策投資と戦時体制」河合和男・金早雪・羽鳥敬彦・松永達『国策会社・東拓の研究』

金早雪2000b「東洋拓殖株式会社の資金調達と運用」河合和男・金早雪・羽鳥敬彦・松永達『国策会社・東拓の研究』

金斗昇2008『池田勇人政権の対外政策と日韓交渉』明石書店

金洛年1992「植民地期における朝鮮・日本間の資金流出入」『土地制度史学』135号

金洛年2002『日本帝国主義下の朝鮮経済』東京大学出版会

金洛年編2008『植民地期朝鮮の国民経済計算 1910-1945』東京大学出版会

久保亨1999『戦間期中国<自立への模索>』東京大学出版会

久保亨2005『戦間期中国の綿業と企業経営』汲古書院

久保文克1997『植民地企業経営史論―「準国策会社」の実証的研究―』日本経済評論社

久保文克編2009『近代製糖業の発展と糖業連合会』日本経済評論社

久保文克2016『近代製糖業の経営史的研究』文眞堂

久保田裕次2016『対中借款の政治経済史』名古屋大学出版会

黒瀬郁二2003『東洋拓殖株式会社―日本帝国主義とアジア太平洋―』日本経済評論社

桑野仁1965『戦時通貨工作史論』法政大学出版局

桑原哲也1990『企業国際化の史的分析―戦前期日本紡績企業の中国投資―』森山書店

経済企画庁1962『戦後経済史（貿易・国際収支編)』

経済企画庁1976『現代日本経済の展開』

経済協力研究会1980『経済協力の理念―政府開発援助はなぜ行うのか―』

経済団体連合会編1963『十年史』下

経済団体連合会編1978『経済団体連合会三十年史』

経済団体連合会編1999『経済団体連合会五十年史』

京城商工会議所1944『朝鮮に於る内地資本の投下現況』1944

高阪章2020『グローバル経済統合と地域集積』日本経済新聞出版本部

幸野保典2004「華北経済の膨脹と天津日本商工会議所の機構改革」柳沢遊・木村健二編『戦時下アジアの日本経済団体』

国際協力機構編2019『国際協力機構史 1999〜2018』

国際協力銀行編2003a『日本輸出入銀行史』

国際協力銀行編2003b『海外経済協力基金史』

国際協力事業団編1999『国際協力事業団25年史』

国分良成編2013『日本の外交　第4巻　対外政策地域編』岩波書店

小島精一1939『北支経済読本』千倉書房

小島仁1981「戦前期日本の国際収支」国立国会図書館連絡部編『びぶろす』32巻7号

小島麗逸編1979『日本帝国主義と東アジア』アジア経済研究所

国家資本輸出研究会編1986『日本の資本輸出―対中国借款の研究―』多賀出版

小長啓一1956「最近における海外投資の動き」『通商産業研究』4巻7号

小長啓一1957「経済協力の現状と問題点」『通商産業研究』5巻6号

小林英夫1983『戦後日本資本主義と「東アジア経済圏」』御茶の水書房

小林英夫1992『東南アジアの日系企業』日本評論社

小林英夫1992「東アジアの経済圏―戦前と戦後―」『岩波講座 近代日本と植民地』1、岩波書店（柳沢遊・岡部牧夫編2001 収録）

小林英夫編1994『植民地への企業進出―朝鮮会社令の分析―』柏書房

小林英夫2000『日本企業のアジア展開』日本経済評論社

小林英夫・柴田善雅・吉田千之輔編2008『戦後アジアにおける日本人団体―引揚げから企業進出まで―』ゆまに書房

近藤釼一編1961『太平洋戦争下の朝鮮及び台湾』朝鮮史料研究会

斎藤直2021a「国策会社の概念規定と分析視角」湊照宏・斎藤直・谷ヶ城秀吉『国策会社の経営史』

斎藤直2021b「社債発行と金融機関・政府」湊照宏・斎藤直・谷ヶ城秀吉『国策会社の経営史』

財務省（財務総合政策研究所財政史室）編2003『昭和財政史―昭和49～63年度―』第11巻、東洋経済新報社

財務省（財務総合政策研究所財政史室）編2004『昭和財政史―昭和49～63年度―』第7巻、東洋経済新報社

榊原英資2005『為替がわかれば世界がわかる』文藝春秋

坂本雅子1986「対中国投資機関の特質」国家資本輸出研究会編『日本の資本輸出』

坂本雅子2003『財閥と帝国主義―三井物産と中国―』ミネルヴァ書房

坂本雅子2017『空洞化と属国化―日本経済グローバル化の顛末―』新日本出版社

笹本武治1964「緊密化する日台経済関係」『エコノミスト』1964年12月22日

号

佐藤清隆1997「日本―東アジア間の貿易取引と円の国際化」上川孝夫・今松英悦編『円の政治経済学』

佐藤晋2011「日本の地域構想とアジア外交」『岩波講座 東アジア近現代通史』9、岩波書店

佐藤洋一郎2004「大蔵省と円の国際化」宮下明聡・佐藤洋一郎編『現代日本のアジア外交』ミネルヴァ書房

沢井実・谷本雅之2016『日本経済史』有斐閣

柴田善雅1986「軍事占領下中国への日本の資本輸出」国家資本輸出研究会編『日本の資本輸出』

柴田善雅1999『占領地通貨金融政策の研究』日本経済評論社

柴田善雅2005『南洋日系栽培会社の研究』日本経済評論社

柴田善雅2008『中国占領地日系企業の活動』日本経済評論社

柴田善雅2015『植民地事業持株会社論―朝鮮・南洋群島・台湾・樺太―』日本経済評論社

柴田善雅2017『満洲における政府系企業集団』日本経済評論社

柴田善雅2020『戦後復興期貿易関係特別会計』ゆまに書房

島崎久彌1989『円の侵略史』日本経済評論社

島田俊彦・稲葉正夫編1964『現代史資料8　日中戦争1』みすず書房

清水さゆり1993「ポスト占領期の日米関係」上智大学アメリカ・カナダ研究所編『アメリカと日本』彩流社

清水洋・平川均1998『からゆきさんと経済進出』コモンズ

志村嘉一1969『日本資本市場分析』東京大学出版会

下村恭民2020『日本型開発協力政策の形成』政策史Ⅰ、東京大学出版会

蒋介石1977『蒋介石秘録』15、サンケイ新聞社

白木沢旭児2016『日中戦争と大陸経済建設』吉川弘文館

白鳥潤一郎2015『「経済大国」日本の外交』千倉書房

末廣昭1995「経済再進出への道」中村政則・天川晃・尹健次・五十嵐武士編『戦後日本　占領と戦後改革』第6巻、岩波書店

末廣昭2000『キャッチアップ型工業化論』名古屋大学出版会

末廣昭2014a『新興アジア経済論』岩波書店

末廣昭2014b「日本のアジア認識・政策の変容―2001年以降の『通商白書』を中心として―」宮城大蔵編『歴史のなかの日本政治5　戦後アジアの形成と日本』中央公論新社

杉原薫2020『世界史のなかの東アジアの奇跡』名古屋大学出版会

鈴木邦夫編2007『満州企業史研究』日本経済評論社

鈴木武雄監1972『西原借款資料研究』東京大学出版会

須永徳武1989「戦前期日本資本輸出史研究の方法と視角―対中国借款投資研究を中心として―」『日本植民地研究』2号

須永徳武2011「企業構造とその特質」老川慶喜・須永徳武・谷ヶ城秀吉・立教大学経済学部編『植民地台湾の経済と社会』

須永徳武編2015『植民地台湾の経済基盤と産業』日本経済評論社

関谷裕之1976『わが国民生用電子機器産業の多国籍化戦略』アジア経済研究所

徐承元2004『日本の経済外交と中国』慶應義塾大学出版会

総合研究開発機構（戦後経済政策資料研究会）編1995a『経済安定本部戦後経済政策資料』第25巻、日本経済評論社

総合研究開発機構（戦後経済政策資料研究会）編1995b『経済安定本部戦後経済政策資料』第27巻、日本経済評論社

総務庁統計局監1987『日本長期統計総覧』第1巻、日本統計協会

副島圓照1972「日本紡績業と中国市場」『人文学報』33号

添谷芳秀1995『日本外交と中国―1945-1972―』慶應義塾大学出版会

平智之1986「第1次大戦以前の対中国借款と投資主体」国家資本輸出研究会編『日本の資本輸出』

台湾銀行史編纂室編1964『台湾銀行史』

台湾総督府（交通局鉄道部）1930『台湾の鉄道』

高崎宗司1996『検証 日韓会談』岩波書店

高橋和宏2002「講和後初期の輸出振興政策と東南アジア―1952-1954―」筑波大学『国際政治経済学研究』9号

高橋和宏2004「「南北問題」と東南アジア経済外交」波多野澄雄編『池田・佐藤政権期の日本外交』ミネルヴァ書房

高橋亀吉1937『現代台湾経済論』千倉書房

高橋泰隆1986「鉄道支配と満鉄」浅田喬二・小林英夫編『日本帝国主義の満州支配』

高橋泰隆1995『日本植民地鉄道史論―台湾、朝鮮、満州、華北、華中鉄道の経営史的研究―』日本経済評論社

高中公男2000『外国貿易と経済発展　東アジア長期経済統計9』勁草書房

高村直助1971『日本紡績業史序説』下、塙書房

高村直助1980『日本資本主義史論』ミネルヴァ書房

高村直助1982『近代日本綿業と中国』東京大学出版会

竹内祐介2015「鉄道貨物輸送と地域間分業」須永徳武編『植民地台湾の経済基盤と産業』

竹内祐介2020『帝国日本と鉄道輸送』吉川弘文館

田中申一1975『日本戦争経済秘史』コンピュータ・エージ社

田中高1997『日本紡績業の中米進出』古今書院

田村紀之1981「内務省警保局調査による朝鮮人人口（Ⅰ）」『経済と経済学』46号

田村紀之1982「内務省警保局調査による朝鮮人人口（Ⅴ）」『経済と経済学』50号

朝鮮銀行1919『鮮満経済十年史』

朝鮮銀行（京城総裁席調査課）1933『朝鮮に於ける内地資本の流出入に就て』

朝鮮銀行史研究会編1987『朝鮮銀行史』東洋経済新報社

朝鮮殖産銀行1938『朝鮮殖産銀行三十年史』

朝鮮総督府（鉄道局）1928『朝鮮の鉄道』

朝鮮総督府（鉄道局）1940『朝鮮鉄道四十年略史』

朝鮮綿糸布商連合会編1929『朝鮮綿業史』

鄭敬娥2001「60年代における日本の東南アジア開発」『国際政治』126号

鄭敬娥2002「1960年代アジアにおける地域協力と日本の外交政策」九州大学『比較社会文化研究』11号

鄭在貞2008『帝国日本の植民地支配と韓国鉄道 1892〜1945』明石書店

通商産業省編1956『日本貿易の展開』商工出版社

通商産業省編1964『商工政策史』第11巻

通商産業省（通商局）監1967『戦後日本の貿易20年史』

通商産業省（通商産業政策史編纂委員会）編1989『通商産業政策史』第9巻

通商産業省（通商産業政策史編纂委員会）編1990a『通商産業政策史』第4巻

通商産業省（通商産業政策史編纂委員会）編1990b『通商産業政策史』第6巻

通商産業省（通商産業政策史編纂委員会）編1993『通商産業政策史』第12巻

通商産業省（通商産業政策史編纂委員会）編1994『通商産業政策史』第17巻

通商産業政策史編纂委員会編2013『通商産業政策史 1980-2000』第2巻

塚瀬進2004『満洲の日本人』吉川弘文館

塚本英樹2014「日本の対中国借款政策と幣制改革」『日本歴史』797号

杜恂誠1986『日本在旧中国的投資』上海社会科学院出版社

凃照彦1975『日本帝国主義下の台湾』東京大学出版会

東亜研究所1942『日本の対支投資』

東亜研究所1943『諸外国の対支投資』上中下

東北財経委員会調査統計處編1991『旧満州経済統計資料』柏書房

東北物資調節委員会研究組1947『東北経済小叢書』「資源及産業」（下）

東洋経済新報社編1935『日本貿易精覧』東洋経済新報社（1975年増補復刻）

東洋経済新報社編1950『昭和産業史』東洋経済新報社

東洋経済新報社編1980『昭和国勢総覧』上、東洋経済新報社

富澤芳亜・久保亨・萩原充編2011『近代中国を生きた日系企業』大阪大学出版会

富田晶子1981「準戦時下朝鮮の農村振興運動」『歴史評論』377号

長岡新吉・西川博史編1995『日本経済と東アジア―戦時と戦後の経済史―』ミネルヴァ書房

中瀬寿一1979「戦前における三菱財閥の海外進出」藤井光男・中瀬寿一・丸山恵也・池田正孝編『日本多国籍企業の史的展開』上

中塚明1976「日本帝国主義と植民地」『岩波講座日本歴史』19、岩波書店

中西治1983「“満州国”をめぐる日ソ関係」細谷千博編『太平洋・アジア圏の国際経済紛争史』東京大学出版会

中村哲2000『近代東アジア史像の再構成』桜井書店

中村隆英1982「日米「経済協力」関係の形成」『年報・近代日本研究』第4号

中村隆英1983『戦時日本の華北経済支配』山川出版社

中村隆英・原朗編1970『現代史資料43　国家総動員1』みすず書房

中村政則・高村直助・小林英夫編1994『戦時華中の物資動員と軍票』多賀出版

奈倉文二1984『日本鉄鋼業史の研究』近藤出版社

波形昭一1985『日本植民地金融政策史の研究』早稲田大学出版部

波形昭一編1997『近代アジアの日本人経済団体』同文館

奈良岡聰智2015『対華二十一ヵ条要求とは何だったのか』名古屋大学出版会

日韓経済協会編1991『日韓経済協会30年史』

西川博史1987『日本帝国主義と綿業』ミネルヴァ書房

日本銀行編1960『日本金融史資料 明治大正編』第24巻

日本銀行編1970a『日本金融史資料 昭和編』第27巻

日本銀行編1970b『日本金融史資料 昭和編』第28巻

日本銀行編1971『日本金融史資料　昭和編』第29巻

日本銀行編1989『日本金融史資料　昭和続編』第19巻

日本鉱業1957『日本鉱業株式会社五十年史』

日本興業銀行編1957『日本興業銀行五十年史』

日本興業銀行（特別調査室）編1970『社債一覧』

日本鉄鋼連盟（戦後鉄鋼史編集委員会）編1959『戦後鉄鋼史』

日本輸出入銀行編1963『十年のあゆみ』

日本輸出入銀行編1971『二十年の歩み』

燃料懇話会編1972『日本海軍燃料史』上、原書房

農商務省1914『我邦商工業の現在及将来』北文館

野田経済研究所1940『戦時下の国策会社』野田経済研究所出版部

能地清・大森とく子1986「第1次大戦期の日本の対中国借款」国家資本輸出研究会編『日本の資本輸出』

朴慶植1979『在日朝鮮人運動史』三一書房

橋本寿朗1984『大恐慌期の日本資本主義』東京大学出版会

橋谷弘1982「朝鮮鉄道の満鉄への委託経営をめぐって」『朝鮮史研究会論文集』19号

橋谷弘1983「両大戦間期の日本帝国主義と朝鮮経済」『朝鮮史研究会論文集』20号

波多野澄雄1994「「東南アジア開発」をめぐる日・米・英関係」『年報・近代日本研究』第16号

波多野澄雄編2013『日本の外交』第2巻、岩波書店

波多野澄雄・佐藤晋2007『現代日本の東南アジア政策』早稲田大学出版部

羽鳥敬彦1982「戦時下朝鮮における通貨とインフレーション」『朝鮮史叢』5・6号

羽鳥敬彦2000「1920年代の経営危機と整理」河合和男・金早雪・羽鳥敬彦・松永達『国策会社・東拓の研究』

浜口裕子1996『日本統治と東アジア社会』勁草書房

原朗1972「1930年代の満州経済統制政策」満州史研究会編『日本帝国主義下の満州』御茶の水書房（原朗2013b、収録）

原朗1976「「満州」における経済統制政策の展開」安藤良雄編『日本経済政策史論』下、東京大学出版会（原朗2013b、収録）

原朗1993「戦争賠償問題とアジア」『岩波講座　近代日本と植民地』8、岩波書店

原朗2013a『日本戦時経済研究』東京大学出版会

原朗2013b『満州経済統制研究』東京大学出版会

浜下武志1997『朝貢システムと近代アジア』岩波書店

東アジア地域研究会編2001~2002『講座東アジア近現代史』1~6巻、青木書店

疋田康行1986a「両大戦間期日本の対中国債権問題」国家資本輸出研究会編『日本の資本輸出』

疋田康行1986b「財政・金融構造」浅田喬二・小林英夫編『日本帝国主義の満州支配』

疋田康行編1995『「南方共栄圏」―戦時日本の東南アジア経済支配―』多賀出版

樋口弘1937『動く満州経済』ダイヤモンド社

樋口弘1939『日本の対支投資研究』生活社

平井廣一1995「韓国・台湾の経済復興と貿易」長岡新吉・西川博史編『日本経済と東アジア』

平井廣一1997『日本植民地財政史研究』ミネルヴァ書房

平岡健太郎1956『日中貿易論』日本評論新社

平川均1992『NIES―世界システムと開発―』同文館

平川均2006「賠償と経済進出」『岩波講座　アジア・太平洋戦争』7、岩波書店

平山勉2018「「国策」と企業経営」日本植民地研究会編『日本植民地研究の論点』岩波書店

平山勉2019『満鉄経営史』名古屋大学出版会

広瀬豊作1927『朝鮮産業開発問題』

深川淳一・助川成也2014『ASEAN大市場統合と日本』文眞堂

福島久一・角田収・斎藤重雄編1984『日本資本主義の海外進出』青木書店

藤井光男1979a「新興財閥日本窒素肥料の朝鮮進出」藤井光男・中瀬寿一・丸山恵也・池田正孝編『日本多国籍企業の史的展開』上

藤井光男1979b「日本多国籍企業史研究の意義と戦前期の展開」藤井光男・中瀬寿一・丸山恵也・池田正孝編『日本多国籍企業の史的展開』下

藤井光男1987『戦間期日本繊維産業海外進出史の研究』ミネルヴァ書房

藤井光男・中瀬寿一・丸山恵也・池田正孝編1979『日本多国籍企業の史的展開』上、下、大月書店

藤原辰史2012『稲の大東亜共栄圏―帝国日本の〈緑の革命〉―』吉川弘文館

古川万太郎1988『日中戦後関係史』原書房

閉鎖機関整理委員会編1954『閉鎖機関とその特殊清算』

許粋烈1990「日帝下韓国人会社および韓国人重役の分析」中村哲・梶村秀樹・安秉直・李大根編『朝鮮近代の経済構造』日本評論社

許粋烈2008『植民地朝鮮の開発と民衆』明石書店

防衛庁（防衛研究所戦史部）編1985『史料集　南方の軍政』朝雲出版社

保城広至2008『アジア地域主義外交の行方 1952-1966』木鐸社

細谷千博・有賀貞・石井修・佐々木卓也編1999『日米関係資料集 1945-97』東京大学出版会

洞口治夫1992『日本企業の海外直接投資―アジアへの進出と撤退―』東京大学出版会

堀和生「植民地産業金融と経済構造」1983『朝鮮史研究会論文集』20号

堀和生1995『朝鮮工業化の史的分析』有斐閣

堀和生編2008『東アジア資本主義史II―構造と特質―』ミネルヴァ書房

堀和生2009『東アジア資本主義史論I―形成・構造・展開―』ミネルヴァ書房

堀和生編2016『東アジア高度成長の歴史的起源』京都大学学術出版会

堀和生・木越義則2020『東アジア経済史』日本評論社

堀和生・萩原充編2019『"世界の工場"への道―20世紀東アジアの経済発展―』京都大学学術出版会

本庄比佐子編2006『日本の青島占領と山東の社会経済』東洋文庫

松下健一1981「アジア開発銀行の設立と発展」『レファレンス』364号

松本俊郎1980「戦前日本の対中事業投資額推移 1900－1930」『岡山大学経済学会雑誌』12巻3号

松本俊郎1981「幣制改革期の日中経済関係」野沢豊編『中国の幣制改革と国際関係』東京大学出版会

松本俊郎1988『侵略と開発―日本資本主義と中国植民地化―』御茶の水書房

松本俊郎2000『「満洲国」から新中国へ』名古屋大学出版会

松本博一1962「日韓会談の経済的側面」『エコノミスト』1962年9月11日号

松本宏1978「財閥資本の蓄積構造」東京大学社会科学研究所編『ファシズ

ム期の国家と社会1 昭和恐慌』東京大学出版会

丸山恵也編2012『現代日本の多国籍企業』新日本出版社

満史会編1964『満州開発四十年史』上

満州国史編纂刊行会編1970『満州国史』総論、各論、満蒙同胞援護会

満州中央銀行史研究会編1988『満州中央銀行史』東洋経済新報社

満州帝国政府編1969『満州建国十年史』原書房

満鉄会編1986『南満州鉄道株式会社第四次十年史』龍渓書舎

三木理史2006『国境の植民地・樺太』塙書房

水田直昌監1974『総督府時代の財政』友邦協会

溝口敏行・梅村又次編1988『旧日本植民地経済統計』東洋経済新報社

三井物産1978『稿本 三井物産株式会社100年史』上、日本経営史研究所

三菱経済研究所1935『日本の産業と貿易の発展』

三菱商事1987『三菱商事社史』

湊照宏2006「太平洋戦争期における台湾拓殖会社の金融構造」『日本植民地研究』18号

湊照宏2011『近代台湾の電力産業』御茶の水書房

湊照宏2021「内部資本市場としての国策会社」湊照宏・斎藤直・谷ヶ城秀吉『国策会社の経営史』

湊照宏・斎藤直・谷ヶ城秀吉2021『国策会社の経営史―台湾拓殖から見る日本の植民地経営―』岩波書店

南満州鉄道1938『南満州鉄道株式会社第三次十年史』

南満州鉄道調査部1939『資本系統別満州株式会社調査表』（統計彙輯第5号）

宮城大蔵2004『戦後アジア秩序の模索と日本』創文社

宮城大蔵編2015『戦後日本のアジア外交』ミネルヴァ書房

宮下忠雄1955『中日貿易の研究』日本外政学会出版局

宮嶋博史1982「植民地下朝鮮人大地主の存在形態に関する試論」『朝鮮史叢』5・6号

宮田節子1973「朝鮮における"農村振興運動"」『季刊現代史』2号

三和良一・原朗編2007『近現代日本経済史要覧』東京大学出版会

村上勝彦1979「日本資本主義による朝鮮綿業の再編成」小島麗逸編『日本帝国主義と東アジア』

村上勝彦1989「長江流域における日本利権―南潯鉄路借款をめぐる政治経済史―」安藤彦太郎編『近代日本と中国―日中関係史論集―』汲古

書院

村上勝彦・富田晶子・橘谷弘・並木真人1984「植民地期朝鮮社会経済の
　　統計的研究（1）」『東京経大学会誌』136号

持田恵三1954「食糧政策の成立過程（一）」『農業総合研究』8巻2号

持田恵三1970『米穀市場の展開過程』東京大学出版会

森時彦編2005『在華紡と中国社会』京都大学学術出版会

森久男1978「台湾総督府の糖業保護政策の展開」『台湾近現代史研究』1号

諸富徹2020『資本主義の新しい形』岩波書店

谷ヶ城秀吉2010「戦時経済下における国策会社の利益確保行動―台湾拓
　　殖を事例に―」『日本植民地研究』22号

谷ヶ城秀吉2021「設立経緯と政府」湊照宏・斎藤直・谷ヶ城秀吉『国策会
　　社の経営史』

矢島桂2014「産米増殖計画と朝鮮殖産銀行」『社会経済史学』80巻3号

安冨歩1997a『「満洲国」の金融』創文社

安冨歩1997b「満州中央銀行と朝鮮銀行」『人文学報』79号

ヤストモ、デニス1989『戦略援助と日本外交』同文館

安原和雄・山本剛士1984『戦後日本外交史』Ⅳ、三省堂

矢内原忠雄1963『矢内原忠雄全集』第2巻、岩波書店（『帝国主義下の台
　　湾』岩波書店、1929年）

柳沢遊1999『日本人の植民地経験―大連日本人商工業者の歴史―』青木書
　　店

柳沢遊・岡部牧夫編2001『展望日本歴史20 帝国主義と植民地』東京堂出
　　版

柳沢遊・木村健二編2004『戦時下アジアの日本経済団体』日本経済評論社

柳沢遊・木村健二・浅田進史編2013『日本帝国勢力圏の東アジア都市経
　　済』慶應義塾大学出版会

山崎志郎2011『戦時経済総動員体制の研究』日本経済評論社

山崎志郎2012『物資動員計画と共栄圏構想の形成』日本経済評論社

山崎志郎2016『太平洋戦争期の物資動員計画』日本経済評論社

山崎広明1979「戦時下の産業構造と独占組織」東京大学社会科学研究所編
　　『ファシズム期の国家と社会2 戦時日本経済』東京大学出版会

山澤逸平・山本有造1979『長期経済統計14 貿易と国際収支』東洋経済新
　　報社

山中四郎1936「日本対満商品輸出の特質」『満鉄調査月報』16巻1号

山村睦夫2019『上海日本人居留民社会の形成と展開』大月書店

山本剛士1971『東京・ソウル・台北』三省堂

山本剛士「霜を履んで堅冰至る」『世界』1986年5月号

山本有造1992『日本植民地経済史研究』名古屋大学出版会

山本有造2003『「満洲国」経済史研究』名古屋大学出版会

山本有造2011『「大東亜共栄圏」経済史研究』名古屋大学出版会

行沢健三・前田昇三1978『日本貿易の長期統計』同朋舎

楊天益1982「中国における日本紡績業（「在華紡」）と民族紡との相克」阿部洋編『日中関係と文化摩擦』巌南堂

横浜正金銀行調査部1942『満州国特殊会社制度に就て』

吉川洋子1991『日比賠償外交交渉の研究』勁草書房

吉澤文寿2005『戦後日韓関係』クレイン

吉次公介2009『池田政権期の日本外交と冷戦』岩波書店

吉信粛1979「日本の対植民地貿易」小野一一郎・吉信粛編『両大戦間期のアジアと日本』

米田公丸1998「P. T. INDONESIA ASAHAN ALUMINUM（INALUM）」東洋大学『経営論集』47号

李鍾元・木宮正史・浅野豊美編2011『歴史としての日韓国交正常化』ⅠⅡ、法政大学出版局

劉進慶1975『戦後台湾経済分析』東京大学出版会

レーマー, C. F. 1934『列国の対支投資』東亜経済調査局

若杉隆平編2011『現代日本企業の国際化―パネルデータ分析―』岩波書店

若月秀和2015「冷戦構造の流動化と日本の模索」宮城大蔵編『戦後日本のアジア外交』

渡辺昭夫1987「戦後初期の日米関係と東南アジア」細谷千博・有賀貞編『国際環境の変容と日米関係』東京大学出版会

渡辺武1973『アジア開銀総裁日記』日本経済新聞社

定期刊行物

大蔵省/財務省編『財政金融統計月報』〈国際収支特集〉号、〈対内外民間投資特集〉号

大蔵省関税局『大日本外国貿易年表』『日本外国貿易年表』

大蔵省国際金融局年報編集委員会編『大蔵省国際金融局年報』

海外経済協力基金編『海外経済協力便覧』

外務省『わが外交の近況』

外務省アジア局監『アジア年鑑』東亜事情調査会

外務省経済協力局/国際協力局編『我が国の政府開発援助』『政府開発援
　　助（ODA）白書』『開発協力白書』

経済企画庁『経済白書』

経済団体連合会『経団連月報』

経済調査協会編『企業別海外投資』

国際協力機構『国際協力機構年次報告書』

国際協力銀行『年次報告書』

支那問題研究所編『支那経済年報』

全国経済調査機関連合会朝鮮支部編『朝鮮経済年報』

台湾総督府『台湾事情』

台湾総督府『台湾総督府統計書』

台湾総督府『台湾貿易年表』

台湾総督府殖産局商工課『台湾商工統計』

台湾総督府農商局『台湾商業統計』

朝鮮銀行調査部『朝鮮経済年報』

朝鮮殖産銀行『殖銀調査月報』

朝鮮殖産銀行調査課『朝鮮会社事業成績調』

朝鮮総督府『朝鮮総督府統計年報』

朝鮮総督府『朝鮮貿易年表』

朝鮮総督府財務局『朝鮮金融事項参考書』

通商産業省/経済産業省編『通商白書』

通商産業省/経済産業省（産業政策局国際企業課）編『我が国企業の海外
　　事業活動』（「海外事業活動基本調査」）

通商産業省（通商政策局）編『経済協力の現状と問題点』

東洋経済新報社編『海外進出企業総覧』

日本銀行編『国際収支統計月報』

日本農業研究会編『日本農業年報』改造社（御茶の水書房復刻1977年）

日本貿易振興会/日本貿易振興機構（ジェトロ）『海外市場白書・わが国海
　　外投資の現状』『ジェトロ白書・投資編』『ジェトロ貿易投資白書』『ジ
　　ェトロ世界貿易投資報告』

日本輸出入銀行『海外投資研究所報』

農林大臣官房統計課『米統計表』

南満州鉄道経済調査会/産業部『満州経済年報』

南満州鉄道調査課『満州経済統計』

南満州鉄道調査課『満鉄調査月報』

あとがき

　　東アジアにおける日本の国際的地位は20世紀から21世紀に移行するなかで大きく低下してきている。バブル経済崩壊以降の日本資本主義の低成長、それと対照的な中国の国家資本主義的高成長が交差し、2010年にGDPの日中逆転が生じた。この変動は一般に認識されているが、その意味については、過去30年程度の視野ではなく、100年に及ぶ長期の歴史的文脈のなかでとらえ返していく必要があるのではないか。

　　20世紀前半は帝国主義体制の時代、後半は冷戦構造の時代であり、東アジアの国家間状況は大きく異なっているが、日本が地域の経済覇権を握り、主導権を発揮してきたことは共通している。21世紀には中国が日本に代わって地域覇権国の地位についた。はるか過去にさかのぼれば、19世紀以前も中国が東アジア国際秩序の中心に存在した。その意味で20世紀は日本にとって特異な時代であったとみることができる。

　　20世紀日本が東アジア諸地域に影響力を行使し、日本を基軸とする国際経済関係を築くうえで投資活動（資本輸出）の役割はきわめて重要であった。貿易も人の移動も、投資活動と結合させてこそより深く理解することができる。このような問題意識から、筆者はこれまで戦前期・戦後期を通じて日本の東アジアに対する投資活動の検討を行ってきた。本書はこれまでの研究の現段階における一つの総括であり、同時に日本資本主義の東アジア投資100年の総括でもある。本書の各章のベースになっている旧稿を以下に示す。

　　第1章　大石嘉一郎編『日本帝国主義史1　第一次大戦期』（東
　　　　　　京大学出版会、1985年）　第9章「資本輸出と植民地」
　　第2章　大石嘉一郎編『日本帝国主義史2　世界大恐慌期』（東
　　　　　　京大学出版会、1987年）　第7章「資本輸出と植民地」
　　第3章　大石嘉一郎編『日本帝国主義史3　第二次大戦期』（東

京大学出版会、1994年） 第10章「植民地・占領地支配」
第4章　原朗編『高度成長始動期の日本経済』（日本経済評論社、
　　　　2010年）第13章「資本輸出の展開—対アジア進出を中
　　　　心に—」
　　　　原朗編『高度成長展開期の日本経済』（日本経済評論社、
　　　　2012年）第11章「対アジア政策の積極化と資本輸出」
第5章　書き下ろし
第6章　書き下ろし

　旧稿をもとにして、横浜市立大学学術研究会の刊行助成を受け
て出版する意図を表明したのは2014年のことであった。しかし、
本書の第Ⅰ部戦前期の旧稿は1980年代から90年代初頭、第Ⅱ部戦
後期の論稿も2000年代から2010年代初頭にかけて執筆したもので
あり、本書を作成するにあたっては、その後に発表された多くの関
連研究や資料にできるだけ広く目を通し、その成果を本書に取り込
む必要があった。さらに1970年代から2010年代までの時期につい
ては、先行研究と関連資料を精査し、新たに書き加えていかなけれ
ばならなかった。そして当然のことながら、旧稿を本書に収録する
にあたっては、分析枠組みを統一する観点から大幅な書き換えが必
要であった。

　そのように設定したハードルは、いざ執筆に取りかかろうとす
ると、思いのほか高いことがわかった。また横浜市立大学退職後に
勤務先となった中央学院大学では、これまで扱ってこなかった授業
科目を担当することとなり、その準備にかなりのエネルギーを投入
する事情が生じた。そのような目先の仕事を優先しているうちに、
実際の執筆作業は大幅に遅れた。

　ほとんどあきらめかけていた2020年1月、学術研究会から最
終的な催促を受け、ようやく執筆を決断した。その時点では新型コ
ロナウイルス感染症の大流行を予測できるはずもなかったが、結果
として執筆作業はコロナ禍と重なることになった。従来のような教
室での授業はすべて中止され、慣れないオンライン授業の準備に時
間をとられた。その半面、遠距離通勤が不要となり、外出自粛の要
請も加わって原稿執筆の時間が確保された。このような特別な事態
が本書作成を可能にしたといえる。

　本書は2020年2月から1年をかけて執筆し、2021年3月には一

応の成稿をみた。しかし、規定の分量を大幅に超過したため、7月にかけて構成の組換えと書き直しを行った。それによって論述が不十分になった箇所が生じたかもしれないが、冗長な部分を削ぎ落とす効果もあったと思われる。

　それにしても戦前期と戦後期を統合して対東アジア投資100年史を描くという試みはいささか無謀であった。戦前期と戦後期で分析の枠組みを同一とするには無理がある。また範囲が広くなったために資料の探索、分析の掘り下げといった点で不十分性を免れない。加えて、コロナ禍で図書館・資料館訪問が制約されたことも本書を限界づける一因となった。とはいえ、日本の対外投資を戦前・戦後を通して俯瞰する試みに類書は見当たらず、長期の対外投資の概説としては一定の意義があるのではないかと考える。

　本書作成にあたり、過去に多くの図書館・資料館・研究機関のお世話になったが、ここで記すことはひかえる。ただし、横浜市立大学学術情報センター、中央学院大学図書館、財務省図書館には、コロナ禍にもかかわらず利用の便宜を図っていただいたことを特記しておきたい。

　本書は横浜市立大学学術研究会新叢書の一つとして刊行される。ここに至るまでに学術研究会の松井真喜子さんにはたいへんお世話になった。松井さんの後押しがなければ、本書は陽の目をみなかったかもしれない。また出版を担当された春風社の韓智仁さんにはていねいな編集作業を行っていただいた。心より感謝したい。

索引

あ

か

欧文

著者

金子 文夫（かねこ・ふみお）

横浜市立大学名誉教授

専攻：国際経済史

主な著作に『近代日本における対満州投資の研究』（近藤出版社、1991 年）、『トヨタ・イン・フィリピン』（共著、社会評論社、2008 年）、『韓国経済発展の始動』（共編著、日本経済評論社、2018 年）など。

日本の東アジア投資100年史

著者：
金子 文夫

2022年3月30日初版発行

発行者：
横浜市立大学学術研究会

制作・販売：
春風社 *Shumpusha Publishing Co.,Ltd.*
　横浜市西区紅葉ヶ丘53　横浜市教育会館3階
　〈電話〉045-261-3168　〈FAX〉045-261-3169
　〈振替〉00200-1-37524
　http://www.shumpu.com　✉ info@shumpu.com

装丁・レイアウト：
矢萩多聞

印刷・製本：
シナノ書籍印刷株式会社

発刊の辞

　知が権威と結び付いて特権的な地位を占めていた時代は過去のものとなり、大学という場を基盤とした研究・教育の意義が改めて問い直されるようになりました。

　同様に学問の新たなありようが模索されていた時代に、新制大学として再編され発足した横浜市立大学において、自らの自由意志によって加入し自ら会費を負担することで自律的な学術研究の基盤を確立しようという志のもと、教員も学生も共に知のコミュニティーを共有する同志として集うという、現在でも極めて稀な学術団体として横浜市立大学学術研究会は発足し活動してきました。

　上記のような時代背景を受け、ここに新たに、横浜市に本拠を持つ出版社である春風社の協力のもとに、実証可能性を持つ根拠に基づいたという意味での学術的な言論活動の基盤として、三つのシリーズから構成される横浜市立大学新叢書の刊行に乗り出すに至りました。

　シリーズ構成の背後にある、本会が考える知の基盤とは以下のようなものです。

　巷にあふれる単純化された感情的な議論によって社会が振り回されないためには、職業的な専門領域に留まらず、社会を担う当事者としての市民として身に付けておくべき知の体系があり、それは現在も日々問い直され更新されています。横浜市立大学ではそのような、自由な市民の必須の資質としての「リベラル・アーツ」を次の世代に伝達する「共通教養」と呼んでいます。それに対応する系統のシリーズが、本叢書の一つ目の柱です。

　そのような新時代の社会に対応するための知は、より具体的な個別の問題に関する専門的な研究という基盤なくしてはあり得ません。本学では「リベラル・アーツ」と専門的な教育・研究を対立項ではなく、相互補完的なものとして捉え直し、それを「専門教養」と呼んでいます。それに対応するために二つ目の系統のシリーズを設けています。

　三つ目の柱は、研究と教育という二つの課題に日々向き合っている本会会員にとって、最先端の学問を次の世代に伝えるためには動きの遅い市販の教科書では使いづらかったり物足りなかったりする問題に対応するための、本学独自の教育を踏まえたテキスト群です。もちろんこのことは、他学においてこのテキストのシリーズを採用することを拒むものではありません。

　まだまだ第一歩を踏み出したに過ぎない新叢書ではありますが、今後も地道な研究活動を通じて、学問という営みの力を市民社会に対して広く問い、市民社会の一員として当事者意識を持ちながらその健全な発展に参加して行く所存です。

学術研究会運営委員会